Movimentos e coletivos sociais

Movimentos e coletivos sociais

Categorias em disputa

ORGANIZAÇÃO
Angela Randolpho Paiva
Fernando Lima Neto
Taísa Sanches

EDITORA PUC RIO

EDITORA

Coleção Diálogos

© **Editora PUC-Rio**
Rua Marquês de S. Vicente, 225, casa Editora PUC-Rio
Gávea – Rio de Janeiro – RJ – CEP 22451-900
Tel.: (21) 3527-1760/1838
www.editora.puc-rio.br | edpucrio@puc-rio.br

© **Numa Editora**
www.numaeditora.com
contato@numaeditora.com

Revisão: Cristina da Costa Pereira
Projeto gráfico: Regina Ferraz
Editoração de miolo: SBNigri Artes e Textos Ltda.
Editoração de capa: Flávia da Matta Design

Dados Internacionais de Catalogação na Publicação (CIP)

Movimentos e coletivos sociais: categorias em disputa / organização Angela Randolpho Paiva, Fernando Lima Neto, Taísa Sanches. – Rio de Janeiro: PUC-Rio: Numa, 2023

330 p. ; 21 cm – (Coleção Diálogos)

Inclui bibliografia
ISBN (PUC-Rio): 978-65-88831-94-6
ISBN (Numa): 978-65-87249-92-6

1. Movimentos sociais. 2. Democracia. 3. Sociologia política. I. Paiva, Angela Randolpho. II. Lima Neto, Fernando. III. Sanches, Taísa. IV. Série.

CDD: 303.484

Elaborado por Marcelo Cristovão da Cunha – CRB-7/6080
Divisão de Bibliotecas e Documentação – PUC-Rio

Sumário

Apresentação

O ciclo de protestos mundiais iniciado em 2011, com a conhecida Primavera Árabe, gerou uma verdadeira onda de análises que buscavam entender o fenômeno de ocupação das ruas ao redor do mundo por multidões de pessoas. No Brasil, o ciclo tomou forma e se revelou mais forte a partir de 2013, antecedendo as turbulentas eleições federais que ocorreriam no ano seguinte. Em comum, e agora vendo com certa distância, é possível perceber semelhanças entre os protestos mundiais. Uma das que mais chama atenção é o caráter de negação da política representativa tradicionalmente existente nos países em questão. No Brasil, tal característica também ficou evidente ao observarmos o posicionamento apartidário das bandeiras que guiavam as multidões a partir de 2013. Eram movimentos e coletivos que buscam desvincular sua imagem dos tradicionais partidos políticos do país e que suscitaram consequências muito diversas e influentes nos cenários eleitorais que se sucederam, tanto em 2014 quanto em 2018.

A roda-viva de análises no Brasil procurou entender como se organizavam aquelas pessoas que protestavam, se existiam líderes, quais as demandas mais frequentes. No calor dos acontecimentos, era difícil ter noção do significado que aquelas manifestações teriam para os rumos do país a partir de então, mas não foram poucas as tentativas de realizar tal tarefa. Desafios interpretativos foram impostos, ao passo que as análises passaram a considerar características novas daquela realidade, tais como o extensivo uso das redes sociais na convocação de atos, numa mobilização social não vista desde o "Fora Collor" de 1992. Novos atores e atrizes, ademais, entravam em cena e havia a ideia predominante de que a presença nas manifestações poderia fazer diferença.

Apesar de críticos aos partidos e aos políticos, os manifestantes procuraram ainda assim reforçar o sentido político da mobilização. Bordões como "o gigante acordou" sinalizavam para a recuperação (ou mesmo o surgimento) de um protagonismo político muitas vezes apontado como ausente em nossa história. A partir dali, grupos de familiares, de amigos , de vizinhança ou de profissionais, que não costumavam debater ou discordar sobre política, passaram a discuti-la, muitas vezes de forma acalorada ou mesmo visceral. O debate entre os que reconheciam a legitimidade jurídica do impeachment da presidente Dilma Rousseff e aqueles que viam nisso uma ruptura institucional foi uma das muitas questões que foram reorganizando e dividindo a população brasileira que, desde 2013, passou a se interessar cada vez mais por política.

O arcabouço teórico prévio acerca dos movimentos sociais, no entanto, ainda se mostrou fundamental para o aprofundamento cognitivo dos ativismos contemporâneos. O resgate de análises realizadas durante o período da redemocratização do país, por exemplo, foi crucial para a compreensão das novas formas de ação contemporâneas, provando a validade heurística de conceitos fundamentais ao campo de análise. A comparação entre as formas de mobilização entre os novos movimentos sociais presentes na esfera pública brasileira com mais força desde a década de 1980 e os coletivos que proliferaram com maior presença na última década são um instigante campo de pesquisa para que se possa apreender não só o que há de novo no sentido da ação dos participantes, como também verificar quais conceitos centrais ajudam na compreensão das novas formas de concertação coletiva.

Defende-se na presente análise que movimentos sociais e coletivos giram em torno de conceitos caros à teoria dos movimentos sociais: a construção do ator social, sua capacidade reflexiva, novas subjetividades em torno de *frames* construídos de identidade coletiva, além dos repertórios escolhidos ou criados para formas de mobilização nos espaços públicos. São todos conceitos que nos ajudam a diferenciar as formas de ação coletiva no sentido de compreender as especificidades presentes em cada manifestação que se apresenta. Cabe aos cientistas sociais, portanto, a tarefa de ajudar na conceituação e na diferenciação das ações coletivas. E é o que propomos na presente coletânea: os artigos têm como foco análises empíricas de coletivos e movimentos sociais que se apresentam na esfera pública das últimas décadas de consolidação democrática, resultado da agenda proveniente da participação de novos atores coletivos, de políticas públicas que alargaram o espectro da participação social e da fruição de direitos, numa "mudança estrutural da esfera pública" sem precedentes. Assim, os "novos" movimentos sociais convivem com formas de organização ainda mais fluidas e diversificadas. Cabe então perguntar o que há de novo nessas formas. É o impacto avassalador das tecnologias de informação? São também a maior escolarização da população brasileira das últimas décadas e o acesso ampliado ao ensino superior? É ainda o aprendizado alcançado com décadas de habituação democrática, como define José Álvaro Moisés? Ou a crescente desigualdade planetária? Ou o desencanto com a política partidária existente? São perguntas que estão postas no cenário contemporâneo e representam desafios teóricos para as ciências sociais.

Neste livro, apresentamos textos que se inserem neste desafio hodierno, revelando casos específicos de coletivos e movimentos sociais, tais como os coletivos de ocupação política, movimentos feministas e movimentos negros. São análises que procuram traduzir o palco de reivindicações contemporâneas sem esquecer a produção intelectual existente antes delas. No geral, permanece um mesmo desafio em meio a toda essa variedade de objetos de análise e debates teóricos: o de estender nossa compreensão sobre democracia para além do universo da representação. Se, por um lado, o desafio não é algo novo já que remonta ao cenário transformador do final do século XX, por outro lado, está em curso uma atualizaçao de agendas e repertórios que acaba por exigir uma atualizaçao correspondente nos esquemas interpretativos da sociologia em geral e da teoria democrática em particular.

Centrais ao debate aqui apresentado são as reflexões acerca da crise da democracia observada em diversas partes do mundo desde o início do século XXI. O avanço do capitalismo neoliberal e o fechamento de caminhos de participação institucionais e democráticos têm gerado amplo debate. Wendy Brown (2019), por exemplo, realizou a tarefa de remontar historicamente o fenômeno do neoliberalismo, e situou as políticas criadas pelos chamados "Chicago Boys" no Chile, durante o governo ditatorial de Augusto Pinochet, como um marco importante. Menciona também os programas implementados por Margareth Thatcher, na Inglaterra, e por Ronald Reagan, nos Estados Unidos. Brown argumenta que a ascensão de políticas antidemocráticas na atualidade é uma herança do percurso histórico iniciado então, deixada "por meio de ataques à sociedade – compreendida como algo experimentado e zelado de forma comum – e à legitimidade e à prática da vida política democrática" (Brown, 2019: 26). A autora se refere, dentre outras coisas, à famosa frase proferida por Thatcher em 1979, em que afirmava que "não existe tal coisa como sociedade, existem apenas indivíduos e suas famílias".

Antes de Brown, autores como Charles Tilly (2013) contribuíram para o debate sobre democracia a partir de perspectivas distintas. Ao analisar processos de desdemocratização e democratização, Tilly aponta a importância de acompanhar processos que ocorrem dentro das próprias democracias e que indicam desdemocratização, tais como o estabelecimento de redes de confiança não públicas em lugar de agências do Estado, a promoção ao serviço público de membros da família, ou solicitações de intervenção do governo em negociações pessoais (Tilly, 2013: 103). Ademais dos sinais de desdemocratização assinalados por Tilly, o contexto brasileiro nos mostra que o apoio popular e o extenso uso de redes sociais podem contribuir para estas alterações internas dos sistemas democráticos que concorrem para seu fim (Fedozzi, 2021).

Adam Przeworski também contribuiu para o debate ao classificar características que diferenciam sistemas democráticos dos demais. Segundo ele, "a democracia funciona quando a estrutura das instituições políticas absorve e regula os conflitos surgidos na sociedade" (Przeworski, 2019: 171). As eleições operam um papel fundamental na manutenção dos sistemas democráticos, sendo o aceite de seus resultados cruciais para tal. Assim como Tilly (2007), o autor chama a atenção à possibilidade de processos de desdemocratização ocorrerem sem envolver atos inconstitucionais e adverte que os cidadãos, nestes contextos, podem perder sua capacidade de resistência.

A crise democrática também é sentida de múltiplas formas nas cidades ao redor do mundo. Análises apontam o aprofundamento da financeirização habitacional (Rolnik, 2015; Madden e Marcuse, 2016), a gentrificação planetária (Lees, Bang Shin e López-Morales, 2016) e as expulsões a níveis mundiais (Sassen, 2016). A resistência aos processos de desdemocratização nas cidades também foi analisada. Faranak Miraftab (2016), por exemplo, classificou o século XXI como "era do desterro global" e propôs uma ontologia capaz de reconhecer práticas insurgentes de urbanismo, não apenas aquelas sancionadas pelo Estado através de sua legislação urbana.

Tal proposta é fundamental ao observarmos práticas e movimentos sociais urbanos que resistem ao avanço antidemocrático a partir de formas de atuação alternativas ao Estado. Movimentos e coletivos ampliaram suas formas de ação nos últimos anos, sendo que manifestações de cunho cultural são cada vez mais frequentes, traduzindo as demandas a parcelas amplas da população. Tais práticas podem ser analisadas como tentativas de resistência em realidades onde o Estado é privatizado por interesses não públicos.

O fechamento dos caminhos institucionais de participação ocorrido nos últimos anos pode ser observado a partir da legislação brasileira, que foi alterada, configurando um processo de desdemocratização (Tilly). Este livro atualiza o significado da democracia para além da dimensão representativa ligada ao Estado. O conjunto de análises empíricas e discussões teóricas apresentadas nesta coletânea analisa os meandros de sua estruturação no seio de uma sociedade civil em pleno processo de transformação. Neste sentido, o livro assinala uma etapa atual e importante no reequilíbrio das relações entre Estado e sociedade no Brasil, isto é, um processo de intensificação da autonomia da sociedade civil e de diversificação de seus atores, cujas origens históricas remontam à própria redemocratização. Movimentos sociais e coletivos materializam boa parte da diversidade de agendas políticas e formas de mobilização que ressignificam o engajamento político na sociedade civil e consagram novas formas de engajamento político.

Começamos o debate proposto no livro com a contribuição de uma das grandes pensadoras do campo dos movimentos sociais. Maria da Gloria Gohn oferece um texto de conceitualização e historicização dos movimentos sociais e assinala a necessidade de revisão e ampliação deste campo do conhecimento. O enfoque histórico também está presente no texto de Angela Paiva, Felipe Bellido e Yans Dipati. Nele, os autores realizam a contextualização de lutas empreendidas pelos movimentos sociais brasileiros desde a redemocratização, centrando-se principalmente nas demandas por direitos e tomando como exemplo os movimentos negros e periféricos. A autora Taísa Sanches, por sua vez, retoma a categoria *cultura política*, conforme proposta por Sonia Alvarez, Evelina Dagnino e Arturo Escobar (1994) no intuito de verificar as transformações dos movimentos sociais brasileiros desde a redemocratização, tomando como exemplo casos específicos de luta por moradia. André Sobrinho e Luisa Souto, trazendo também experiências de movimentos por moradia e de juventudes, retomam o conceito *repertórios de ação,* de Charles Tilly, articulando-o aos debates contemporâneos relativos aos marcadores sociais da diferença.

Experiências e atuações de coletivos e movimentos sociais mais voltadas à esfera política são exploradas nos textos de Flavia Faria e Théófilo Rodrigues. A primeira propõe a categoria *democracia da experiência* para analisar a atuação de coletivos de ocupação política. A partir de uma abordagem etnográfica, a autora aponta as características mais incisivas de atuação dos coletivos, que se empenham em demonstrar que a ocupação de espaços políticos institucionais é fundamental para a ampliação democrática. Rodrigues, por sua vez, explora a categoria *partidos-movimento,* colocando-a em diálogo com a ideia de *democracia radical,* de Ernesto Laclau e Chantal Mouffe. A conversa entre conceitos se mostra bastante frutífera para a análise de experiências políticas internacionais e aponta a importância de investigá-las para o aprofundamento da compreensão do contexto brasileiro contemporâneo.

Conceitos específicos do campo de análises dos movimentos sociais são norteadores de diversos capítulos, que questionam sua validade heurística para casos específicos. É o caso, por exemplo, do texto de Patrícia Mattos, que analisa historicamente as diversas formas de organização e atuação do movimento feminista, lançando luz a sua centralidade nas lutas sociais pela democracia. Há também contribuições propostas de uso de categorias não especificamente utilizadas por analistas de movimentos sociais, como a inovadora discussão presente no texto de Wagner Maia e Gabriel Banaggia. Ao argumentarem que, no universo dos coletivos, a ideia de liderança não é tão delimitada quanto em movimentos sociais, os autores se utilizam do trabalho de Pierre Clastres para desenvolver sua proposta analítica. Marcelo Marques também se debruça sobre o conceito de liderança e propõe que o contexto de "crítica à política tradicional" é fundamental para entendermos a organização e formas de atuação dos coletivos sociais. Tal proposta analítica aponta características dos coletivos que os diferenciam de formas de atuação mais tradicionais, assinalando a centralidade destes grupos à democracia.

Tomando a categoria coletivos como nativa, Olívia Perez procura explorar as razões que levam os grupos a adotarem tal denominação e se organizarem de forma não identificada como movimentos. Mencionando a perda de confiança em instituições representativas tradicionais e perspectivas mais inclusivas, Perez elenca experiências diversas de coletivos em uma rica análise que indica a ampliação democrática representada pelos coletivos. Também neste campo, Fernando Lima Neto e Marina Haddad atualizam o debate teórico sobre democracia a partir de uma pesquisa sobre coletivos ao apresentarem uma tipologia da participação desses ativistas. Por sua vez, e em diálogo com a perspectiva da crise democrática, Claudio Penteado, Caio Valiengo e Marilia de Oliveira exploram o papel central das tecnologias de informação na atuação, difusão e proliferação dos grupos.

As análises aqui reunidas terminam por reforçar o desafio de traduzir teoricamente a percepção que esses atores políticos apresentam em torno de um princípio em particular, a noção de horizontalidade. As novas agendas e repertórios de mobilização são, muitas vezes, apresentados dentro de uma oposição a modelos mais convencionais de militância política, supostamente mais "verticais" ou mesmo "engessados". Portanto, uma questão premente nesse contexto é analisar o impacto que essas percepções dos atores trazem para a compreensão do que eles entendem como democracia. Para isso, antes de mais nada, é preciso atualizar tanto os conceitos mais centrais da sociologia política quanto alguns debates canônicos do pensamento social brasileiro à luz do protagonismo recente e inovador desse novo ativismo. Os estudos aqui reunidos oferecem respostas diferentes a esses desafios e, ainda mais importante, apresentam outras questões que inauguram uma ampla agenda de pesquisas e debates teóricos em torno dos rumos mais recentes da democracia no Brasil. Se, por um lado, as práticas e contribuições dos movimentos sociais e dos coletivos ampliam o escopo da democracia, por outro lado, a análise sociológica desses atores descortina um leque de importantes questões teóricas, o que acaba por redefinir também o próprio significado da democracia.

Os organizadores

Referências

ALVAREZ, Sonia; DAGNINO, Evelina; ESCOBAR, Arturo. *Cultures of politics/politics of cultures: re-visioning Latin American social movements.* Westview Press, 1994.

BROWN, Wendy. *Nas ruínas do neoliberalismo – a ascensão antidemocrática no Ocidente.* São Paulo: Editora Filosófica Politeia, 2019.

FEDOZZI, Luciano. O declínio da democracia ampliada em Porto Alegre, *Parêntese,* 2021. Disponível em: https://www.matinaljornalismo.com.br/parentese/ensaio-parentese/o-declinio-da-democracia-ampliada-em-porto-alegre/. Acesso em fev./2022.

LEES, Loretta; BANG SHIN, Hyun; LOPEZ-MORALEZ, Ernesto. *Planetary Gentrification.* Cambridge: Polity Press, 2016.

MADDEN, David; MARCUSE, Peter. *In defense of housing – The politics of crisis.* Londres: Verso, 2016.

MIRAFTAB, Faranak. Insurgência, planejamento e a perspectiva de um urbanismo humano, *RBEUR – Revista Brasileira de Estudos Urbanos e Regionais*, vol. 18, n.º 3, pp. 363-377, Recife, 2016.

PRZEWORSKI, Adam. *Crises da democracia.* Rio de Janeiro: Zahar, 2020.

ROLNIK, Raquel. *Guerra dos Lugares: a colonização da terra e da moradia na era das finanças.* São Paulo: Boitempo, 2015.

SASSEN, Saskia. *Expulsions: Brutality and Complexity in the Global Economy.* Cambridge: Harvard University Press, 2014.

TILLY, Charles. *Democracia.* Petrópolis: Vozes, 2013.

Movimentos sociais: conceito, análises e desenvolvimento na história contemporânea

Maria da Glória Gohn

Desde a década de 1960, época de minha graduação, acompanho a temática das ações coletivas civis e nessas a dos movimentos sociais. O objetivo sempre foi um só: conhecer a realidade das ações coletivas e debater a produção do conhecimento sobre o tema pesquisando e produzindo sobre: quais movimentos estão no cenário, quais suas origens, trajetórias, história; quais as teorias, categorias, os conceitos e métodos de abordagem utilizados nos estudos a respeito. Atualmente indago: quais as formas predominantes nas ações coletivas, quais as novidades, como se colocam os movimentos sociais, as abordagens teóricas continuam adequadas no cenário de crise mundial, guerras, pandemia da Covid-19; e o fortalecimento de grupos políticos conservadores e a emergência de inúmeros contramovimentos com atos antidemocráticos? Há deslocamentos e a necessidade de ajustes nas formulações anteriores e de novos aportes e conceitos? Como têm se alterado a cena dos movimentos e as análises a respeito? As linhas delineadas a seguir inserem-se neste campo de preocupações onde focalizo os movimentos sociais, constituindo-se em um ensaio preliminar sobre o tema, o qual demanda análise da produção teórica específica de inúmeros autores que atuam nesse campo de investigação, tarefa a ser realizada em outro momento.

O capítulo tem duas partes. Na primeira, o conceito de movimento social é apresentado e discutido em parte da literatura a respeito, dentro do universo das ações coletivas da sociedade civil. Na segunda, destaco a importância dos movimentos ao longo da história, especialmente nas últimas décadas. Citam-se áreas de atuação, alguns exemplos históricos e relações com outras formas de ações coletivas, a exemplo da categoria dos coletivos, que não serão analisados neste texto.[1]

Sobre o conceito de movimentos sociais e suas matrizes teóricas

O estudo dos movimentos sociais, do ponto de vista das abordagens teóricas e das possibilidades de sua aplicação para entender a realidade de um país, região etc. é de suma importância. Mas é preciso destacar que há várias abordagens e em cada uma há diferenças em seu interior, e a concepção do que são os movimentos sociais também é vasta. Nunca advogamos uma abordagem ou um conceito único, universal, de forma alguma. Observa-se que algumas abordagens ficam só no plano institucional e os movimentos são analisados na lógica clássica positivista, busca de causas e efeitos. Com isso, novas formas de expressão das ações coletivas na sociedade civil, ou a reconfiguração de outras pelos avanços tecnológicos, por novas pautas e práticas, a exemplo dos diferentes tipos de coletivos da atualidade, não são observadas. Além disso, é imperioso que a discussão teórica contemple as diferenças de cultura e desenvolvimento, locais, regionais, nacionais. Várias abordagens apresentam-se como hegemônicas, ignorando as diferenças e aplicando teorias como modelos

[1] Os coletivos serão analisados em um próximo artigo. Trata-se de uma categoria, do rol das ações coletivas, ainda em construção, que demanda um resgaste histórico e uma longa discussão teórica metodológica. Em livro publicado em 2022 pela Editora Vozes, faço a articulação entre ambos, movimentos e coletivos.

únicos, sem mencionar as diferenças entre os contextos históricos que deram origem ao seu desenvolvimento, e a realidade em tela na análise. Sem esquecer que há também estudos que analisam os movimentos exclusivamente segundo as ideologias e crenças de seus produtores. Sobre isso Meyer (2016) tem razão quando disse: "Muitos pesquisadores que estudam movimentos sociais os tratam como unidades autônomas e independentes. Alguns deles escrevem sobre os movimentos pelos quais eles sentem afinidade" (Meyer, 2016).

Disso resultou a criação de vários grupos de produção de análises e narrativas, em estudos e pesquisas, especialmente na academia, alguns atuando como porta-vozes de alguns movimentos. Certamente que lideranças, militantes, ativistas etc. podem e devem escrever sobre seus movimentos, análises da conjuntura etc. Mas tratar um dado movimento, a partir de concepções tomadas como "verdades prévias", isolando-se em seu grupo de referência, sem debater/dialogar com outras correntes, complica.

Inicio a discussão sobre o que são movimentos sociais (sempre no plural) reproduzindo uma concepção que elaborei, em 1997, publicada em meu livro *Teorias dos movimentos sociais: paradigmas clássicos e contemporâneos,* a qual tem orientado toda minha produção a respeito. Ela é longa e diz:

> Movimentos sociais são ações sociopolíticas construídas por atores sociais coletivos pertencentes a diferentes classes e camadas sociais, articuladas em certos cenários da conjuntura socioeconômica e política de um país, criando um campo político de força social na sociedade civil. As ações se estruturam a partir de repertórios criados sobre temas e problemas em conflitos, litígios e disputas vivenciados pelo grupo na sociedade. As ações desenvolvem um processo social e político-cultural que cria uma identidade coletiva

> para o movimento, a partir dos interesses em comum. Esta identidade é amalgamada pela força do princípio da solidariedade e construída a partir da base referencial de valores culturais e políticos compartilhados pelo grupo, em espaços coletivos não institucionalizados. Os movimentos geram uma série de inovações nas esferas pública (estatal e não estatal) e privada; participam direta ou indiretamente da luta política de um país, e contribuem para o desenvolvimento e a transformação da sociedade civil e política. Estas contribuições são observadas quando se realizam análises de períodos de média ou longa duração histórica, nos quais se observam os ciclos de protestos delineados. Os movimentos participam, portanto, da mudança social histórica de um país e o caráter das transformações geradas poderá ser tanto progressista como conservador ou reacionário, dependendo das forças sociopolíticas a que estão articulados, em suas densas redes; e dos projetos políticos que constroem com suas ações. Eles têm como base de suporte entidades e organizações da sociedade civil e política, com agendas de atuação construídas ao redor de demandas socioeconômicas ou político-culturais que abrangem as problemáticas conflituosas da sociedade onde atuam. (Gohn, 1997: 251-252)

Destaco a atualidade desta concepção por contemplar os seguintes elementos: eles são ações sociopolíticas – no universo das ações coletivas, e portanto não apenas ações cívicas e congêneres; essas ações advêm de diferentes grupos, camadas e classes sociais – pode-se observar que os contramovimentos já eram previstos/contemplados na conceituação; podem gerar inovações, alterações ou mudanças, que podem ser de caráter progressista ou conservador – na época, portanto, eu já preconizava e destacava a importância da conquista de leis e espaços no âmbito do Estado e seus aparelhos, assim como na sociedade civil, nas organizações, instituições, empresas etc.; e a possibilidade dos contramovimentos, como já assinalei. A conceituação dá destaque às articulações e redes, e aos conflitos que suas demandas e agendas contemplam.

Ao longo de 50 anos de pesquisas e análises sobre os movimentos sociais, fiz sínteses sobre o conceito acima citado e uma delas contempla o essencial do longo enunciado anterior em uma frase, a saber: "Um movimento social é sempre expressão de uma ação coletiva e decorre de uma luta sociopolítica, econômica ou cultural" (Gohn, 2014: 14).

Definições clássicas, como a de Alain Touraine (1973), citam como características básicas dos movimentos: uma identidade, um opositor, um conflito, e um projeto de vida e de sociedade. Em 2006, Touraine retoma a conceituação e alerta:

> É necessário não aplicar a noção de movimento social a qualquer tipo de ação coletiva, conflito ou iniciativa política [...]. O essencial, aqui, é reservar a ideia de movimento social a uma ação coletiva que coloca em causa um modo de dominação social generalizada. [...] só há movimento social se a ação coletiva — também ela com um impacto maior do que a defesa de interesses particulares em um setor específico da vida social — se opõe a tal dominação. (Touraine, 2006: 18)

E Touraine conclui, retomando elementos de sua definição já clássica:

> Um movimento social é a combinação de um conflito com um adversário social organizado e da referência comum dos dois adversários a um mecanismo cultural sem o qual os adversários não se enfrentariam, pois poderiam se situar

em campos de batalha ou em domínios de discussão completamente separados. (Touraine, 2006: 18-19)

Diani (1992), partindo de uma definição de movimentos sociais mais relacional, desenvolve uma tipologia de formas de ação coletiva onde os conceitua como "redes de interações informais entre uma pluralidade de indivíduos, grupos ou associações engajadas em um conflito político ou cultural, com base em uma identidade coletiva compartilhada" (Diani, 1992: 13). Em publicação de 2010 em conjunto com Bison, eles também se preocupam em diferenciar movimentos sociais de outras formas de ações coletivas a partir de três elementos, a saber:

> Podemos captar diferenças importantes entre processos de movimento social e outros processos de ação coletiva – incluindo coalizões concorrentes, campanhas voluntárias a respeito de objetivos coletivos amplamente compartilhados, ação organizacional – ao considerar os movimentos sociais como uma posição em um espaço analítico definido por três dimensões: – presença ou ausência de orientações para o conflito com oponentes claramente identificados; – trocas informais densas ou esparsas entre indivíduos ou organizações engajadas em projetos coletivos; – identidade coletiva forte ou fraca entre os membros dessas redes. (Diani e Bison, 2010: 221)

Sempre destaquei também que os movimentos apresentam diferentes estratégias e repertórios de ação que vão da denúncia à pressão direta com mobilizações, protestos, manifestações, marchas, concentrações, ocupações, passeatas, atos de desobediência civil, negociações etc. Podem ter organização mais ou menos verticalizada, ou horizontalizada, e usualmente compõem-se de líderes, bases e mediadores (que podem ser externos), apresentando certa continuidade e permanência. É necessário, portanto, qualificar os termos dos debates e narrativas para sabermos de que tipo de ação coletiva estamos tratando, pois, generalizar e focalizar um só conceito, como se tudo o que se movimenta, protesta, pressiona ou contesta, com ações alternativas, fosse sempre um movimento social, poderão confundir os sujeitos em cena.

Com o passar das décadas, organizações políticas ou pré-políticas passaram a mobilizar e organizar a população, e algumas se transformaram em movimentos sociais (ou passaram a autodenominarem-se movimentos), ou movimentos políticos, dentro de um espectro político-ideológico de valores de centro e de direita, conservadores, reacionários ou liberais, neoliberais. Por isso deve-se também fazer a diferenciação entre movimento social, movimento cívico, movimento político, movimento cultural, movimento dialógico-midiático e suas múltiplas articulações. Muitos deles são fragmentados, não são consistentes, fluem tanto na forma como no conteúdo conforme o conflito em tela.

Abordagens sobre os movimentos sociais no Brasil a partir de 1970

Num passado não tão distante, mas que já completou meio século, no Brasil falar de movimento social era sinônimo de estar falando de movimentos contestatórios e reivindicantes de direitos, vistos como movimentos progressistas, emancipatórios. A questão central, ou a novidade como dizia o debate na época, era diferenciá-los entre velhos, ou clássicos (sindicais, estudantis, luta pela terra etc.), dos novos movimentos identitários, culturalistas. Mas todos estavam numa mesma chave-movimento social. Este fato separava quem tratava de qual movimento: sem-terra e luta pela moradia de um lado, junto com sindicatos progressistas, e de outro, os movimentos identitários, das feministas, os movimentos LGBTQIA+, movimentos negros (não obstante as inúmeras articulações identitárias entre raça, gênero e sexualidade, no caso, por exemplo, de mulheres negras transsexuais etc.), com abordagens sobre identidades coletivas, culturais. A questão econômica, a desigualdade socioeconômica, não era uma chave prioritária para a maioria dos grupos e pesquisadores que estudavam os grupos identitários; ela era abordada somente no primeiro grupo, o que estudava os movimentos populares. Uma hipótese sobre essa questão talvez seja porque, no caso brasileiro, estávamos durante a vigência do regime militar e tratar as formas de resistência de qualquer camada social seria impossível se não olhássemos para as estruturas macroeconômicas, e para a pobreza e a falta total de infraestrutura nas periferias urbanas, nas favelas, nas comunidades ribeirinhas etc. onde se localizavam as camadas populares (o mesmo fenômeno se observa na atualidade, retomaremos isso adiante). O paradigma teórico predominante nestes estudos era o marxista, em sua vertente gramsciana. No início da década de 1970, a discussão sobre os movimentos identitários predominante era sobre a temática da mulher, bastante influenciada pelas abordagens predominantes nos Estados Unidos e na Europa, as quais se descolavam das análises macroestruturais, predominantes nas análises sobre os trabalhadores. Certamente que tivemos várias exceções tais como os trabalhos de Heleieth Saffioti, Elizabeth Souza Lobo e outras, que pesquisaram a mulher e o mundo do trabalho, e fizeram memoráveis trabalhos usando categorias macroestruturais também. A partir dos anos 1980, floresceram no Brasil centenas de movimentos identitários, focados em questões de gênero, raça, etnia, gerações e questões ambientais e as análises identitárias/culturalistas passaram a predominar, tanto nos estudos sobre gênero como em outros movimentos sociais, denominados como "novos movimentos sociais".

No século XXI, alguns estudos apresentaram releituras de análises daquela época, especialmente da década de 1970 em diante, generalizando-os, sem diferenciar quais movimentos estavam sendo estudados, se advindos das camadas populares reivindicatórios de bens e serviços básicos, ou se advindos de grupos emergentes de mulheres, gays e lésbicas (termos usuais na época), grupos afro, indígenas, ambientalistas etc. E não diferenciaram movimentos urbanos dos rurais, consideram apenas análises com determinações macroestruturais clássicas sem analisar realmente o contexto histórico da época. As teorias que priorizavam aspectos estruturais também não foram diferenciadas entre as que eram fundamentadas no paradigma de abordagem marxista, e as teorias que priorizavam também as estruturas, mas com objetivos políticos e estratégicos, como as teorias de mobilizações de recursos ou mobilizações do processo político, não originárias da matriz marxista. Touraine, com análises das estruturas macrossocietais, com ênfase nos aspectos dos conflitos identitários, também entrou no bojo das críticas de "análises do passado".

Na realidade, este debate não é novo, contempla toda a área das ciências sociais, e não se restringe ao Brasil certamente. Na questão dos movimentos sociais ele teve momentos cruciais, como ao longo da década de 1980, mais especificamente no campo das ações coletivas, como o debate sobre a dualidade: ação *versus* estrutura (ver Gohn, 2017b). Ou o micro e o macro, como opostos e excludentes. Depois foi caminhando para o debate sobre teorias estruturais *versus* teorias culturais, sempre vistas como excludentes, opostas. Consideramos que a pesquisa deve cobrir os dois lados, os dois grandes elementos que compõem a problemática. J. Alexander (1987) já tratou desta questão de forma relevante. Na atualidade, focalizam-se as interconexões.

A partir da década de 1990, cresceu no Brasil o número de estudos que passaram a focalizar quase exclusivamente a participação institucional em órgãos públicos, esquecendo-se de observar o que de fato ocorria na sociedade civil, quem estava participando nas políticas públicas, e como participavam; e, sobretudo, quais outras formas de participação estavam sendo geradas, estimuladas pela nova conjuntura, ou por políticas públicas. A abordagem mais institucionalista focaliza os resultados das ações dos movimentos sobre o plano institucional, em busca das "consequências institucionais" nos aparelhos de poder, na estrutura do Estado (governo, Parlamento e burocracia), na legislação, no partido político ou no regime político, assim como mudanças nas práticas e rotinas administrativas (formais e informais), e nas normas. Tudo isso é importante e indica o quanto os movimentos impactam para se poder entender os processos de mudanças. Mas, sozinha, esta abordagem é insuficiente para entender toda a dinâmica do processo de mudança e transformação social porque faz uma leitura bastante direcionada da realidade social, de cima para baixo. Privilegiam-se a sociedade política, o poder público, as instituições estatais etc. A leitura de baixo para cima, dos movimentos sociais, dos conflitos, das vozes que, silenciadas ou não, vivem suas vidas, seus relacionamentos, em diferentes posições sociais etc., importa muito e deve ser combinada e articulada com as mudanças operadas nas instâncias institucionais para se entender o sentido e os significados dos processos em curso. Recorro a Cefai (2009), um defensor do pragmatismo, para clarear a posição quanto à necessidade de articulação dos olhares micro e macro nas abordagens. Diz ele:

> Essa perspectiva de sociologia compreensiva não se coloca "contra" as análises estruturais, da mesma forma que não negligencia as pesquisas macrossociológicas sobre diferentes instâncias de poder ou as pesquisas macro-históricas sobre processos de *longue durée*. Ela se esforça em reenquadrá-los do ponto de vista dos atores, se assegurando de que possuem pertinência em seus contextos de experiência. Por vezes consegue fazer aparecer dilemas da ação racional, efeitos de agregação de estratégias, janelas de oportunidade política, frentes entre blocos de redes ou tensões entre lógicas de organização, cujos atores, longe disso, não são conscientes. Porém, o sentido que os atores agregam a suas próprias ações, para falar como Weber, ou a definição dos atores para suas próprias situações, para falar como Thomas, continua como o campo último do sociólogo. É o corrimão mais seguro contra as projeções teóricas ou ideológicas. As perspectivas do pesquisador devem ser devedoras em relação às dos atores. (Cefai, 2009: 28)

A repolitização dos movimentos sociais, a partir do final da década de 2010 sob novos paradigmas inspiradores das ações coletivas, levou a uma onda de renovação do debate teórico, configurando, de um lado, a retomada de algumas abordagens construídas a partir de ideias e utopias já bem antigas, ao se referir à questão da autonomia. Entre estes aportes ganham destaque as teorias do autonomismo ou socialismo libertário – que já estavam presentes na história das lutas sociais no Brasil desde o início do século XX, em associações anarquistas – e foi denominada como anarcossindicalismo, num período em que nem existiam sindicatos formais. Na década de 1960, os protestos dos autonomistas foram denominados como "contracultura" e minimizados De outro lado, teorias também antigas do conservadorismo são ressuscitadas e ressignificadas com vieses modernos do neoliberalismo, nas redes online. As lógicas de confronto, as dinâmicas de individualização e solidariedade, de digitalização etc. têm sido debatidas em literatura recente, assim como questões tratadas na teoria social clássica, como a relação entre agência e estrutura, retornam ao debate contemporâneo.

Com isso, novos aportes teóricos entram em cena a partir de 2010 na discussão sobre os movimentos sociais ou das ações coletivas em geral, especialmente ao se focalizar os coletivos, as manifestações de junho de 2013, as ocupações nas escolas etc.

Após 2020, os efeitos da pandemia, que escancararam as desigualdades socioeconômicas, aliados à crise política de regimes conservadores no poder, passaram a ser o grande fator a forçar muitos(as) a mudar de opinião, ou a questionar determinadas teorias pragmatistas ou institucionalistas. A este respeito, Della Porta observa:

> *Se volvió evidente que conceptos conocidos como el papel de las oportunidades políticas, la movilización de los recursos y los procesos de encuadramiento, requerían ser actualizados para tener en cuenta las condiciones socioeconómicas de las protestas. En lo que sigue argumentaré que, para volver a poner al capitalismo dentro del análisis de las protestas, necesitamos vincular la literatura sobre movimientos sociales con los aportes críticos a la economía política del capitalismo neoliberal.* (Della Porta, 2020b: 49)

Ou seja, retomar análises estruturais, recolocar a política no centro, no foco dos conflitos são tarefas da atualidade. Não significa fazer análises engessadas, rígidas, com pressupostos deterministas que, *a priori*, mostram que sempre há um culpado, exterior aos fatos e acontecimentos; os indivíduos, grupos sociais, quer sejam militantes, ativistas ou apoiadores das ações coletivas, ficam nestas análises, invisibilizados, obscurecidos pela lógica determinística que 'guia' a realidade. Retomar os estudos inserindo o contexto das estruturas macro nas análises implica reconhecer que tratar de diversidade, inclusão etc. é impossível sem se referir às estruturas que perpetuam a exclusão, a hierarquização e as desigualdades. A representatividade de diferentes categorias sociais historicamente excluídas na sociedade, nas políticas públicas etc. não pode se limitar à presença de indivíduos nas estruturas de poder. Esta representatividade tem de ir além da presença, porque tem de estar aliada à autonomia e à autodeterminação dos sujeitos sociais que elas representam.

A necessidade de revisão e ampliação do campo das análises das ações coletivas não é apenas no plano de incorporar as novas formas e performances de atuação, mas também no campo das categorias de apoio que são utilizadas na sua análise como identidade, mobilização, ativismo, redes, emoções, solidariedade, interseccionalidade etc.

Manuel Castells destaca, na atualidade, a importância das redes sociais e dos novos meios de comunicação e informação para sua organização. Diz ele:

> Embora os movimentos tenham em geral sua base no espaço urbano, mediante ocupações e manifestações nas ruas, sua existência contínua tem lugar no espaço livre da internet. Por serem uma rede de redes, eles podem dar-se ao

> luxo de não ter um centro identificável, mas ainda assim garantir as funções de coordenação, e também de deliberação, pelo inter-relacionamento de múltiplos núcleos. (Castells, 2013: 160)

Jasper (2016), autor relevante no campo das análises culturais, destaca o papel das emoções nos protestos. Ele diz que a cultura tem a ver com "o modo como pensamos e nos sentimos a respeito de outros atores, com nossas normas, valores e tradições, com uma variedade de emoções e sensibilidades" (Jasper, 2016: 12). Importante registrar que Jasper chega a estas elaborações depois de criticar as abordagens das teorias da mobilização de recursos e do processo político (vide Jasper e Goodwin, 1999).

Portanto, para contemplar e tratar tanto a questão das desigualdades socioeconômicas como o papel da intersubjetividade nos relacionamentos, diretos ou midiáticos, nas ações coletivas, tem que se analisar a intersecção das diferentes questões em jogo. O tema das classes, de gênero e raça tem de entrar no debate sobre o denominado "identitarismo". A categoria "interseccionalidade", advinda do debate no campo de estudos sobre gênero, é uma contribuição relevante para esta temática. Muitos autores a restringem a questões de gênero e raça, excluindo as classes e com isso excluem-se questões de poder e a política, tratando a questão da dominação de forma parcial. Outros a tratam como termos isolados. Pereira (2021), citando Flávia Biroli e Luis Felipe Miguel, registra que

> Nos anos 1980, consolidou-se a visão de que as desigualdades nas sociedades contemporâneas não podem ser entendidas levando-se em conta apenas gênero, raça ou classe social (Biroli e Miguel, 2015): os três fatores deveriam ser

> entendidos e analisados em sua atuação conjunta.[..] a interseccionalidade transformou o modo como se discute gênero e possibilitou a incorporação de sujeitos até então invisibilizados ao feminismo. (Pereira, 2021: 446-449)

Em síntese, não é possível compreender as desigualdades sociais contemporâneas (que sempre existiram, não foram criadas pela pandemia) olhando apenas pelo lado cultural, da herança identitária; é necessário alavancar as demandas identitárias para além dos protestos inserindo-as no quadro das desigualdades estruturais existentes em um país ou território; é necessário também ir além das conquistas de reconhecimento jurídico, de inscrição de leis, é preciso haver estruturas de cobrança e vigilância dessas leis; educar a população para uma cultura política igualitária, e ao sistema escolar tem papel relevante nessa tarefa. Mas também não se pode ignorar o papel da subjetividade coletiva, das emoções, numa sociedade onde predomina o relacionamento virtual, onde as narrativas modelam e mudam as opiniões das pessoas. Tem-se que avançar na questão de mudança cultural na sociedade, para que as leis sejam respeitadas, para que o reconhecimento seja efetivo.

Tudo isso, reafirmo, não se esquecendo de contextualizar historicamente o período em análise. Nas décadas de 1970-1980, por exemplo, os eixos articuladores das lutas e movimentos progressistas eram os direitos e a cidadania. Atualmente, estes eixos alteraram se para se reconquistar os direitos e reconstruir a cidadania. O olhar para a conjuntura dá elementos para essa grande alteração. A defesa do Estado de direito é indispensável porque sem ele existe sempre o risco de a sociedade civil se dividir em campos antagônicos, exacerbar a polarização, e com isso a supressão da liberdade é uma ameaça constante aos indivíduos.

Volto novamente para Della Porta, em mais duas citações, na mesma entrevista:

> ... não se trata apenas de olhar para o tipo de base estrutural dos movimentos sociais, mas ainda é preciso entender quando e em que direção esses tipos de conflitos de classe estão se desenvolvendo. Então a política ainda é importante para mim, as agências de movimentos ainda são importantes para mim, mas isso precisa ser combinado com questões de classe. Em seguida, outro tipo de desafio é que os estudos de movimentos sociais focalizaram principalmente movimentos de esquerda e progressistas, enquanto hoje em dia você sempre questiona qual é a relação entre os movimentos sociais de esquerda e o desenvolvimento de desafiantes à direita. É verdade que muitas vezes os oponentes da direita assumiram formas mais partidárias do que formas de movimento social, mas eles [os partidos] com certeza constantemente tentaram mobilizar também suas bases. (Della Porta, 2019: 386)

Movimentos sociais na História

A partir da década de 1960, o campo dos movimentos sociais se ampliou na sociedade ocidental, destacando-se na luta social, cultural e política. No Brasil, na década de 1970, resceram movimentos populares organizados em periferias urbanas, em luta pela moradia, por transportes, creches, postos de saúde etc., com apoio de mediadores de pastorais cristãs e intelectuais engajados na luta pela redemocratização (vide Sader, 1988). A partir dos anos 1980, florescem os movimentos identitários, focado em questões de gênero, raça, etnia, gerações e questões ambientais. Após a Constituição de 1988, inúmeras políticas públicas levaram ao reconhecimento de vários direitos sociais e civis demandados por movimentos sociais e culturais, que se ampliaram, aproveitando o papel das novas oportunidades políticas (Tarrow (1994) e Tilly (2007)) com o suporte de políticas públicas. Como exemplos de resultados inovadores na conquista de direitos civis, no Brasil, a partir da ação e da pressão de movimentos sociais, temos: o Estatuto da Igualdade Racial, Lei nº 12.288, promulgado em julho de 2010; o Estatuto das Pessoas com Deficiência, Lei nº 13.146, em 2015; leis que visam ao combate à violência contra a mulher, como a Lei Maria da Penha (Lei nº 11.340) datada de 2006, e a recente Lei do Feminicídio (Lei nº 13.104) de 2015. No tocante aos direitos LGBTTQIA+ (lésbicas, gays, bissexuais, travestis, transgêneros, queer, assexuados e outros), houve avanços proporcionados pelo Poder Judiciário como, por exemplo, o reconhecimento pelo Supremo Tribunal Federal da equiparação da união homossexual à heterossexual, em 2011. Registrem-se também as conquistas dos movimentos sociais no campo da educação, especialmente o dos estudantes e profissionais da área, pautando o tema da educação na mídia, na sociedade e nas políticas públicas, a exemplo da conquista do Fundeb (Fundo de Desenvolvimento e Valorização dos Profissionais de Educação) em 2020.

Se fizermos um recorte na linha do tempo histórico, observa-se que os movimentos progressistas lutam contra as desigualdades, as injustiças sociais, pela inclusão e pelo reconhecimento da diversidade: social, étnica, de gênero, raça etc. Lutam pela mudança social com suas práticas e demandas, participam da construção da cultura político-social de uma nação, e contribuem para a conscientização da sociedade, a exemplo do movimento das mulheres, dos negros e dos povos indígenas na atualidade. Surgem e se desenvolvem a partir da experiência de vida de que são portadores, não só de forças congeladas do passado, mas também a partir de uma reflexão sobre sua própria experiência, nos dizeres de Thompson (2004). Não são, portanto, apenas reativos, movidos pelas necessidades (fome ou qualquer forma de opressão). A experiência é importante também para criar memórias que, quando resgatadas, dão sentido às lutas do presente. São considerados, por vários analistas, como elementos e fontes de inovações. Quando se examinam, por exemplo, os povos indígenas, ressalta-se o saber que eles detêm sobre a floresta. Constroem-se representações simbólicas afirmativas por meio de discursos e práticas e criam-se identidades a grupos antes dispersos e desorganizados, como acentuou Melucci (1980). Ao realizarem ações de solidariedade, projetam em seus participantes sentimentos de pertencimento social e identidade com alguma causa ou valor; os ex- excluídos passam a sentir-se incluídos em algum tipo de unidade social. Com isso, adquirem força político-social, questionam a ordem social, a sociedade e seus valores, as políticas públicas e forma de atuação dos aparatos estatais, a exemplo do movimento dos afrodescendentes. Black Lives Matter (Vidas negras importam), originário dos Estados Unidos na década de 1990, ganhou amplitude global em 2020 com a morte de Jorge Floyd, pautando a luta secular contra o racismo na ordem do dia de várias nações, a exemplo do Brasil.

Na década de 2010, na Europa, nos Estados Unidos e no Oriente, uma nova onda de movimentos operou uma renovação nas lutas sociais da mesma magnitude que os novos movimentos sociais identitários operaram em décadas anteriores. Foram os altermundialistas, ou movimentos globais. Passaram a focar demandas sobre problemas da vida cotidiana-emprego, finanças/salário, dívidas, serviços sociais como educação e saúde, e sobretudo democratização da sociedade. Combateram regimes ditatoriais, sistemas econômicos que promovem a exploração do capital humano e dos recursos naturais do planeta, fizeram denúncias contra o capital financeiro especulativo, os efeitos da globalização da economia na sociedade, e a corrupção no poder público. Eles reformularam e politizaram demandas socioeconômicas e políticas, e as formas de fazer política. Isso ocorre em um momento de crise global da democracia e da ascensão de líderes conservadores ao poder em vários países. Não foi um mero processo de alternância no poder, o que seria normal em uma democracia. Houve mudanças no interior dos blocos e agrupamentos políticos. No espectro mais à direita, o leque ampliou-se e os conservadores que ascenderam em várias partes do mundo não são apenas de matrizes liberais ou neoliberais. Eles são autoritários, reacionários, e extremistas à direita. Na esquerda, observou-se o declínio de grupos progressistas, em vários países do mundo, subdividida em múltiplas frentes e matizes (socialistas, centro-democratas, comunistas, radicais etc.). Neste cenário, há descontentamentos, indignação e um desgaste da democracia, nos dizeres de Przeworski (2020), para o qual a crise não é só política, ela tem raízes profundas na economia e na própria sociedade. Uma crise civilizatória, muito bem explicitada por Boaventura Sousa Santos (2020). Isso explica também a nova temporalidade do cenário social, com a emergência ou o ressurgimento de protestos massivos, heterogêneos e contraditórios, geradores de polarizações em que se podem encontrar tanto aspirações democráticas, como demandas reacionárias, conservadoras, racistas e xenófobas que lutam não pela conquista, mas pela retirada de direitos. Como os movimentos são múltiplos e diversificados, a politização abriu campo também para a emergência de movimentos conservadores e reacionários, nacionalistas, que atuam mais como movimentos políticos, ou organizações movimentalistas, ou contramovimentos (vide Meyer, David S. e Staggenborg, 1996; e Rocha, 2021), como preferem alguns analistas, atuando via redes sem bases sociais efetivas, criando dualidades e inimigos para combate, buscando destruir o avanço das pautas democráticas (Gohn, 2019).

No século XXI, o perfil dos participantes de um protesto alterou-se de militante para ativista. As marchas, ocupações e manifestações públicas tornaram-se modelos de protesto. A categoria dos autonomistas ganhou espaço e corpo entre os jovens, e parte passou a se organizar em coletivos, que podem ou não se conectar com algum movimento social, assim como nos movimentos dos estudantes, pautando o tema da educação na mídia, na sociedade e nas políticas públicas. Os coletivos, embora não sejam uma novidade histórica, representam, na atual conjuntura brasileira, uma reconfiguração do ativismo urbano, no cenário do associativismo civil, com formas novas de engajamento nas ações coletivas. Eles expressam um novo ciclo geracional de protestos e uma nova cultura política no campo da participação social.

Mas os grandes atos de protestos advêm de movimentos sociais com pautas progressistas que têm a cidadania e os direitos como foco central. Em 2019, houve eventos massivos de protestos na Europa, especialmente na Espanha e os Coletes Amarelos na França; no Oriente, o Movimento Pró-Democracia em Hong Kong, desde junho de 2019, ganhou a cena da mídia global; assim como no Líbano e no Iraque. Em 2022, ocorre um novo ciclo de protestos em várias cidades no globo, contra a ocupação/invasão da Ucrânia pela Rússia. A luta dos imigrantes para fugir de regimes opressivos acentuou-se. Na América Latina, além do Brasil, Chile, Equador, e da Bolívia, Peru e Colômbia também têm tradição de lutas e movimentos sociais, que devem ser vistos/analisados segundo as heranças de seu passado colonial, porque certamente a história do Sul global não é a mesma que a do Norte global.

Os movimentos identitários também se alteram no cenário da globalização neoliberal criando agendas transversais e alterando a dinâmica das forças políticas em cena, com múltiplas referências simultâneas - ser mulher, ser negra, ser homoafetiva, ser ativista dos grupos pobres e vulneráveis, atuar na esfera pública governamental, a exemplo de Marielle Franco, ativista negra, advinda de comunidades carentes do Rio de Janeiro, que fez faculdade e entrou para a política, sendo assassinada em 2018.

No Brasil, com a pandemia da Covid-19 a partir de 2020, as condições socioeconômicas das camadas mais vulneráveis mudaram, o cenário político se alterou, e o leque de movimentos ampliou-se, indo de progressistas e democráticos, passando pelos liberais, aos conservadores, reacionários e antidemocráticos. Um fato relevante foi o crescimento da solidariedade e da ajuda mútua entre as camadas populares e o renascimento de movimentos comunitários, que recolocam a luta pela vida e pelo bem comum como central na sociabilidade e estratégias de sobrevivência. Pleyers (2021) observou este fato em outros países da América Latina no referido período. Em 2020, a pandemia fez aflorar também a desigualdade étnica e a falta de políticas ou atendimento emergencial aos povos indígenas no Brasil, especialmente nas terras indígenas isoladas, onde falta proteção sanitária. O Poder Judiciário foi acionado por movimentos e ONGs de apoio aos movimentos dos povos indígenas, após a

Articulação dos Povos Indígenas do Brasil - APIB registrar, em julho de 2020, 19,7 mil casos de infectados e 590 óbitos pela Covid-19, em 31 terras de indígenas.

Nota final

Na História, os movimentos sempre tiveram ciclos, ascendentes ou de refluxo - alguns estratégicos, de resistência ou rearticulação em face de novas conjunturas. Eles representam forças que aglutinam as pessoas como campo de atividades e de experimentação social, e podem ser fontes geradoras de criatividade e inovações socioculturais. Exercitam o que Habermas (1981) denominou como o agir comunicativo. A criação e o desenvolvimento de novos saberes são produtos dessa comunicabilidade. Touraine (1973) afirmou que os movimentos são o coração, o pulsar da sociedade e as teorias a seu respeito devem ser construídas ao redor das ações coletivas, das representações e da luta dos atores. O repertório de lutas que eles constroem demarcam interesses, identidades, subjetividades e projetos de grupos sociais. Por isto, há diferentes tipos e modalidades de movimentos, de progressistas a conservadores, dos que lutam pela transformação social aos que lutam pela preservação do *status quo*, dos pacifistas - com atos pela paz ou de desobediência civil, aos mais radicais e revolucionários. Um movimento social é fruto de uma construção social e não algo dado *a priori*, fruto apenas de contradições sociais dadas *a priori*.

Aos pesquisadores cabe reconhecer a diversidade de movimentos e ações civis coletivas, suas articulações e os marcos interpretativos referenciais que têm lhes atribuído sentidos e significados novos. Deve-se indagar o que os movimentos têm trazido à luz, especialmente as inovações no campo das formas de agir e suas propostas e críticas, para se entender, nas investigações, as mudanças e os impactos dos movimentos sociais na sociedade e nas políticas públicas. Conclui-se que as mudanças não foram apenas na forma de produzir o conhecimento. As mudanças básicas vieram de transformações da própria realidade sociopolítica, que passaram a exigir leituras teóricas renovadas, articulando antigos e novos aportes que foram mobilizados, e muitos deles apenas ressignificados.

Referências

ALEXANDER, J. O novo movimento teórico: o macro e o micro. *Novos Estudos Cebrap*, nº 17, São Paulo, Cebrap, 1987.

BIROLI, Flávia; MIGUEL, Luís Felipe. Gênero, raça, classe: opressões cruzadas e convergências na reprodução das desigualdades. *Mediações* 20 (2), pp. 27-55, 2015.

CASTELS, Manuel *A sociedade em rede*. São Paulo: Paz e Terra, 1999.

CEFAI, Daniel. Como nos mobilizamos? A contribuição de uma abordagem pragmatista para a sociologia da ação coletiva. *Dilemas: Revista de Estudos de Conflito e Controle Social*, 2(4), pp. 11-48, 2009.

DELLA PORTA, D. *Movimentos sociais em tempos de Covid-19: outro mundo é necessário*. Open Democracy, 2020a.

_____. Capitalismo, clase y protesta. *Diálogo Global. International Sociological Association*, vol. 10, n.º 1, pp. 47-50, abr., 2020b.

_____. Desafios contemporâneos para o estudo dos movimentos sociais: entrevista com Donnatella Della Porta. *Rev. Psicologia Política,* vol. 19, n.º 45, São Paulo, maio-ago., 2019.

_____. *Social Movements in Times of Austerity: bringing capitalism back into protest analysis*. Cambridge: Polity Press, 2015.

DIANI, M. The Concept of Social Movement. *The Sociological Review*, vol. 40, n.º 1, pp. 1-25, 1992.

DIANI, Mario; BISON, Ivano. Organizações, coalizões e movimentos. *Revista Brasileira de Ciência Política,* nº 3, pp. 219-250, Brasília, jan.-jul., 2010.

GOHN, M. da Glória. *Ativismos no Brasil. Movimentos sociais, coletivos e organizações civis. Como impactam e por que importam?* Petrópolis: Vozes, 2022.

_____. *Participação e Democracia no Brasil – Da década de 1960 aos impactos pós -junho de 2013*. Petrópolis: Vozes, 2019.

_____. *Teorias dos movimentos sociais. Paradigmas clássicos e contemporâneos*. 12ª ed. São Paulo: Edições Loyola, 2017.

_____. *Novas teorias dos movimentos sociais. Paradigmas clássicos e contemporâneos*. 5ª ed. São Paulo: Edições Loyola, 2014.

HABERMAS, Jürgen. *Teoria de la Acción Comunicativa*. Madri: Taurus, 1981.

HONNETH, Axel. *Luta por reconhecimento. A gramática moral dos conflitos sociais*. São Paulo: Editora 34, 2003.

JASPER, M. J. Emotions and Social Movements: Twenty Years of Theory and Research. *Annual Review of Sociology* 37, pp. 285-304, 2011.

_____. Cultural Approaches in the sociology of social movements. In: KLANDERMANS, B.; ROGGEBAND, C. (eds.). *Handbook of Social Movements Across Disciplines*. Nova York: Springer, 2007.

MELUCCI, Alberto. The New social Movements: A Theoretical Approach. *Social Science Information*, n.º 19, pp. 199-226, 1980.

MEYER, David S.; STAGGENBORG, Suzanne. Movements, countermovement's, and the structure of political opportunity. *American Journal of Sociology*, 101(6), pp. 1628-1660, 1996.

PEREIRA, Bruna Cristina Jaquetto. Sobre usos e possibilidades da interseccionalidade. *Civitas* 21 (3), pp. 445-454, set.-dez., 2021.

PLEYERS, Geoffrey. Movimientos sociales y ayuda mutua frente a la pandemia. *Mundos Plurales. Revista Latinoamericana de Políticas y Acción Pública*, vol. 8, n.º 1, pp. 9-22, Equador, 2021.

PRZEWRSKI, Adam. *Crise da democracia*. Rio de Janeiro: Zahar; Companhia das Letras, 2020.

ROCHA, Camila. *Menos Marx, Mais Mises – O liberalismo e a nova direita no Brasil*. São Paulo: Todavia, 2021.

SADER, Eder. *Quando novos personagens entraram em cena*. Rio de Janeiro: Paz e Terra, 1988.

SANTOS, Boaventura de Sousa. *A cruel pedagogia do vírus*. Lisboa: Almedina, 2020.

TARROW, Sidney. *Power in movement*. Cambridge: Cambridge Press, 1994.

TILLY, Charles; TARROW, Sidney. *Contentious Politics*. Boulder, EUA: Paradigm Publis, 2007.

THOMPSON, E. P. *A miséria da teoria*. Rio de Janeiro: Zahar, 2004.

TOURAINE, Alain. *Producción de la société*. Paris: Seuil, 1973.

_____. *Um novo paradigma. Para compreender o mundo hoje*. Petrópolis: Vozes, 2006.

Movimentos sociais e contextualização de lutas

Angela Randolpho Paiva
Felipe Bellido
Yans Dipati

Desde o processo de redemocratização do país ocorrido na década de 1980, culminando com a promulgação da nova Constituição em 1988, temos visto constantes demandas dos movimentos sociais na luta por direitos não realizados na história republicana brasileira. Uma história cuja marca se traduz na exclusão de diversos setores da sociedade que não foram contemplados com os "direitos de cidadania". As demandas que chegaram com mais força na década de 1980, depois da consolidação de várias organizações no final da década de 1970, passaram pela denúncia da desigualdade estrutural da sociedade brasileira que se traduzia na concentração fundiária, de renda, de propriedade, na desigualdade racial, regional, enfim, na falta de acesso aos bens sociais e simbólicos que haviam sido subtraídos e naturalizados na estrutura social desigual da história republicana.

A título de uma organização inicial para a discussão que segue, os *novos* movimentos sociais, como assim são chamados os movimentos que surgem nessa época, vêm nessa esteira de demanda por direitos que podem ser agrupados em três grandes questões: a) a desigualdade material, com a falta de acessos à terra ou à moradia, mas a partir de então ressignificados em nova agência e identidades; b) desigualdade na chave da falta de reconhecimento de grupos excluídos de maneira ambígua do projeto da democracia autoritária brasileira, como foi o caso das mulheres, dos povos indígenas e mais especificamente da população negra, que se traduzem nas demandas não só por melhores condições materiais, mas também as simbólicas, quando denunciam o sexismo, a misoginia ou o racismo; c) o terceiro grupo traduz aquelas demandas que são constituídas a partir de novas identidades construídas, como, por exemplo, a partir dos movimentos gay e ambiental, que se tornaram movimentos sociais contemporâneos de várias identidades coletivas construídas a partir de formas de demanda pela legitimidade da orientação sexual e a sustentabilidade do planeta. Todos os três grupos, no entanto, trazem traços comuns e que reportam a esse momento crucial da redemocratização do país, quando há o espaço de liberdade para reivindicações e criações na esfera pública no sentido dado por Habermas, vale dizer, quando questões, muitas das quais consideradas privadas, são trazidas para a esfera pública para a demanda de direitos.

Assim, pode-se perguntar quais as características comuns que teriam movimentos tão distintos como o MST, MTST, os movimentos negros, os dos povos originários, e o LGBTQIA+? Vão ser enfatizados no que segue três aspectos fundamentais: primeiramente o déficit de *fruição dos direitos* mais básicos, tanto os civis, quanto os sociais e culturais; outro ponto central é a análise da construção de *identidades coletivas* na produção de novas demandas, que passam tanto pelo reconhecimento da legitimidade de suas demandas, como também a necessidade de redistribuição para que se alcance o mínimo de integração social. E uma terceira questão, central às duas anteriores, é a importância dos *processos* que são construídos para que direitos sejam demandados e reconhecidos na esfera pública. A hipótese que sustentamos ao longo do texto é de que a *historicidade* dos processos de identidade coletiva é crucial para se compreender tanto o desenvolvimento dos movimentos e coletivos, quanto o que chamamos de *pedagogia cívica*, o momento em que a participação social representa a possibilidade de engajamento e construção de novas subjetividades e da identidade coletiva nos grupos sociais. A historicidade é importante porque as mudanças na construção dos *frames* de ação coletiva traduzem as mudanças políticas, econômicas, tecnológicas e culturais dos grupos que se formaram, a partir da década de 1980 no cenário brasileiro. E tais mudanças são realizadas enquanto os atores sociais estão produzindo suas pautas, seus repertórios e suas estratégias de ação coletiva.

Demanda por direitos substantivos

A Carta de 1988 foi fruto de intensa mobilização da sociedade civil durante o período da Constituinte. Depois de 21 anos de ditatura militar, a sociedade civil se organizou nas várias associações, coletivos, sindicatos e organizações não governamentais. Foi a emergência de uma nova cultura política, agora com o protagonismo desses vários setores que pediam a volta dos direitos civis e políticos, além da real fruição dos direitos sociais no tocante à educação, à moradia e à saúde, dentre tantos outros déficits. Além do mais, traziam questões novas, de cunho coletivo, que se traduziram na demanda por novos direitos *culturais*, como foi o caso do reconhecimento do direito coletivo de acesso à terra pelos povos originários e quilombolas. Tais demandas foram resultado de um processo intenso de participação junto à Constituinte, em 1987 e 1988, de movimentos sociais que haviam se consolidado desde a década anterior com interação constante com os partidos já organizados. Mas aqui estamos tratando de direitos humanos na sua dimensão *substantiva*, vale dizer, na exigência da *real* fruição dos vários tipos de direitos. Afinal, desde a primeira Constituição republicana do século XIX, da década de 1890, já se prometia, de forma abstrata, que todos os brasileiros eram "livres e iguais". Assim, a partir de 1988, uma nova cultura política passou a conviver com a velha política das oligarquias partidárias, fundiárias e corporativas, como bem analisou Leonardo Avritzer (1995).

Porque o projeto republicano em 1889 nasceu com um pecado original: a falta de solidariedade com o povo brasileiro, a quem não eram outorgados os direitos de cidadania. Solidariedade entendida aqui como um conceito sociológico primordial, que implica o consenso em torno de valores compartilhados por grupos cada vez mais amplos e diferenciados do acordo societário republicano. A solidariedade deveria ter se tornado um imperativo moral na inclusão e integração dos vários grupos sociais da República que era então construída. Mas, na República que nascia, o ideário de direitos era assegurado a grupos específicos, vale dizer, a homens brancos, homens com renda, proprietários e profissões com relação direta com o Estado. Eram esses os que se tornavam cidadãos. Com o fim da República Velha em 1930, houve um progressivo alargamento dos direitos para setores da nova organização burocrática que era construída nos centros urbanos em expansão, o que José Murilo de Carvalho bem analisou como *estadania* (1991). Mas cabe lembrar que a maioria da população vivia nesse período nas áreas rurais, sem acesso à terra, à educação e à saúde. Eram os "pobres incivis" de que fala Vera Telles (1994), que viviam à margem num sistema patriarcal e sem as mínimas chances de terem a liberdade para se inserirem na sociedade de classes dos centros urbanos. Foi a construção de uma cidadania excludente, disjuntiva, cuja marca era a profunda desigualdade social, mitigada pelo paternalismo religioso e conservador da Igreja Católica pré-Conciliar. Mas era também uma grande desigualdade racial, pois os libertos de séculos de regime escravagista foram deixados à própria sorte nas primeiras décadas da República que se construía.

Assim, as mobilizações da sociedade civil desde o final da década de 1970 escancaravam as desigualdades sociais persistentes, que foram ainda mais acirradas durante o regime militar, com o aumento real da concentração de renda, como analisa Pedro Ferreira de Souza (2018). Estava posta a *latência* de que fala Alberto Melucci (1996), quando elementos passam a estar presentes na esfera pública para a produção social da identidade coletiva. Foi o momento de grande concertação da sociedade civil, quando a ditadura dava sinais de esgotamento: nos sindicatos, em ONGs, associações, partidos políticos reorganizados, além de instituições como a Igreja pós-Concílio, a mídia e a academia. Dessa forma, a demanda pelos vários tipos de direitos passa a ser o motor das mobilizações sociais que se formam em movimentos, em coletivos e em associações da sociedade civil. Foram tanto de demandas por reconhecimento quanto por demandas por redistribuição para ficarmos na chave de Nancy Fraser (1997): se alguns movimentos que se formaram tiveram demandas por redistribuição mais explícitas, como o MST e o MTST, eles *também* têm uma profunda dimensão por reconhecimento, pois é preciso o reconhecimento da legitimidade da existência de um "sem terra" ou "um sem teto", cuja falta de dignidade de suas condições de subsistência não cabia no acordo democrático que precisava ser construído. Vai ser visto mais adiante que Fraser argumenta que esta é uma distinção analítica para compreender a natureza das demandas, pois a falta de reconhecimento leva à falta de redistribuição e vice-versa. Portanto, o não reconhecimento de grupos, como foi o caso dos negros escravizados, gerou problema na redistribuição.

Está sendo atribuído papel importante à Constituinte porque foi um momento de grande concertação coletiva dos vários grupos que demandavam direitos não reconhecidos. Era o momento finalmente da defesa de uma democracia de cunho radical e plural, na acepção de Chantal Mouffe (1995), que aponta para a necessidade de ir além da concepção liberal dos direitos universais de status legal para se conquistar o que a autora chama de "republicanismo cívico" agonístico, que subentende a participação na comunidade cívica. Assim, cidadania não é apenas o status legal formal dos cidadãos de uma comunidade nacional, mas também uma forma de identificação para a possibilidade de construção de pertencimento a grupos sociais. Para sua realização, é preciso haver a combinação virtuosa da igualdade mínima que os cidadãos devem ter para poderem usufruir de sua liberdade de participação com o direito às diferenças construídas nas "subjetividades coletivas", como conceitua José Maurício Domingues (1999). A radicalidade da democracia deve, portanto, estar relacionada à concepção de direitos no binômio liberdade/igualdade em que a igualdade mínima é condição essencial para a possibilidade de fruição das liberdades do projeto democrático. Tal projeto deve englobar a dimensão proposta pela teoria crítica, vale dizer, a defesa da *emancipação* dos indivíduos que estavam aprisionados em condições de grande desigualdade, nas suas várias formas. E esse foi o momento da redemocratização brasileira em que tal desafio estava colocado de maneira exemplar.

Os desafios eram enormes. A política tradicional oligárquica não havia sido extirpada como num passe de mágica com a nova Carta: muito pelo contrário, seguia forte nas alianças de setores conservadores da sociedade, os mesmos que haviam tido grande protagonismo nos governos militares. A reação à ideia de novos direitos veio logo depois, quando grupos conservadores, que não se conformavam com a ideia de direitos a grupos que até então haviam recebido o quinhão que lhes cabia na chave paternalista e filantrópica de décadas republicana, continuaram a demonstrar sua violência, poder e intolerância. É Sergio Adorno (2008) quem lembra que para os militantes dos direitos humanos logo ficou claro que as violações de direitos junto a classes populares e junto aos negros não terminariam num estalar de dedos apenas com os novos direitos constitucionais: foi também o início de novas tensões nos espaços públicos. Afinal, a desigualdade naturalizada até a década de 1980 ainda era construída na chave da *cidadania disjuntiva* (Paiva, 2004), ou seja, os direitos para alguns grupos não tinham a significação moral de inclusão dos que haviam ficado à margem.

Construindo a identidade coletiva

Os direitos que estavam sendo cobrados a partir de 1988 representaram esse momento de inflexão na busca da radicalidade da democracia brasileira. Estava em curso a construção de identidades coletivas de grupos até então não reconhecidos. Para a análise que segue, vão ser enfatizadas as várias organizações do movimento negro que confluíram para denunciar o racismo estrutural da sociedade brasileira. Se havia pontos de consenso nos vários movimentos negros que se consolidam nesse período, eles passavam pela denúncia da falácia da democracia racial, pela demanda por educação, especialmente por nova historiografia que ressaltasse a importância da população negra na construção social do país, e também por maior justiça com o reconhecimento dos grupos deixados de fora do projeto republicano excludente. E se na década de 1980 esse era um pedido mais geral, ao longo das décadas seguintes os movimentos negros trouxeram demandas específicas de acesso à educação superior e a denúncia e a criminalização do racismo.

A teoria dos movimentos sociais ajuda na compreensão das mudanças em curso. Apesar de serem pensadas por sociólogos do "Norte", como Alberto Melucci na Itália, e Alain Touraine na França, ou ainda por Charles Tilly, Doug McAdam e Sidney Tarrow nos Estados Unidos, elas têm potencial heurístico para entender esse momento de redemocratização brasileiro: foi o que Tarrow chamou de "oportunidades políticas" e Tilly da criatividade dos "repertórios" pensados por novos atores sociais, quando esses atores têm a "liberação cognitiva" de que fala McAdam no processo de engajamento no movimento social. E se esses três autores estavam pensando nos melhores conceitos para compreenderem o Movimento dos Direitos Civis americano, suas análises ajudam a entender o momento em que a liberação cognitiva fornece a construção da identidade coletiva em *frames* inovadores de engajamento social.

Na Europa, Melucci e Touraine igualmente procuravam um novo conceitual analítico para o entendimento dos "novos" movimentos sociais que surgiam na década de 1960, em especial o feminista, o ecológico e o estudantil. Não era mais suficiente interpretá-los à luz das classes sociais, visto que eles entenderam que se tratava de novas subjetividades em torno do gênero, do meio ambiente ou da juventude. Para Touraine (2007), esses grupos se tornavam *atores sociais* na medida em que adquiriram a *reflexividade* necessária para expressarem suas subjetividades em constante construção na esfera pública. Assim, os atores se transformaram em *sujeitos*, vale dizer, quando se organizaram em torno de *conflitos* não antes colocados: as mulheres denunciavam a falácia da igualdade nas democracias de capitalismo avançado; os ambientalistas questionavam o modo de produção capitalista predatório e os jovens as formas excludentes da universidade francesa.

É o que Alberto Melucci (2001) vai definir como a produção social de demandas não antes colocadas, quando identidades coletivas são construídas no processo de engajamento nas sociedades complexas. Para o autor, a teoria da produção social implica uma teoria de identidade que manifesta o conflito de forma organizada numa demanda que requer novo padrão cultural. Tal produção é ponto crucial para Melucci definir a dimensão social da mudança social: novos arranjos são necessários nas sociedades que têm alta capacidade de intervenção no que ele chama de "ambiente" e nos seus próprios arranjos coletivos (p. 48). Assim, mudança assume uma dimensão analítica para a mudança de paradigma.

Um ponto importante a ser destacado é que "identidade coletiva" não é um dado da natureza nem um conceito estático. É usado na teoria dos movimentos sociais como um processo sempre em construção *relacional*, ou seja, requer como precondição o engajamento, a percepção de que se encontra em condições de muitos outros; requer ainda escolhas de repertórios, articulação com setores estratégicos da sociedade e reflexividade permanente para a exposição de determinado conflito. O *conflito* é o ponto de partida dos teóricos dos novos movimentos sociais para o entendimento do momento em que grupos vão para a esfera pública manifestar um antagonismo com o status existente não antes problematizado. É sempre um processo em construção, que avança na medida em que os indivíduos constroem outra *reflexividade*, que vai lhes permitir interpretar e avaliar sua posição no mundo e ter a condição de se tornar ator social no processo de individuação para a mudança social. Para Melucci, a produção simbólica para a emergência de movimentos em sociedades complexas traduz a heterogeneidade de demandas, escasso vínculo com a política tradicional e há ação direta dos participantes.

Melucci lembra ainda que os "atores se transformam à medida que ativam a mobilização" (2001: 88) e aumenta a capacidade reflexiva de produzir sentido – e novos sentidos – para a ação social. Esses novos sentidos podem trazer novos conflitos, pois há um potencial de "diferenciação", segundo o autor, que pode trazer sempre novas demandas, novas subjetividades e, como consequência, novos conflitos, como será analisado mais abaixo acerca dos movimentos negros brasileiros (ver p. 90 até 92 para riscos – atomização). E se Melucci e Touraine interpretaram as mudanças nas sociedades complexas, seu potencial analítico assume importância heurística para interpretar a esfera pública brasileira que se tornava mais complexa com a redemocratização. Esse "mundo aceito sem discussão" das sociedades europeias e americana até a década de 1950, e da sociedade brasileira até o final da década de 1970, depois do longo período da perda das liberdades durante a ditatura militar, trouxe demandas tanto pela *igualdade* do status de cidadania para todos os membros do Estado-nação, quanto demandas pela *diferença* que deve estar implícita na pluralidade de novas subjetividades. E é por isso que a teoria dos movimentos sociais foi importante para a compreensão das novas formas de "subjetividades coletivas" que se formavam em torno de identidades coletivas de distintos grupos sociais, cujo arcabouço teórico anterior da sociedade de classes que se construía em torno do trabalho não mais explicava formas de associação coletiva cada vez mais complexas porquanto mais diferenciadas. Como pontuou Eunice Durham (1984) em trabalho pioneiro acerca da construção de uma nova cidadania no Brasil, havia "novas necessidades" na esfera pública brasileira na década de 1980.

A historicidade das identidades coletivas

Mas todos os autores citados acima apontam para a importância da *historicidade* na construção de ação coletiva dos novos movimentos sociais e como ela está sempre em processo para a formação de outras configurações. Isso é visível quando se analisa a ampliação do leque de demandas nos mais variados "novos" movimentos sociais, que vão trazendo demandas específicas e vão se organizando de formas inovadoras. Isso é verdade no tocante ao movimento negro brasileiro, que vai trazendo pautas variadas a partir da construção da identidade coletiva inicial do MNU: se era o pedido por direitos como um todo, na década de 1980 surgem coletivos de mulheres negras que percebem tanto a ausência da questão racial do movimento feminista, quanto o machismo dos homens dos movimentos negros. Não se deve pensar que se trata da "evolução" de um movimento social, mas sim de *diferenciação* de pautas, resultado mesmo do processo de engajamento na produção social de construção coletiva. Além do mais, com a redemocratização, há nova interação de atores com agências do Estado que se tornara mais poroso a demandas dos grupos sociais diversos.

A historicidade dos movimentos negros nos mostra ainda tanto o alargamento das pautas como mencionado acima, como também a incorporação de outros referenciais teóricos a partir mesmo do processo de consolidação do conhecimento construído pelos novos atores dos movimentos negros. Os coletivos de mulheres negras que se formaram nas décadas de 1980/90, como o Geledés e Fala Preta, são exemplos concretos de afinamento de *frames* de ação coletiva, quando as mulheres denunciavam o machismo do movimento negro e a branquitude do movimento feminista. Hoje se fala em interseccionalidade entre classe, raça e gênero, resultado de várias articulações teóricas dos intelectuais de movimentos que se consolidaram nas quatro últimas décadas.

E se atualmente se discute a diferença entre movimento social e coletivo, tema central deste livro, pode-se aventar a hipótese de que vários movimentos sociais se formaram como *coletivo* em seu processo inicial. De qualquer forma, vai ser defendido que há características comuns na natureza dos dois: engajamento horizontal (a verticalidade aparece quando o movimento se consolida e cresce), o engajamento, a criatividade nos repertórios, afinamento de suas pautas e comunicação cada vez mais fluida com novas tecnologias de comunicação. Mas a hipótese central defendida é que tanto os movimentos sociais quanto os coletivos trazem sempre o *conflito* destacado acima. Assim, para não se cair nas armadilhas das autonomeações, é preciso cuidado ao analisar qualquer forma de associação da sociedade civil como "coletivos", pois estes devem trazer demandas das formas de associação da sociedade civil onde está manifestado o conflito com a ordem existente. Uma outra hipótese ressaltada na presente análise é que a própria ideia da fruição de direitos na democracia que avança traz constantes pedidos de mudanças de padrão cultural advindas das liberdades democráticas, quando os conflitos são organizados em *frames* de ação coletiva. Houve, sim, real mudança de padrão cultural com a redemocratização e com o consequente maior engajamento de militantes num processo de pedagogia cívica construída pelos atores em cena, vale dizer, atores vão aprendendo a ser militantes e produzindo conhecimento, subjetividades e repertórios sempre em elaboração. É o que vamos ver a seguir com dois momentos dos movimentos negros construídos em tempo e espaço distintos. Pode-se mesmo dizer que eles significam ciclos de participação do processo de pedagogia cívica.

Década de 1970: nova contextualização de luta para os movimentos negros

Seguindo a linha da *historicidade* dos movimentos sociais e os ciclos de participação política proposta acima, o movimento negro (doravante, MN) é um caso exemplar para entendermos a gramática dos conflitos e os significados das lutas sociais na transição do recente período autoritário até o nascimento da nossa jovem democracia.

Na década de 1970, o movimento negro se reorganizou após um processo de enfraquecimento nos anos 1960 sofrido pela ditatura militar. As experiências associativas anteriores, como a Frente Negra Brasileira (FNB), o Teatro Experimental do Negro (TEN), a União dos Homens de Cor (UHC), dentre outras, haviam sido substancialmente minadas. Os principais líderes foram perseguidos e a renovação dos quadros foi prejudicada durante o período autoritário dos anos 1960, que teve como momento dramático de opressão a perda dos direitos civis com a promulgação do AI-5, em 1968.

Mas como resposta a esse período autoritário, em meados dos anos 1970, iniciou-se um novo ciclo de lutas sociais e de resistência ao regime militar, como analisa Maria da Glória Gohn (2019). Movimentos que buscavam restaurar a democracia, como as Comunidades Eclesiais de Base, o novo sindicalismo, os movimentos populares de mulheres em bairros de periferia, marcaram a gramática de conflitos dos novos movimentos sociais. Representavam novo protagonismo da sociedade civil e, em comum, essas associações visavam à luta por direitos básicos, à recuperação de direitos usurpados. Para tanto, adotaram como estratégia para o fortalecimento da sociedade civil a demanda específica por direitos, como analisado acima.

Mas cabe a pergunta: como podemos entender o papel do movimento negro no processo de reconstrução da democracia brasileira que está sendo assinalado? Quais eram as suas singularidades? Quais fatores foram preponderantes na década de 1970 para sua consolidação? Vão ser destacados alguns na análise que segue. Em primeiro lugar, a reorganização do MN é marcada por sua dimensão *transatlântica*[1] (Gilroy, 2012; Nascimento, 1989), na relação entre os movimentos de libertação nacional dos países africanos e a resistência contra a ditadura militar no Brasil. Essa foi a primeira

[1] Alguns autores como Paul Gilroy – *Atlântico negro* –, Beatriz Nascimento – *Transatlanticidade* –, entre outros, vão trabalhar com a ideia das trocas transatlânticas.

vez em que houve um diálogo/cooperação internacional substantiva entre os movimentos africanos, que viriam a influenciar diretamente a formação dos sujeitos do movimento negro brasileiro. A conjuntura internacional era a das guerras pela independência das nações africanas, e países como Angola, Moçambique e Guiné Bissau, particularmente, tiveram maior influência na reorganização do MN. Esse ambiente gerou uma sensação de vitória, o que começou a aglutinar pessoas a partir desse sentimento no Brasil.

Além das lutas pela descolonização, o ambiente internacional também influenciou a conjuntura política brasileira a partir das experiências da Revolução Cubana (1959), do Movimento pelos Direitos Civis (1956-1968), e de vários outros movimentos sociais, como o feminista, o estudantil, o ambientalista e o pacifista, que dinamizaram a esfera pública global nas décadas de 1960/70 trazendo pautas que implicavam mudanças de padrão cultural, como analisado por Touraine.

Na presente análise, será enfatizada a conjuntura em que os movimentos pan-africanistas[2] começavam a ecoar pelos movimentos negros mundo afora e não foi diferente no Brasil. E como aconteceu a aproximação do movimento negro brasileiro com essas epistemologias e práticas transatlânticas? A explicação que vai ser ressaltada aqui é que o movimento negro que se reorganizou na década de 1970 era um movimento de forte *base acadêmica,* como analisa Alex Ratts (2011). O elemento aglutinador foi a criação do

---

[2] "O pan-africanismo é um movimento teórico-político que surge na diáspora do Atlântico Negro, no final do século XIX e início do século XX, como uma alternativa de luta contra a exploração e a opressão de africanos e seus descendentes, e sua emancipação e autoafirmação em todo o mundo" (Santos, 2021).

Centro de Estudos Afro-Asiáticos (CEAA), no então Centro Universitário Cândido Mendes (depois Universidade Cândido Mendes), e que se tornou um marco para a reestruturação do movimento negro que emerge na década de 1970. O CEAA, ou *Afro*, como também era conhecido, foi fundado em janeiro de 1973, num momento histórico específico das relações Brasil-África em que confluiu uma série de circunstâncias e vontades nacionais, internacionais, raciais, pessoais, políticas (Nunes Pereira, 2008; Mendes, 1998).

Quem teve papel muito importante na estruturação do *Afro* foram Cândido Mendes, reitor da UCAM, e José Maria Nunes Pereira, vice-diretor do Centro na década de 1970 e considerado uma notoriedade em assuntos sobre a África. Nunes Pereira foi o responsável por fomentar o acervo do CEAA com livros e periódicos sobre o continente africano. Em resumo, Pereira (1999) afirmou que:

> A segunda metade da década de 1970 seria o estágio final do processo de consolidação dos estudos africanos no Brasil. Teriam contribuído para este fenômeno a reaproximação do Brasil à África a partir de 1972 e o ressurgimento dos movimentos negros, que de certa forma criaram uma nova clientela para os estudos africanos.

O CEAA foi importante para a reorganização do movimento negro e para levar o tema da raça e do racismo para a produção acadêmica em práticas discursivas que se alargavam além do meio universitário, chegando à esfera pública. Isso aconteceu porque o *Afro* tinha como prática basilar a pesquisa e a extensão universitária. Ao mesmo tempo que serviu como um importante centro de pesquisa, sobretudo para assuntos ligados à África e às relações raciais, organizou e publicou os trabalhos apresentados em congressos, seminários e na *Revista de Estudos Afro-Asiáticos*, mantendo produção acadêmica durante décadas e se tornando referência para a construção de conhecimento relacionada ao tema das relações raciais no Brasil. Além do mais, o CEAA tinha ainda como uma de suas atividades prioritárias a *extensão,* ou seja, fazia com que suas práticas acadêmicas saíssem dos muros da universidade para a disseminação das discussões. Exemplo concreto foram as *Jornadas de sábado*, momento em que grupos da sociedade civil se reuniam na UCAM de Ipanema para discutir as temáticas do negro no Brasil. Estavam presentes nesses encontros pessoas de fora da academia como jornalistas, setores organizados da sociedade civil e o público em geral.

E como foi a aproximação da militância com esse espaço acadêmico? Essa pergunta tem fundamentalmente duas respostas: os bailes *soul* e a própria comunicação entre os acadêmicos contribuíram para a popularização do movimento. No contexto dos bailes *blacks* do Rio de Janeiro, estes reuniam milhares de negros e negras durante a década de 1970 e os militantes que estavam ali envolvidos convidavam os colegas a participarem das reuniões. No âmbito da comunicação acadêmica, em 1973, Maria Berriel, diretora do Instituto de Ciências Humanas e Filosofia da Universidade Federal Fluminense (UFF), enviou seus alunos, que tinham interesse no tema da África e do negro no Brasil, para as jornadas do CEAA. Desse grupo, Maria Beatriz Nascimento era um dos destaques. A historiadora, que já tinha um artigo sobre o tema publicado em uma edição da Vozes, era uma das intelectuais mais influentes. Durante as reuniões gerais que aconteciam aos sábados também eram discutidos os textos preparados por outros membros, como Carlos Alberto Medeiros, Yedo Ferreira e Paulo Roberto dos Santos.

O grupo foi crescendo e decorrente desse movimento surgiu, em 1975, uma série de entidades autônomas no Rio de Janeiro, como o Instituto de Pesquisa sobre a Cultura Negra (IPCN), a Sociedade de Intercâmbio Brasil-África (SINBA), e, em 1976, o Grupo de Trabalho André Rebouças (GTAR), da UFF. Portanto, deve-se ressaltar que este era um *movimento negro de base acadêmica*, não só por haver intelectuais no grupo, mas também porque foi de uma articulação orgânica dos militantes, que partiu dos encontros no Centro de Pesquisa e Extensão do Centro Universitário Cândido Mendes, que se iniciou o processo de reorganização do movimento negro. Não é por outra razão que se pode dizer que o CEAA aglutinou e promoveu a reflexividade necessária para a produção de identidade coletiva, como defendida por Melucci acima.

Na década seguinte, o MN amadureceu e executou as suas demandas, dando um viés político institucional a elas. A formalização das demandas do movimento negro nos anos 1980 passou pela criação do Movimento Negro Unificado (MNU), em 1978, e ocorreu no início da abertura política, em 1982, marcada pela retomada das eleições pluripartidárias no Brasil. Foi um momento claro de que o MNU pensava as pautas que demandavam por políticas de *Reconhecimento* (Fanon, 2008; Honneth, 2009), por *Redistribuição* (Fraser, 2001) e *Cidadania*. De acordo com mapeamento realizado por Flávia Rios (2015), com base no manifesto do MNU de 1978, no plano econômico, a demanda era por oportunidades de emprego; entre as estratégias de reconhecimento estavam a reabilitação do papel do negro na história do Brasil e na valorização da cultura negra na educação. Por fim, as demandas por direitos de cidadania figuravam na aquisição de direitos civis, políticos e sociais e estavam pautadas no acesso a serviços básicos como saúde, habitação, e à educação. Também apareciam na agenda temas como a liberdade de expressão, de organização política e o fim da perseguição e da violência, garantias do direito mais fundamental, o direito à vida.

Além da reestruturação institucional do movimento, na década de 1980, o MN também buscou incorporar as suas demandas a novas agendas políticas a partir da construção de "encaixes institucionais" (Abers, Serafim e Tatagiba, 2014) na esfera estadual que se democratizava, com a chegada dos novos governadores, eleitos em 1982 em eleição direta. Dois exemplos claros para tal interação foi a implementação da agenda de igualdade racial em São Paulo e Rio de Janeiro, que ilustram bem as novas formas de interação com o Estado que se democratizava. Em São Paulo, a ligação entre ativistas do movimento negro e a ala democrática do Movimento Democrático Brasileiro (MDB) ganhou voz no governo André Franco Montoro. A materialização dessa aliança foi a criação do Conselho Estadual de Participação e Desenvolvimento da Comunidade Negra, assinado em 1984. O conselho incorporou boa parte da militância negra paulista e funcionou como suporte para o treinamento dos ativistas e suas lideranças no que se refere à dinâmica política da gestão pública (Rios, 2019; Paiva, 2021).

Já no Rio de Janeiro, quem condensou as pautas e os ativistas do MN foram os partidos trabalhistas, com ênfase no Partido dos Trabalhadores (PT)[3] e o Partido Democrático Trabalhista (PDT). Diferentemente de São Paulo, no Rio de Janeiro, intelectuais e ativistas negros conseguiram alcançar

---

[3] O Partido dos Trabalhadores também teve robusta abrangência na absorção dos intelectuais e militantes do movimento negro paulista, no entanto, o exemplo anterior foi dado devido ao MDB ter alcançado a esfera burocrática do Estado.

a representação na esfera legislativa. Foram os casos de Benedita da Silva (PT) na Câmara Municipal; Carlos Alberto Oliveira, o Caó (PDT) na Câmara Federal que, em seguida, se licenciou do cargo para ocupar a cadeira de secretário estadual de Trabalho e Habitação, no governo Leonel Brizola, cedendo a sua vaga de deputado federal para o seu suplente Abdias do Nascimento (PDT).

Esse processo da década de 1980 se traduzia ainda nas demandas formalizadas pelo MN junto à Constituinte para a inclusão na Constituição de importante reconhecimento da população negra. Participaram do processo no âmbito legislativo os seguintes representantes negros: Carlos Alberto de Oliveira (PDT); Benedita da Silva (PT); Paulo Paim (PT) e Edmilson Valentim (PCdoB). Esse reconhecimento se traduziu ainda pela instituição da Fundação Palmares, sediada no Ministério da Cultura, primeiro órgão executivo de cunho federal conquistado pelo movimento negro. No plano jurídico, a Constituição de 1988 garantiu o racismo como crime inafiançável e imprescritível, regulamentado no ano seguinte pela lei nº 7.716, que ficou conhecida como lei Caó, em homenagem ao autor. Por fim, uma ação inédita assegurada pela Constituição cidadã foi a concessão de direitos territoriais e culturais aos quilombolas, cuja demanda inicial tinha vindo de municípios do Maranhão e do Pará, mas quem encaminhou a demanda para a Assembleia Nacional Constituinte (ANC) foi o mandato de Benedita da Silva por ter representação negra na Constituinte.

Foram trazidos acima alguns fatos marcantes da consolidação do movimento negro na década de 1980, quando nova interação entre instituições do Estado e sociedade civil resultou em um conjunto de demandas assimiladas por esse Estado mais atento às demandas, decisivo para constituir o

Movimento negro como sujeito político legítimo na esfera pública. O tema da injustiça racial finalmente entrou como parte da agenda pública e a questão racial se materializou como uma questão nacional durante o processo de redemocratização. De lá para cá houve muitos ganhos nos governos democráticos eleitos até 2014, resultado mesmo da intensa interação entre agências de Estado, organizações da sociedade civil e movimentos sociais. Foi mesmo a consolidação dos intelectuais negros para a atuação em várias esferas de conhecimento: associações, coletivos, movimentos sociais, partidos políticos.

É um processo lento e, seguindo o objetivo proposto inicialmente, é importante ver também de que maneira outro espaço de subalternidade histórica para os negros lida ainda hoje com a questão da desigualdade racial. Compreender o impacto desta agenda em determinados territórios periféricos, como a Baixada Fluminense, no estado do Rio de Janeiro, pode ajudar a entender a falta de solidariedade social do projeto republicano de que se falava acima.

Subúrbio periféricos e movimentos sociais

O aspecto histórico, como tem sido enfatizado ao longo do texto, é fundamental para entender a dinâmica da articulação dos movimentos sociais com demandas específicas. Essa historicidade dos movimentos sociais também se insere dentro de uma determinada territorialidade, a saber, sua articulação com conjunturas estreitamente ligadas com idiossincrasias geográficas. Neste sentido, ela também está intimamente vinculada à territorialidade enquanto constructo social do espaço de vivência. A região da Baixada Fluminense, composta por treze municípios, foi historicamente marcada pelas violência, pobreza, omissão do Estado em termos de políticas públicas, e, consequentemente, precariedade nas garantias de direitos fundamentais da população, tais como direito à saúde, à educação, à segurança e à moradia.

Para se ter uma ideia da desigualdade construída, vale comparar essa região periférica com o município do Rio de Janeiro. Na questão da renda média *per capita*, a do Rio é o dobro da dos municípios da Baixada Fluminense. Essa disparidade não é muito diferente em outras áreas, tais como a questão da segurança pública. Em comparação com a região do centro do Rio de Janeiro, nota-se uma diferença significativa nos três aspectos da avaliação do Instituto de Segurança Pública do Rio de Janeiro – letalidade violenta, homicídio doloso e intervenção policial: enquanto no centro do Rio de Janeiro, há redução considerável da letalidade violenta, no subúrbio periférico evidencia-se uma tendência em direção contrária. Em 2000, ainda segundo os dados do Instituto da Segurança Pública do Rio de Janeiro, na capital fluminense a taxa de letalidade violenta por cada 100 mil habitantes era 53,7. Este número caiu para 34,9 em 2010 e 21,0 em 2020 sucessivamente. Na Baixada Fluminense, registraram-se 56,6 em 2000, 48,6 em 2010 e 35,0 em 2020, respectivamente. Os mesmos índices se repetem no que tange ao homicídio doloso e à violência policial.

Mas há um dado digno de nota em todos os índices. Segundo levantamento feito pelo Fórum Grita Baixada, de janeiro a junho de 2020, foram 45 pessoas mortas pela polícia em Duque de Caxias, e 28 em Nova Iguaçu. No mesmo período de 2021, Nova Iguaçu registrou uma redução de 28 a 17, enquanto em Duque de Caxias houve aumento de 45 a

55 pessoas. No total ao longo do ano de 2020, o número de mortos pelo agente do Estado em Duque de Caxias foi de 83 pessoas e em Nova Iguaçu 52 pessoas. Entretanto, a porcentagem de vítimas pretos e pardos nas duas cidades não divergiu significativamente. No caso de Duque de Caxias foi 75,9% pardo e preto, e 71,2% em Nova Iguaçu (FGB, 2021). Esses poucos dados aferem a desigualdade persistente e excludente na formação dos municípios da Baixada. Representam mesmo o que se dizia acima acerca da falta de solidariedade presente na gênese da Constituição republicana do país. Representa ainda que esse "pobre incivil", cuja sobrevivência sempre dependeu de acordos precários no que se refere ao trabalho e da falta de reconhecimento de parte da população, foi deixado à própria sorte.

Porque nas categorias pensadas para a análise da segurança pública, a parcela da população mais afetada pelas condições precárias da periferia da Região Metropolitana do Rio de Janeiro, a região da Baixada Fluminense, são os afrodescendentes, que se refletem principalmente na questão da escolaridade e emprego. Tal retrato aponta o persistente racismo que estrutura relações sociais com suas consequências nefastas tanto em termos materiais como simbólicos. Em pesquisa em andamento com mulheres negras da Baixada Fluminense, foram ouvidas militantes do Movimento de Mulheres Negras (MMN) e empregadas domésticas, que registram o racismo cotidiano vivido por elas. Como registra uma militante do MMN: "Verdadeiramente, o racismo quer nos esquecer. Eles querem apagar a nossa história, a nossa existência, dentro e fora da Baixada Fluminense, do país, do estado, do município, enfim. O racista, ele quer apagar a nossa existência. A resistência do povo negro, do povo do terreiro, é muito grande, é diária" (Entrevistada, DC, 2021).[4]

Os problemas em torno da violência, da precariedade das políticas públicas de saúde, educação, moradia, renda e emprego têm sido o eixo central das reivindicações dos movimentos negros desde a organização do MNU na década de 1970, como descrito acima. Em primeiro lugar, evidentemente, pelo fato de ter havido completa ausência de políticas públicas para a "integração do negro na sociedade de classes", como analisou Florestan Fernandes (1975 [1964]), marcando a desigualdade estrutural da população negra construída desde então. Tal ausência fortaleceu, em segundo lugar, e em decorrência disso, o racismo estrutural, entranhado nas instituições sociais e nas formas preconceituosas que modulam as relações sociais. É o que sintetiza uma das entrevistadas:

> O Brasil é muito desigual. A Baixada é um dos locais onde tem muita desigualdade. O Brasil inteiro e a Baixada Fluminense concentram um grande número de pessoas negras, pobres e carentes. Eu coloco tudo numa coisa só, né?, porque a gente tá falando de pobreza da maioria das pessoas negras. A maioria que está nessas condições são negras sim. E as mulheres negras são as que mais sofrem qualquer tipo de desigualdade, qualquer tipo de ação que vem assim contra as ações sociais é na mulher negra que vai bater como a questão da previdência, essa retirada de direito, é uma mulher negra que vai sofrer mais porque ela tá lá. Essa falta de empatia da sociedade contra todas essas situações é muito ruim... Para garantir a sobrevivência da

---

[4] Pesquisa de doutorado em andamento no Programa de Pós-Graduação em Ciências Sociais (PPGCIS) da PUC-Rio: "Passos de quem vem de longe: movimento de mulheres na Baixada Fluminense." Todas as citações fazem parte da mesma pesquisa.

> nossa juventude, e do nosso povo em geral porque dentro do sistema de saúde a população negra que mais sofre porque é a maior usuária [do sistema público]. É a população que mais usa o sistema público, né? E na educação também, o público que mais utiliza é a população negra e a questão da segurança também que é usada contra a população negra que mora na favela. (Entrevistada, RJ, 2021)

Esse relato vai ao encontro do que se dizia inicialmente sobre a incompletude do nosso projeto republicano. Assim, quando Vera Telles fala do "pobre incivil", esse pobre tem raça, gênero e classe, numa chave interseccional que não pode ser desconsiderada para sua compreensão. Por essa razão, dentre as pautas principais dos movimentos negros a questão do racismo e a violência enquanto expressão explícita desse racismo têm sido demandas recorrentes: "A cor da pele é aquilo que eles usam até mesmo para fazer mais violência porque todas essas violências é a cor da pele que determina o que é possível, o que é permitido. É a cor da pele que determina... O racismo determina muita violência" (Entrevistada 21, DC, 2021).

Essa vulnerabilidade à violência se intensifica ainda mais por outros marcadores sociais, tais como sexualidade, gênero e religião. Isso se evidencia no aumento de violência contra a população LGBTQIA+, as mulheres negras, ou afrodescendentes adeptos de religiões de matriz africana. É neste sentido que o Movimento de Mulheres Negras tem sido enfático nas suas reivindicações pelo combate ao racismo, inclusive racismo religioso e homofobia. São pontos cruciais que diversificam as reivindicações dos movimentos sociais tradicionais centradas na questão de luta de classes, ou lutas de caráter econômico.

Falava-se acima do surgimento dos novos movimentos sociais e do movimento negro, que trouxe à tona novas pautas anteriormente negligenciadas, a saber, relações de caráter simbólico, como a de raça, gênero, sexualidade e religião, em decorrência de nova tomada de consciência de outras formas de desrespeito a partir das subjetividades construídas e pela ideia central da luta por direitos. A análise de Honneth (2009 [1992]) ajuda nessa discussão: o *desrespeito* é a percepção de ter as próprias expectativas legítimas frustradas e quando há a possibilidade dos sujeitos se engajarem em concertações coletivas. Trata-se, contudo, aqui de uma relação entre sujeitos, ou seja, intersubjetiva, e não sujeito-objeto, como prevalecia na concepção tradicional da justiça enquanto distribuição igualitária dos bens e serviços.

Fraser (1997, 2003), com o mesmo intuito de identificar os novos conteúdos das reivindicações dos movimentos sociais contemporâneos, elabora uma teoria de justiça que contempla duas dimensões situadas no mesmo patamar de relevância, isto é, redistribuição e reconhecimento. Enquanto o aspecto redistributivo da justiça diz respeito aos bens e serviços (objetos), o reconhecimento concerne ao aspecto relacional intersubjetivo, que quer dizer, o status igual entre os sujeitos. Na formulação honnethiana, esse caráter igualitário entre os dois aspectos desaparece. De acordo com ele, o reconhecimento prevalece sobre a redistribuição. Evidentemente, essa opção teórica condiz com o quadro conceitual ao qual ele vincula a sua elaboração, a saber, o paradigma hegeliano do sujeito relacional, de modo especial, a fim de apontar o que ele chama de "gramática moral", que mobiliza os movimentos sociais contemporâneos. À luz dessa ótica, o racismo é uma forma de desrespeito na medida em que ele nega o status igual de outros sujeitos por conta da sua origem racial, religiosa, étnica etc.

Escapa, entretanto, na concepção de Honneth, a percepção de que a experiência pessoal de algum tipo de desrespeito não coincide automaticamente com a práxis concreta, isto é, luta pelo reconhecimento, por dois motivos: dessimbolização e individualização institucionalizada, como esclarece Emil Sobottka (2015). Com o primeiro, Sobottka entende a falta de meios simbólicos para expressar determinadas experiências, especialmente no que tange às expectativas normativas. O segundo motivo deriva de uma certa organização social que dificulta a partilha das experiências parecidas para a mobilização coletiva e os indivíduos ficam atomizados nas suas questões individuais de sobrevivência. É preciso, portanto, não apenas a tomada de consciência, mas, para além disso, um espaço organizacional onde a experiência de discriminação, de opressão ou de dominação possa ser compartilhada e possa ganhar articulação na esfera pública. Neste sentido, os movimentos sociais exercem papel preponderante na articulação das experiências de desrespeito e na mobilização de novos vocabulários enquanto referência simbólica de luta social para que possam ser experiências de pedagogia cívica, como está sendo ressaltado aqui.

No entanto, a análises de Honneth e Fraser apontam para além da concepção tradicional da justiça, que se restringe apenas à ideia da distribuição igual dos bens e serviços. Ambos fazem um diagnóstico de uma certa patologia social nas relações intersubjetivas que resultam nas desigualdades materiais. Evidencia-se, portanto, neste sentido o entrelaçamento entre o aspecto cultural e econômico da justiça, conforme a distinção de Fraser. Dessa ótica acentua-se o papel determinante do racismo enquanto problema estrutural e estruturante na reprodução da desigualdade no Brasil (Hasenbalg, 1979). Como sustenta Fraser, a disparidade de status social por conta dos marcadores de raça, gênero, etnia ou religião, ou seja, no plano cultural, resulta na desigualdade material (econômica) e vice-versa. É evidente, portanto, dentro do contexto da Baixada Fluminense, que o racismo estrutural exerce um papel determinante na exclusão e na marginalização da população afrodescendente, inclusive ao torná-la o alvo principal da violência institucional cometida pelo Estado. Em outras palavras, o racismo está na base de uma série de problemas sociais que atingem os afrodescendentes, tais como desigualdade, desemprego, pobreza, violência urbana, e todas as formas de desrespeito. Por esse motivo, o combate ao racismo se apresenta como o eixo central da luta do movimento negro pelo reconhecimento.

Umas das reivindicações principais do movimento negro neste sentido é justamente o combate do racismo e a denúncia do extermínio da população negra em decorrência do racismo estrutural. Fazendo um recorte no movimento negro, a partir dos anos 1990 surgiu uma ala importante que é o das mulheres negras. A pauta das mulheres negras, por um lado, coincide com o movimento negro no combate ao racismo, mas, por outro lado, defende a pauta do feminismo em geral, de modo especial o machismo representado pela violência doméstica. De fato, a violência doméstica, apesar de mostrar um aspecto da luta feminista, no contexto das mulheres negras é também indicador de racismo estrutural. Essa conclusão se torna mais evidente ao olharmos os fatores em jogo no alto índice da violência doméstica na Baixada Fluminense. Segundo uma voluntária entrevistada da CDVida, a maioria das mulheres atendidas no centro por causa da violência doméstica é negra, em torno de 70% a

80%. Esses dados não divergem muito dos relatórios de outros institutos de pesquisa.

A situação da existência de maior número de mulheres vítimas de violência doméstica na Baixada Fluminense ser de mulheres negras se explica por dois fatores: dependência afetiva e econômica. Isso quer dizer que por falta de educação formal, e consequentemente de um emprego e de renda melhor, as mulheres negras por vezes se submetem à violência constante sem poder denunciar devido à dependência econômica ao seu parceiro. Portanto, apesar de ser uma questão levantada pelo movimento feminista em geral, a violência doméstica atinge sobretudo as mulheres negras. É um problema que evidentemente está atrelado com o racismo, visto que há uns traços em comum entre elas, tais como baixa escolaridade, emprego precário, ou desemprego. Aqui há a interseccionalidade, como analisam Collins e Bilge (2016) de classe, raça e gênero nas suas formas de desrespeito, pois as mulheres negras enfrentam o machismo de seus companheiros, além do racismo nas suas vidas cotidianas.

Não é por acaso que uma das reivindicações do Fórum Municipal de Direito das Mulheres (FMDM) seja a luta contra o alto índice de violência doméstica. Composto por vários movimentos e representantes de mulheres da sociedade civil, houve a instalação do Centro Especializado de Atendimento à Mulher (CEAM), em 2008, e da Delegacia Especializada de Atendimento à Mulher (DEAM), em 2009, em vários municípios da Baixada Fluminense. Em Duque de Caxias, por exemplo, desde a sua fundação, em 2002, o FMDM tem trabalhado em vários setores em defesa das mulheres, como o Conselho Municipal de Direito das Mulheres (CMDM) em 2006, e a criação de Centro de Referência de Mulher (CRM) em 2008, depois transformado no

CEAM e DEAM. (Santos, Silva, Medeiros, 2019: 7-9). São avanços que evidenciam a importância dos movimentos sociais, neste caso particular, do Movimento Feminista Negro, na denúncia dos direitos formais garantidos pela Constituição na busca pelos direitos substantivos, que se defendia inicialmente.

Muito ainda poderia ter sido trazido na análise da subalternidade histórica dos negros e negras no Brasil, na sua exclusão sistemática do projeto republicano, na falta de políticas públicas para sua integração efetiva e na ausência de reconhecimento da importância dos negros como indivíduos de igual valor no projeto normativo então construído. Mas percebe-se o movimento virtuoso na radicalização da democracia brasileira, na luta por mudança de padrão cultural que aí se impõe pela ação direta dos movimentos negros. Além do mais, deixa evidente que o projeto por liberdades individuais e pela igualdade referenciada nos princípios constitucionais ainda é incompleto e injusto para mais da metade da população brasileira. Mas, como defendido aqui, a ideia de direitos na construção de identidades coletivas é poderosa para as mudanças culturais, políticas e sociais que se impõem. Pode ser ainda o motor de luta desse grupo opaco e subalternizado, o das mulheres negras.

Referências

ABERS, Rebecca, SERAFIM, Lizandra e TATAGIBA, Luciana. Repertórios de interação Estado-sociedade em um Estado heterogêneo: a experiência na Era Lula. *Dados* [online], 2014, vol. 57, n.º 2, pp. 325-357. Disponível em: https://doi.org/10.1590/0011-5258201411. Epub 21 jul 2014. Acesso em 9/2/2022.

ADORNO, Sérgio. Direitos Humanos. In: OLIVEN R. et al. *A Constituição de 1988 na vida dos brasileiros*. São Paulo: Anpoc, 2008.

AVRITZER, Leonardo. Cultura política, atores sociais e democratização. *Revista Brasileira de Ciências Sociais*, n.º 28, São Paulo, 1995.

CARVALHO, J. M. *Os bestializados*. São Paulo: Cia. das Letras, 1991.

COLLINS, P. H. & BILGE, S. *Interseccionality*. Cambridge: Polity Press, 2016.

CONFERÊNCIA *O Centro de Estudos Afro-asiáticos (1973-2016) e o seu legado*. UCAM. Disponível em: https://www.youtube.com/watch?-v=rj3hI1ElYjQ. Acesso em 10/12/2021.

DOMINGUES, José Maurício. *Criatividade social, subjetividade coletiva e a modernidade brasileira*. Rio de Janeiro: Contra Capa, 1999.

DURHAM, Eunice. Movimentos sociais e a construção da cidadania. *Novos Estudos Cebrap*, v. 10, 1984.

FANON, Frantz. *Peles negras máscaras brancas*. EdUFBA, 2008.

FERNANDES, Florestan. *A integração do negro na sociedade de classes*, vol. 1. São Paulo: Ática, 1975.

FRASER, Nancy. From redistribution to recognition? Dilemmas of justice in a "postsocialist" age. In: SEIDMAN, S.; ALEXANDER, J. (orgs.). *The new social theory reader*. Londres: Routledge, 2001, pp. 285-293.

GILROY, Paul. *O Atlântico negro: modernidade e dupla consciência*. São Paulo: Editora 31; Rio de Janeiro: Universidade Cândido Mendes, Centro de Estudos Afro-Asiáticos, 2012.

GOHN, Maria da Glória. *Participação e democracia no Brasil – Da década de 1960 aos impactos pós-junho de 2013*. Petrópolis: Vozes, 2019.

GONZALEZ, Lélia; HASENBALG, Carlos. *Lugar de negro*. Rio de Janeiro: Marco Zero, 1982.

HONNETH, Axel. *Luta por reconhecimento*. São Paulo: Editora 34, 2003.

McADAM, D.; TARROW, S.; TILLY, C. Para mapear o confronto político. *Lua Nova*, n.º 76, São Paulo, 2009.

MELUCCI, A. *A invenção do presente*. Petrópolis: Vozes, 2001.

MENDES, Cândido. O afro-asiático da longa marcha. In: *Centro de estudos afro-asiáticos: 25 anos*. Rio de Janeiro: CEAA, 1998.

MOUFFE, Chantal. Democracy, citizenship and the local community. In: MOUFFE (ed.). *Dimensions of Radical Democracy*. Londres: Verso, 1995.

MOVIMENTO Negro Unificado. *1978-1988, 10 anos de luta contra o racismo*. Salvador: Confraria do Livro, 1988.

NASCIMENTO, Beatriz. Uma história feita por mãos negras. In: RATTS, A. (org.). *Relações raciais, quilombos e movimentos*. Rio de Janeiro: Zahar, 2021.

NUNES PEREIRA, José Maria. *Os estudos africanos na América Latina: um estudo de caso. Centro de Estudos Afro-Asiáticos (CEAA)*. Clasco, 2008. Disponível em: http://biblioteca.clacso.edu.ar/clacso/coediciones/20100823034400/16nune.pdf. Acesso em 26/4/2021.

_____. Entrevista pessoal para a dissertação de Hector Segura-Ramirez, 1999.

PAIVA, Angela. *Dinâmicas sociais na luta por diretos no Brasil.* Rio de Janeiro: Ed. PUC-Rio; Pallas, 2021.

_____. Pedagogia alternativa nos movimentos sociais. *Desigualdade e Diversidade,* nº. 12, 2013.

PEREIRA, Amilcar Araújo. O "Atlântico negro" e a constituição do movimento negro contemporâneo no Brasil". *Perseu,* nº. 1, dez., 2007.

_____. *O mundo Negro: relações raciais e a constituição do movimento negro contemporâneo no Brasil.* Rio de Janeiro: Pallas: Faperj, 2013.

RATTS, Alex. Corpos negros educados: notas acerca do movimento negro de base acadêmica. *NGUZU: revista do Núcleo de Estudos Afro-Asiáticos,* Londrina, vol. 1, pp. 28-39, 2011. Disponível em: http://repositorio.bc.ufg.br/handle/ri/18352. Acesso em 30/3/2021.

RIOS, Flávia. A questão racial na formação dos partidos brasileiros: os casos do PT e PDT no contexto da redemocratização. *Terceiro Milênio: Revista Crítica de Sociologia e Política,* vol. 3, n.º 2, jul.-dez., 2014.

_____. Antirracismo, movimentos sociais e Estado (1985-2016). In: GURZA LAVALLE, Adrian et al. (orgs.). *Movimentos sociais e institucionalização: políticas sociais, raça e gênero no Brasil pós-transição.* Rio de Janeiro: Eduerj, 2019.

SEGURA-RAMIREZ, Hector. *Revista Estudos Afro-Asiáticos (1978-1997) e Relações Raciais no Brasil.* Dissertação de Mestrado em Antropologia Social, Unicamp, 2000.

SOARES, Claudete. Raça, classe e ação afirmativa na trajetória política de militantes negros de esquerda. *Política & Sociedade: revista de sociologia política.* Florianópolis, vol. 11, n.º 22, pp. 41-74, nov., 2012.

SOBOTTKA, Emil. Desrespeito e luta por reconhecimento. *Civitas,* Revista de Ciências Sociais, PUC-RS, vol. 15, n.º 4, 2015.

SOUZA, Pedro Ferreira. *Uma história da desigualdade: a concentração de renda entre os ricos no Brasil (1926-2013).* São Paulo: Hucitec, 2018.

TELLES, Vera. *Cidadania e Pobreza.* São Paulo: Ed 34, 1991.

TILLY, C.; TARROW, S. *Contentious politics.* Boulder: Padigm, 2007.

TOURAINE, A. *Pensar outramente.* Petrópolis: Vozes, 2007.

Coletivos como espaços de ação política: praticando os valores de horizontalidade, partilha, performance, confronto e sensibilidade

Fernando Lima Neto
Marina Haddad Tovolli

Introdução

Nos últimos anos, tem crescido, no Brasil e no mundo, o interesse por novas modalidades de ativismo político, situadas para além do universo ideológico dos partidos. Essas novas experiências de mobilizações estão ocorrendo em âmbitos variados como na profissão, nos hábitos de consumo, no exercício do lazer, na alimentação, na religião ou no convívio com outras pessoas. Esse processo de ampliação dos espaços e de diversificação das agendas de mobilização política acaba por ampliar também o escopo das percepções sobre democracia. Neste sentido, tem crescido o número de estudos dedicados à compreensão de fenômenos muito recentes da política no Brasil e de seu impacto na democracia, embora seja ainda uma literatura incipiente. A pesquisa *Sociedade civil e participação no Brasil: o fenômeno dos coletivos* contribuiu para aprofundar a compreensão da maneira como esses atores políticos estão associando novas práticas e significados à noção de democracia no Brasil. O fenômeno da multiplicação de coletivos vinculados a temas e domínios os mais variados do convívio social constitui um laboratório estimulante para alinhar o debate teórico contemporâneo sobre participação com os rumos recentes da sociedade civil no Brasil.

Ao registrar e analisar as novas práticas e significados que a experiência dos coletivos tem associado à noção de democracia no Brasil, a pesquisa foi estruturada a partir do debate teórico sobre a relação entre democracia e participação no mundo contemporâneo (Pateman 2012; 1975; Sintomer e De Maillard, 2007; Geissel e Mayne, 2016). Em particular, a análise procura contribuir para o aprimoramento da compreensão do lugar da noção de participação na construção da democracia no Brasil. Nos últimos anos, cresceu o número de organizações e grupos que foram formados para exercer algum tipo de engajamento e participação direta, em toda escala do espectro ideológico, tanto mais à esquerda quanto mais à direita. É preciso, neste sentido, incentivar a iniciativa de pesquisas voltadas para discussão teórica e empírica sobre os rumos recentes da democracia e do ativismo político no Brasil, como proposto neste livro. No presente capítulo, os resultados da pesquisa *Sociedade civil e participação no Brasil: o fenômeno dos coletivos* serão apresentados dentro deste debate teórico. Serão destacadas tanto uma tipologia sobre coletivos que os classifica segundo o sentido que os ativistas imputam à ideia de participação quanto a forma como concebem os aspectos organizacionais apontados como distintivos pela literatura.

Debate teórico: democracia, participação e coletivos

Os acontecimentos que sucederam a redemocratização do Brasil no fim da década de 1980 até os dias atuais constituem um terreno extremamente fértil para refletir e analisar as relações entre participação e democracia representativa.

Não por acaso, foi consolidado na sociologia e na ciência política brasileiras um campo de estudos sobre participação que apresenta perspectivas variadas para entender os rumos recentes da democracia no país (Paiva, 2021; Gohn, 2019; Miguel 2014; Avritzer, 2007; Gurza Lavalle, Houtzager e Castello, 2006). A própria Constituição de 1988, marco decisivo para o ingresso na era democrática, dedica especial atenção à relação entre participação e representação, como já fica explícito no parágrafo único de seu primeiro artigo. A assim chamada "Constituição cidadã" define uma série de instituições de participação que deveriam ser conciliadas com as instituições de representação.

Naquele contexto de fim da ditadura militar, as expectativas com relação ao futuro da democracia no Brasil eram as mais promissoras. Hoje em dia, passados mais de 30 anos daquele contexto originário, têm prevalecido entre os analistas posicionamentos mais críticos e até mesmo céticos. Dentre os que estudam as instituições de participação na órbita do Estado, muitos procuram avaliar quanto do potencial democrático investido nessas instituições foi, de fato, efetivado (Durán e Gerschman, 2014; Coelho, 2014; Cortês, 2009; Abramovay, 2001). Dentre os que estudam o desenvolvimento da sociedade civil, embora os diagnósticos tendam a ser mais otimistas no sentido de identificarem um protagonismo crescente de setores antes marginalizados (Lima Neto, 2016; Gohn, 2008; Scherer-Warren, 2006), prevalece a percepção de que há ainda um longo caminho de transformações necessárias no âmbito da cultura política para enraizar a democracia no Brasil (Gurza Lavalle, 2011; Moisés, 2010).

Partimos deste corte interpretativo sobre a relação entre participação e democracia no Brasil para analisar os assim chamados coletivos. Sustentamos que há três características gerais que definem os coletivos e os diferenciam de outras organizações da sociedade civil, como os partidos, as ONGs, os movimentos sociais e as associações. A primeira característica consiste no fato de serem organizações de participação que não possuem pretensão de representação, seja representação formal ou o que a literatura apresenta como *advocacy* (Urbinati, 2000; Keck e Sikkink,1999; MacAdam, McCarthy e Zald, 1996). A segunda característica diz respeito ao fato de mobilizarem a biografia de seus membros como maneira de legitimar sua presença e atividades no espaço público. A terceira característica consiste na ausência de laços duradouros com outras organizações do Estado, do mercado ou da sociedade civil.

Essas três características gerais foram definidas a partir dos dados coletados em campo e permitem desenvolver aspectos que vêm sendo apresentados pela literatura sobre coletivos. Em particular, esses primeiros estudos têm enfatizado os temas da horizontalidade, da fluidez e da organização em rede. Os coletivos se caracterizam por uma estrutura organizacional fluida, com alto teor inovador, valorização da horizontalidade e questionamentos sobre a ideia de liderança. Esses traços compõem uma dinâmica que se afasta de uma lógica estrutural, formal e rígida, e se aproxima de uma lógica da mobilidade em que essas organizações são compostas e decompostas rapidamente (Gohn et al., 2020; Paim, 2009; Marques e Marx, 2020). Embora não haja ainda muitos dados quantitativos sobre coletivos, a multiplicação dessas formas de mobilização é um fenômeno facilmente observável no espaço público em geral. Cotidianamente, os coletivos se fazem presentes em espaços os mais variados, como nas mídias, nas Universidades, vias públicas, espaços privados etc. Embora seja possível estabelecer genealogias institucionais que remontam à década de 1960, a recente ressignificação dessas práticas de mobilização ainda é pouco estudada.

Abordagem metodológica: democracia e dupla hermenêutica

A pesquisa foi conduzida dentro da perspectiva da dupla hermenêutica (Giddens, 1991: 19-20), isto é, a atenção para com o processo de dupla afetação entre teoria e vida social, e suas implicações mútuas. Se o minimalismo democrático triunfou como modelo analítico para a compreensão do regime democrático no século passado (Pateman, 1975), é de se esperar que a teoria política realize os ajustes necessários para capturar as transformações mais recentes da democracia em todo o mundo. O fenômeno dos coletivos constitui um laboratório privilegiado para testar novas hipóteses sobre a relação entre participação e representação na democracia, bem como revisitar antigos debates e diagnósticos sobre cultura política no país. A amostra foi constituída por 100 coletivos distribuídos em cinco áreas de atuação: afirmação identitária, educação infantil, arte, saúde e meio ambiente. Foram analisados 20 coletivos em cada um dos cinco universos, entre os anos de 2019 e 2021.

Os coletivos de afirmação identitária são aqueles organizados em temas sobre formação de identidades, como, dentre outros, raça, gênero e sexualidade. Muitas vezes, estão sediados em Universidades e escolas. Coletivos de negros, de mulheres, de transexuais são alguns exemplos conhecidos. Os coletivos de cuidado infantil são grupos em que pais se associam para reversar educação e guardas dos filhos antes da idade escolar. Muitas vezes, assumem a forma de creches parentais, quando se estabelece um sistema de cooperação para que os pais se alternem no cuidado com as crianças durante os dias da semana, eventualmente com rodízio de residências. Há também outros modelos não formalizados de creches alternativas. Os coletivos de arte estão fundados na proposta de promover práticas de intervenção artística no espaço público como, dentre outros, *happening*, *slang*, encenações, feiras literárias, saraus e recitais. Mesmo que alguns desses coletivos, como um coletivo de palhaços, por exemplo, apele à construção identitária, não se trata de identidades permanentes. Os coletivos de saúde, por sua vez, são mobilizações de pessoas em torno de temas ligados à saúde, seja física ou mental. Grupos de apoio a portadores de doenças específicas, associações de trabalhadores de setores específicos da área de saúde e grupos que reivindicam acesso à saúde são alguns exemplos de organizações que podem assumir a forma de coletivos de saúde. Por fim, os coletivos de meio ambiente são as organizações que, assim como os outros, atendem os três critérios gerais que esta pesquisa associa à ideia de coletivo, e atuam especificamente com temas relacionados ao meio ambiente. Grupos voltados para conscientizar ou sensibilizar a opinião pública sobre problemas ecológicos, grupos de defesa de direitos de animais ou mutirões de limpeza de praias ou de plantio de árvores são exemplos de coletivos de meio ambiente.

As técnicas de pesquisa foram concentradas em torno de levantamento documental junto às organizações, mídias impressas e digitais, além da realização de um *survey* com membros dos 100 coletivos da amostra e 50 entrevistas aprofundadas. Nas entrevistas, foram abordados temas e questões atuais na teoria dos movimentos sociais, teoria do associativismo e teoria do protesto social a partir da biografia individual dos atores. Esses dados foram sistematizados através do software ATLAS-TI, ferramenta criada para análise de discurso e de informações qualitativas de entrevistas em profundidade. O *survey* tratou de questões sobre histórico das organizações e percepção individual sobre representação, participação e democracia. Muitas das questões da *survey* foram replicadas de outras pesquisas sobre cultura política, como questões extraídas dos questionários do latinobarômetro e da *world values survey*, duas das bases de dados internacionais mais trabalhadas por pesquisadores que se dedicam a compreender o sentido contemporâneo da ideia de democracia. Esses dados quantitativos foram sistematizados através do software SPSS, ferramenta voltada para análise de dados quantitativos em ciências sociais. O presente capítulo abarca dados produzidos na parte qualitativa.

Uma tipologia da participação em coletivos

Os resultados da pesquisa indicam que cada um desses cinco universos de coletivos atribui sentidos específicos à ideia de participação. Isso torna possível elaborar uma tipologia de participação nos coletivos, cinco tipos ideais correspondentes a cada um dos universos da amostra. Apresentamos a seguir algumas características que se encontram presentes em todos os universos pesquisados, mas são mais recorrentes em cada um deles. Portanto, *horizontalidade*, *partilha*, *performance*, *luta* e *sensibilidade* são orientações normativas que podem estar presentes em qualquer coletivo, mas cada uma delas predomina em um dos cinco universos pesquisados.

O primeiro tipo é o da *participação horizontal*, isto é, coletivos que enfatizam a centralidade da noção de *horizontalidade* nas percepções de seus membros sobre participação. Por um lado, o princípio de cultivar relações menos hierárquicas e mais horizontais é um dos mais recorrentes nas percepções que os ativistas têm de seus respectivos coletivos em geral, mas esse princípio é ainda mais influente no universo dos coletivos de afirmação identitária. Por outro lado, esses coletivos são os que mais incorporam as outras características que predominam nos outros universos. Isso acaba por tornar os coletivos de afirmação identitária um universo polissêmico de ativismo político centrado na ideia de horizontalidade, como atesta uma ativista de um coletivo feminista:

> Somos coletivo horizontal de esquerda, que tem como princípios a formação, a proteção e o empoderamento de mulheres respeitando o recorte de classe, raça e orientação sexual, através do combate e do enfrentamento direto das opressões. (Ativista de coletivo identitário)

Os ativistas desse tipo de coletivo procuram aplicar o princípio da horizontalidade, sobretudo, na organização interna, na definição de agendas e na execução de atividades. A noção de horizontalidade é, muitas vezes, apresentada como elemento que diferencia essas organizações dos movimentos sociais ou de ONGs que atuem com os mesmos temas. Neste sentido, a ênfase na horizontalidade tornaria possível manter um nível de espontaneísmo que não existe em outras organizações da sociedade civil.

O segundo tipo é o da *participação partilhada*, em que a noção de *partilha* aparece como elemento agregador e modelo de participação. Esse tipo corresponde ao universo dos coletivos de cuidados parentais. Embora também acomodem os outros princípios da tipologia, coletivos parentais estão primordialmente centrados na concepção de participação como partilha. Muitas vezes, a experiência de partilhar educação e cuidados com os filhos acaba por produzir redes de solidariedade social que misturam concepções de família e de política. Segundo um membro de creche parental:

> Nosso grupo é mais do que um grupo, é uma verdadeira família. Todos nós partilhamos aquilo de mais precioso que temos na vida, nossos filhos. Partilhamos também o sentimento de que é preciso educá-los para a vida de uma forma ainda mais abrangente que a escolar. (Ativista de coletivo parental)

Os ativistas de arte são o terceiro universo de pesquisa e apresentam o terceiro tipo de coletivo, o da *participação performática*. Neste tipo, a participação consiste em práticas de intervenção artística no espaço público com o objetivo de proporcionar experiências artísticas a públicos que não estão acostumados a essa experiência. Uma prática recorrente nesses universos são os saraus e o "microfone aberto", que ajudam a distinguir os coletivos de poesia dos grupos privados de leitura de poesia. Para além do campo da poesia, incluindo também a música, o teatro, o circo e as artes plásticas, os coletivos de arte associam a ideia de participação a suas atuações performáticas no espaço público, como revela um ativista:

> Então, o que é o acesso à cultura? A gente não tá fazendo sarau porque a gente quer ter acesso à cultura, a gente é a própria cultura. A gente tá invertendo uma parada. (...) É uma ideia de entender que a nossa esquina também pode ser um point cultural. A gente vê isso porque uma galera de várias partes da cidade curte a nossa onda, que é a onda de se ouvir e de se ver. É muito interessante porque não tem

muito um padrão, é o esquema do microfone aberto, então você vai se manifestar. (Ativista de coletivo artístico)

O quarto tipo corresponde ao universo da saúde e relaciona participação com *luta*: a *participação por confronto*. Neste tipo, os ativistas enfatizam uma luta permanente. Por um lado, o confronto é endereçado contra o Estado para defender a ampliação de acesso à saúde. Por outro lado, há o confronto contra setores do senso comum e da opinião púbica visando a descontruir barreiras simbólicas e materiais para integrar populações de doenças específicas, como no caso da luta antimanicomial:

> Nosso coletivo é um grupo que estuda e atua no contexto da Luta Antimanicomial, em busca de amadurecer e fortalecer um novo olhar e uma nova práxis em torno da questão da loucura. (Ativista de coletivo de saúde)

O quinto e último tipo é o da *participação sensível*, aquele em que os ativistas de meio ambiente entendem sua participação democrática como fundada na noção de *sensibilidade*, em especial com relação aos problemas ecológicos e seu impacto para o presente e o futuro das sociedades. Em geral, os ativistas dos coletivos deste tipo enfatizam a missão de transformar, sobretudo, a própria consciência das pessoas, como relata um ativista:

> Logo, mais que uma horta comunitária, o movimento Horta Nossa busca construir lugares de encontro e de aprendizado, onde se trocam saberes e se apuram os sentidos. Acima de tudo, significa uma nova forma de ser e de estar nas grandes cidades, uma nova lógica de ocupar e ressignificar as ruas e calçadas por onde andamos apressados. (Ativista de coletivo ecológico)

Assim, os resultados indicam que é possível identificar concepções específicas de participação dentro do horizonte interpretativo que esses ativistas associam às noções de *horizontalidade*, *partilha*, *performance*, *confronto* e *sensibilidade*. Embora estejam presentes na maior parte dos coletivos, cada um desses princípios distingue os universos de coletivos entre si, mas distingue também os coletivos de outras formas de mobilização da sociedade civil. Não há dúvidas, por exemplo, de que os coletivos de afirmação identitária têm, muitas vezes, uma disposição evidente para o conflito contra Estado e senso comum. No entanto, como a pauta da afirmação identitária já faz parte da agenda dos movimentos sociais convencionais de afirmação identitária, é a organização em relações mais horizontais que motiva esses ativistas a preferirem atuar em coletivos e não em movimentos sociais.

Horizontalidade, fluidez e organização em rede

A definição do conceito coletivo ainda é um debate bastante aberto na literatura especializada, assim como o debate em torno das distinções possíveis entre este conceito e o de movimento social. Autora de estudos pioneiros sobre movimentos sociais e também sobre coletivos, Gohn entende que coletivo seja um "agrupamento sociopolítico e cultural articulado por um conjunto de ideias e valores, com identidades fragmentárias, com ou sem práticas organizacionais", com mobilidade de ações e demandas, forte uso da internet e mídias digitais e que podem ou não "desenvolver práticas contestatórias" (Gohn, 2021: 6). Alguns autores trabalham com a noção de coletivo como uma forma de movimento social. Assim, por exemplo, Perez e Souza (2017) entendem que não é possível afirmar que os coletivos sejam horizontais e sem lideranças, e tampouco que não possuam características identificadas em movimentos sociais tais como "opositores, identidade mais coesa, projeto de sociedade, liderança, base, assessoria e laços de pertencimento" (Perez e Souza, 2017: 29). Nessa abordagem, a definição genérica de coletivo se aproxima dos movimentos sociais porque são apresentados como "associações fluidas de corpos diferentes em prol da objetivação de mudanças culturais ou até mesmo simbólicas no meio social no qual se encontram inseridos" (Perez e Silva Filho, 2017: 290-1).

Não há, portanto, consenso em torno do que aproxima e do que distancia coletivos e movimentos sociais. Apesar desse relativo dissenso, uma das questões mais discutidas nos emergentes estudos sobre coletivos é a questão da horizontalidade. Em geral, os discursos dos ativistas estão repletos de críticas às noções de hierarquia e, consequentemente, a modelos "verticais" e "formalizados" de organização da luta política, muitas vezes associados tanto às instituições de representação quanto aos próprios movimentos sociais. A horizontalidade se apresenta, portanto, como um princípio sempre presente na fala desses atores (Paim, 2009; Perez e Souza, 2017; Perez, 2019; Gohn, 2019; Thibes et al., 2020; Faria, 2020). A própria noção de *liderança* passa a ser discutida e ressignificada no interior dessas práticas. No lugar de um líder principal, os coletivos teriam "lideranças circunstanciais" (Marques e Marx, 2020) ou "lideranças rotativas" (Thibes et al., 2020). Isso se mostra coerente com uma lógica de estrutura mais fluida, como constata uma ativista de coletivo cultural:

> Uma das grandes coisas que aprendi com os coletivos é não ter muito uma liderança e sempre levar para um todo as

> decisões que vão ser tomadas num coletivo e isso é importante para o coletivo [...] não seria uma liderança, seria uma pessoa que daria um start, dá um start e deixa fluir [...] coletivo é isso, todo mundo se organiza de maneira ali coletiva, horizontal, participando, alguns as vezes dão uns starts a mais que os outros, todos têm o direito igual de participar. (Ativista de coletivo artístico)

A fluidez como forma de organização é outro aspecto bastante discutido nas pesquisas sobre coletivos e na diferenciação com os movimentos sociais. Para alguns autores, essa fluidez torna os coletivos ainda menos duráveis do que os movimentos sociais. Assim, por exemplo, Perez e Souza (2017) argumentam que a fluidez implica uma "ausência de normas rígidas de funcionamento ou da necessidade de continuação no tempo" (Perez e Souza, 2017: 29). Por sua vez, Falchetti (2017) entende que a concepção de ação coletiva como "fluxo de ideias, causas, práticas, experiências e agentes" é o que diferencia os coletivos dos "movimentos sociais estruturados" (Falchetti, 2017: 18). Nessas abordagens, a maior fluidez dos coletivos é, portanto, contraposta aos movimentos sociais, caracterizados por maior estabilidade de seus valores e de sua atuação. Neste sentido, os movimentos sociais apresentam uma continuidade temporal de atuação que garante um maior grau de institucionalidade (Scherer-Warren, 2014). Se, por um lado, os movimentos sociais concebem que transformações "podem ser vistas como ameaçadoras para a própria identidade do movimento" (Thibes et al., 2020: 59), por outro lado, os ativistas de coletivos entendem que as transformações na forma de existir dos coletivos são parte do processo, conforme relatado por um ativista de coletivo identitário:

> A gente não lida com essa perspectiva [de durabilidade do coletivo] [...] Então é a questão do momento, a gente trabalha muito pelo que o momento demanda, sem engessar o coletivo, ou, depender de uma única pessoa para fazer a visão acontecer. (Ativista de coletivo identitário)

O terceiro aspecto mais recorrente na literatura sobre coletivos é sua forma de organização em rede, o que reflete tanto as transformações relativamente recentes na estrutura da sociedade civil (Lima Neto, 2016; Castels, 1999; Scheren-Waren, 1996) como também o incremento que as novas tecnologias de comunicação conferem às diversas formas de mobilização política (Jensen, 2005). Gohn (2019) destaca que o uso e o papel das redes variam entre os grupos. Para alguns deles, a tecnologia é ferramenta de organização que valoriza a participação direta dos membros, enquanto, para outros, condiciona a própria experiência de grupo, atuantes, sobretudo, nas redes sociais (Gohn, 2019: 126). Sobre essa vinculação entre novas tecnologias de comunicação e forma de organização em rede, uma ativista de coletivo identitário entende que:

> As redes sociais principalmente, elas podem ser um instrumento muito valioso dentro da transformação social. Eu gerencio as páginas dos coletivos que eu faço parte e estou sempre criando posts que tenham engajamentos [...] as redes sociais elas são uma grande arma no sentido de alcançar muita gente, alcançar gente que normalmente eu não alcançaria e também, para passar, para difundir uma ideia, para mobilizar as pessoas. (Ativista de coletivo identitário)

Horizontalidade, fluidez e organização em rede são, portanto, características que a literatura associa ao fenômeno dos coletivos e que ecoaram intensamente nas falas dos entrevistados. Tomadas em conjunto, essas características acabam por consolidar uma percepção particular de atuação política, que se diferencia da ideia convencional de "militância" e reforçam tendências relativamente recentes de especialização dos atores da sociedade civil (Skocpol, 2003). Assim, ao invés de filiações e compromissos coletivos, típicas do engajamento militante, apregoa-se uma vinculação mais individualizada, sem relações rígidas de pertença (Gohn, 2019; Marques, 2020). Um ativista de coletivo artístico resume essa transformação:

> Eu não teria vontade de militar em uma coisa que seja hipercentralizada depois de ter participado de uma coisa mais horizontalizada, porque você começa a dar valor às coisas que são mais coletivas mesmo e que não sejam pautadas nessas hierarquias rígidas. (Ativista de coletivo artístico)

Conclusão

O ciclo de protestos iniciados em junho 2013 trouxe à tona coletivos que se colocaram distantes das organizações tradicionais, com um discurso antipartidário e antissistema, defendendo práticas mais horizontais e descentralizadas. As manifestações e protestos envolveram um conjunto amplo e variado de atores, demarcando um "novo ciclo de participação" (Paiva, 2021; Gohn, 2019) que contribuiu para a socialização política e a expansão do ativismo juvenil no Brasil (Perez, 2019). Novos espaços e novos atores surgiram questionando "códigos, sujeitos e ações tradicionais" (Pleyers e Bringel, 2015: 4) e reivindicando novas formas de organizações e o desejo de reinventar a prática política (Perez, 2019). Nesse cenário, junho de 2013 representou não um evento pontual, mas um processo aberto de reconfiguração do próprio ativismo social (Pleyers e Bringel, 2015; Tatagiba e Galvão, 2019; Thibes et al., 2020; Gohn, 2021). Em meio a todo esse turbilhão de novas práticas e significados que emergem no ativismo político da sociedade civil, os coletivos se apresentam como portadores de novos formatos de mobilização e participação.

Na pesquisa realizada, além de confirmar o princípio da "horizontalidade", a "fluidez" e a "organização em rede" como características gerais que a literatura associa ao fenômeno dos coletivos, foi também possível capturar os sentidos específicos que os ativistas de coletivos atribuem à noção de participação e sua relação com a democracia. *Horizontalidade, partilha, performance, confronto* e *sensibilidade* são valores que os ativistas imputam às suas experiências nos coletivos e reforçam laços de emoção com a política para além das arenas mais convencionais de representação.

Referências

ABRAMOVAY, Ricardo. Conselhos além dos limites. *Estudos Avançados*, 15 (43), pp. 121-140, 2001.

AVRITZER, L. Sociedade civil, instituições participativas e representação: da autorização à legitimidade da ação. *Dados*, vol. 50, n.º 3, pp. 443-464, 2007.

CASTELS, Manuel. *A sociedade em rede*. São Paulo: Paz e Terra, 1999.

COELHO, Vera. Brazil's health councils: the challenge of building participatory political institutions. *IDS Bulletin*, 35 (2), pp. 33-39, 2014.

CORTÊS, Soraya. Conselhos e conferências de saúde: papel institucional e mudança nas relações entre Estado e sociedade. In: FLEURY, Sonia; LOBATO, Lenara (eds.). *Participação, democracia e saúde*. Rio de Janeiro: Cebes, 2009.

DAHL, R. A democratic paradox? *Political Science Quarterly*, vol. 115, n.º 1, 2000.

DURÁN, Paulo; GERSCHMAN, Silvia. Desafios da participação social nos conselhos de saúde. *Saúde e Sociedade*, 23, pp. 884-896, 2014.

FALCHETTI, C. Da Institucionalização da participação à emergência do autonomismo: tendências recentes da ação coletiva no Brasil. *Congress of the Latin American Studies Association – LASA*, Lima, Peru, 2017.

FARIA. F. Epistemologia emancipatória de coletivos políticos. *Simbiótica*, vol. 7, n.º 3, pp. 33-48, 2020.

GEISSEL, Brigitte; MAYNE, Quinton. Putting the demos back into the concept of democratic quality. *International Political Science Review*, 37(5), pp. 634-644, 2016.

GIDDENS, Anthony. As consequências da modernidade. São Paulo: Ed. Unesp, 1991.

GOHN, M. G. Coletivos: novas formas de expressão das ações coletivas, reconfiguração do ativismo urbano ou nova geração de movimentos sociais? *20º Congresso Brasileiro de Sociologia*, Belém, 2021.

_____. *Participação e democracia no Brasil: da década de 1960 aos impactos pós-junho de 2013*. Petrópolis: Vozes, 2019.

_____. *Novas teorias dos movimentos sociais*. São Paulo: Edições Loyola, 2008.

GOHN, M. G; PENTEADO, C. L. C.; MARQUES, M. S. Os coletivos em cena: experiências práticas e campo de análise. *Simbiótica*, vol. 7, n.º 3, pp. 1-7, 2020.

GURZA LAVALLE, Adrian. "Após a participação: nota introdutória". *Lua Nova*, 84, pp. 13-23, 2011.

_____; HOUTZAGER, Peter; CASTELLO, Graziela. Representação, pluralização da representação e sociedade civil. *Lua Nova*, 67, pp. 49-103, 2006.

JENSEN, K. B. (org.). *Interface://Culture: the world wide web as political resource and aesthetic form*. Frederiksberg: Samfundslitteratur Press, 2005.

KECK, Margaret; SIKKINK, Kattryn. Transnational advocacy networks in international and regional politics. *International Social Science Journal*, 51(1), pp. 89-101, 1999.

LIMA NETO, Fernando. *L'invention des ONG au Brésil: la sociogènese des acteurs et ideaux fondateurs*. Paris: Éditions Recherche, 2016.

MACADAM, Doug; MCCARTHY, John; ZALD, Mayer (eds). *Comparative perspectives on social movements: political opportunities, mobilizing structures and cultural framings*. Nova York: Cambridge, 1996.

MARQUES, M. S. Os coletivos culturais contemporâneos no Brasil: novidades em cena? *20º Congresso Brasileiro de Sociologia*, Belém, 2021.

MARQUES, M; MARX, V. Os coletivos em cena: algumas contribuições para o debate. *Simbiótica*, vol. 7, n.º 3, pp. 8-32, 2020.

MIGUEL, Luis Felipe. *Democracia e representação*. São Paulo: Unesp, 2014.

MOISÉS, J. A. (org.). *Democracia e Confiança: por que os cidadãos desconfiam das instituições públicas?* São Paulo: Edusp, 2010.

PATEMAN, C. *Participation and Democratic Theory*. Cambridge University Press, 1975.

_____. Participatory Democracy Revisited. *Perspectives on Politics*, vol. 10, n.º 1, pp. 7-19, 2012.

PAIM, C. *Coletivos e iniciativas coletivas: modos de fazer na América Latina contemporânea*. Tese de Doutorado em Artes Visuais. Instituto de Artes, Programa de Pós-Graduação em Artes Visuais, Universidade Federal do Rio Grande do Sul. Porto Alegre, 2009.

PAIVA, Angela. *Dinâmicas sociais na luta por direitos no Brasil*. Rio de Janeiro: Ed. PUC-Rio; Pallas, 2021.

PEREZ, O. C. Relação entre os coletivos com as jornadas de junho. *Opinião Pública*, vol. 25, n.º 3, Campinas, 2019.

PEREZ, O. C; SILVA FILHO, A. L. A. Coletivos: um balanço da literatura sobre as novas formas de mobilização da sociedade civil. *Latitude*, vol. 11, n.º 1, 2017.

PEREZ, O. C; SOUZA, B. M. Velhos, novos ou novíssimos movimentos sociais? As pautas e práticas dos coletivos. *41º Encontro Anual da Anpocs*, Caxambu, 2017.

PLEYERS, G; BRINGEL. B. Junho de 2013... dois anos depois: polarização, impactos e reconfiguração do ativismo no Brasil. *Nova Sociedade*, vol. 2015, n.º 2, 2015.

SCHERER-WARREN, I. Dos movimentos sociais às manifestações de rua: o ativismo brasileiro no século XXI. *Política & Sociedade*, vol. 13, n.º 28, Florianópolis, 2014.

_____. Redes e movimentos sociais. São Paulo: Edições Loyola, 1996.

SKOCPOL, Theda. *Diminished Democracy: from membership to management in American civic life*. Norman: University of Oklahoma Press, 2003.

SINTOMER, Yves; DE MAILLARD, Jacques. The limits to local participation and deliberation in the French "politique de la ville". *European Journal of Political Research*, 46, pp. 503-529, 2007.

TATAGIBA, L. GALVÃO, A. Os protestos no Brasil em tempos de crise (2011-2016). *Opinião Pública*, vol. 25, n.º 1, Campinas, 2019.

THIBES, M. Z; PEREIRA, N. B; SEGURADO, S. Movimentos sociais e coletivos no Brasil contemporâneo: horizontalidade, redes sociais e novas formas de representação política. *Simbiótica*, vol. 7, n.º 3, pp. 49-73, 2020.

URBINATI, Nadia. Representation as advocacy: a study of democratic deliberation. *Political Theory*, 28 (6), pp. 758-786, 2000.

Coletivos feministas, antirracistas e LGBTQIA+: inclusão e interseccionalidade

Olívia Cristina Perez

Os coletivos estão em evidência: nas universidades, nas redes sociais e mesmo dentro de partidos políticos eles estão causando transformações no debate público. Tal destaque tem levantado críticas e questionamentos sobre como interpretá-los e/ou sobre a capacidade deles de transformação social. Em geral, os questionamentos apontam o fato de os coletivos serem pequenos, com pouca estrutura e atuarem em prol de pautas identitárias pulverizadas.

Contribuindo com esse debate, argumentamos neste texto que a capacidade dos coletivos está no debate e na prática da inclusão, em todas as decisões, daqueles que historicamente foram alijados das decisões públicas, a saber: mulheres, negras/os, jovens, moradores de periferia e população LGBTQIA+ (lésbicas, gays, bissexuais, transexuais, travestis, transgêneros, queer, intersexuais, assexuais e o mais, que serve para abranger a pluralidade de orientações sexuais e variações de gênero) – de modo isolado ou interseccional.

Os coletivos são a forma de organização política que possibilita e estimula o crescimento e a visibilidade dessas demandas. Contrapondo-se às organizações políticas tradicionais, esses jovens vêm forçando as gerações mais velhas a refletirem sobre a democratização de todos os espaços de poder.

As reflexões aqui apresentadas são derivadas de pesquisas acadêmicas sobre os coletivos desenvolvidas desde 2017, por um grupo da Universidade Federal do Piauí que estuda democracia e marcadores sociais da diferença. Mais detalhadamente, em 2017 coletamos dados sobre todos os coletivos com páginas na rede social mais utilizada no Brasil: o Facebook. Para essa tarefa digitamos as palavras coletiva e coletivo na ferramenta de buscas da rede social, totalizando 725 páginas. Examinamos em cada uma delas qual a definição de coletivo dada pela organização, assim como os conteúdos das suas últimas cinco postagens. Os dados permitiram analisar as pautas das organizações e a vinculação delas com outras entidades (como universidades e partidos políticos). Também foram feitas entrevistas qualitativas com todos os coletivos (21) encontrados na cidade de Teresina. Para encontrá-los utilizamos a técnica *snowball,* em que, ao final de cada entrevista, pedíamos que fossem indicados outros coletivos até que os nomes se repetissem. As perguntas das entrevistas qualitativas versavam sobre as atividades dos coletivos, suas características e por que se organizam dessa forma.

Antes de entrar propriamente nas reflexões sobre as capacidades dos coletivos, chamamos a atenção para o fato de que o termo "coletivos" é utilizado por organizações políticas distintas. Conforme a pesquisa feita nas 725 páginas de coletivos cadastrados no Facebook, a maior parte deles (40,5%) pode ser definida como coletivos de artes. Esses coletivos também são conhecidos como grupos, companhias teatrais ou trupes e são formados por artistas de teatro, dançarinos, músicos, grafiteiros, fotógrafos, produtores de *fanzine* e outros artistas, além de promotores de eventos que organizam festas, saraus, vernissagens etc. O segundo grupo de coletivos com maior presença no Facebook (29,2% deles) é definido aqui como coletivos universitários, formados por jovens estudantes do ensino superior. Bem próximo a esse tipo de coletivo (somando 26,5%) estão aqueles que discutem e ajudam grupos com mais dificuldade de acesso a direitos e são formados por ativistas sem ligação expressa com a universidade. O último tipo de coletivo e com menor expressão (3,8%) é composto por empresários que adotam o termo com um sentido de união de profissionais de áreas próximas. Logo, há diversas organizações que vêm se autodenominando dessa forma e é importante diferenciá-las.

O foco deste texto são os coletivos formados por jovens estudantes. Especificamente, dentre os 725 coletivos com páginas no Facebook, 170 deles eram declaradamente formados por universitários e/ou com ligação explícita com universidades. Neles, a principal pauta são os feminismos (40,4%). Esse tipo de coletivo pode ser melhor compreendido a partir da descrição de um deles na rede social:

> O Coletivo feminista [...] surgiu em 2012 através da iniciativa de estudantes da Universidade Federal [...] que, percebendo a falta de espaço e debate sobre a situação das mulheres na instituição e as tantas situações sexistas às quais somos expostas diariamente, iniciaram um grupo de conversa/debate para discutir a condição das mulheres na universidade (e todas as questões que aqui se encaixam) sob a perspectiva feminista. Nos organizamos de forma horizontal e autogestionada, ou seja, sem hierarquias e divisão de cargos, apenas divisão de tarefas. Autônomo, o Coletivo não tem vínculo com outras organizações partidárias, o que não exclui que pessoas organizadas em outras esferas ajudem a construir o coletivo e, portanto, esteja presente um diálogo aberto com quaisquer ideologias. Entendemos que a luta feminista é interseccional e necessária para desnaturalizar, combater e superar as relações sexistas existentes na sociedade. Por isso, pautamos também discussões transversais de classe e raça.

Essa descrição cita várias das características atribuídas pela literatura aos coletivos, como a informalidade, fluidez, horizontalidade e autonomia (Borelli; Aboboreira, 2011; Maia, 2013; Machado, 2007 e 2015; Gohn, 2008 e 2017). Explicando cada uma dessas características, os coletivos seriam formados conforme demandas do momento sem a necessidade de formalização. Eles seriam fluidos podendo, por exemplo, se formar e se desfazer conforme surge uma demanda e a mesma seja atendida ou abandonada. Neles todos os membros teriam a possibilidade de falar e participar das decisões do grupo – daí seu caráter horizontal. Os coletivos seriam autônomos, ou seja, desvinculados de outras organizações políticas, especialmente daquelas ligadas ao Estado, tais como os partidos políticos. As decisões dos coletivos viriam da contribuição de todos os seus membros e não de orientações de outras organizações.

Nossa intenção no presente texto não é afirmar ou refutar a presença dessas características entre os coletivos. De fato, nem todos são ou conseguem ser horizontais e autônomos. Mas é importante examinar por que eles adotam o nome e o formato de coletivos.

Acreditamos que a tentativa, por vezes prática, e ao menos discursiva, da afirmação da horizontalidade e da autonomia tem relação com a descrença nas instituições parlamentares, especialmente nos partidos políticos. Como saída para essa descrença, "os coletivos [seriam] uma forma de organização considerada pelos seus membros mais genuína já que permitiria incluir aqueles tradicionalmente excluídos nas decisões" (Perez; Souza, 2020: 7). Ou seja, essas organizações tentam ser diferentes, ao menos discursivamente, de organizações políticas mais tradicionais.

É comum os membros dos coletivos criticarem outras organizações políticas consideradas tradicionais, como os partidos políticos e aquelas que participam da esfera parlamentar, consideradas engessadas e hierárquicas. A própria adoção do nome coletivo demarca um distanciamento em relação a outros tipos de organizações políticas. Para os jovens, participar de um coletivo é uma forma de agir politicamente, ainda que distante dos vícios e problemas das organizações políticas tradicionais (Augusto; Rosa; Resende, 2016; Gohn, 2017; Perez; Souza, 2020; Vommaro, 2015).

Em segundo lugar, as organizações vêm ganhando o formato de coletivos para serem mais inclusivas. Ou seja, como modo de resolver a exclusão da maior parte da população nas decisões públicas, os coletivos prezam pela horizontalidade e pela autonomia nas suas decisões, além de atuarem em prol de direitos para essa população.

Detalhando melhor o argumento, os coletivos atuam em prol dos direitos para grupos com mais dificuldade de acesso a direitos, tais como mulheres, negros/as, população LGBTQI+, jovens e moradores de periferias. Corroborando essa afirmação, conforme a pesquisa que realizamos nas 725 páginas de coletivos cadastrados no Facebook, o feminismo é a principal pauta deles (quase metade deles assim se define e/ou posta conteúdos sobre machismos e direitos para as mulheres). Um terço dos coletivos se dedica à causa LGBTQIA+, a segunda clivagem mais presente nos coletivos. Em terceiro lugar, 22% dos coletivos podem ser classificados como antirracistas, na medida em que expõem nas suas páginas casos de racismo, exigindo reconhecimento das dificuldades associadas à cor/ raça/etnia no Brasil, bem como de políticas de inclusão. Os outros coletivos atuam em defesa da juventude estudantil, debatem desigualdades relacionadas à classe social, acesso à cidade, meio ambiente etc.

Além de aturem em prol de direitos para grupos com mais dificuldade de acesso a eles, os coletivos consideram que essa população deve estar presente nas decisões das organizações. Ou seja, eles atuam em prol de direitos e praticam a inclusão no campo político. Para seus membros não basta que o Estado concretize direitos (embora isso seja fundamental). Ampliando a concepção de inclusão, os coletivos defendem que grupos alijados das decisões públicas devem praticá-las em todas as organizações, inclusive nos coletivos dos quais fazem parte.

Os coletivos então reivindicam mais do que a inclusão da maior parte da população no campo dos direitos sociais, eles querem a inclusão dela em todas as decisões coletivas – e por isso são os primeiros a proporcionarem essa inclusão. Há uma exigência para que as estruturas organizativas permitam a inclusão de grupos alijados das decisões políticas. E essas exigências não são apenas discursivas: os próprios coletivos são criados para permitir a participação desses grupos de forma coletiva e horizontal. Nesse sentido, os coletivos são a forma de organização política que possibilita e estimula o crescimento e a visibilidade dessas demandas. E é justamente a demanda de que todos podem e devem participar que estimula a criação dos coletivos – em geral pequenas organizações políticas que tentam ser mais inclusivas e mais horizontais.

Um outro aprendizado importante que podemos extrair da análise dos coletivos está na interseccionalidade das desigualdades sociais. A maior parte dos coletivos pesquisados por nós tem uma bandeira central, mas atua em outras – daí eles serem chamados de interseccionais. Outros se definem dessa forma. Por exemplo, os seguintes coletivos com páginas no Facebook se descrevem como interseccionais, ainda que não adotem essa definição em seus nomes: Coletiva Terra Preta, Cidade, Coletivo Marsha, Coletivo Bendita Geni - UEMG Frutal, Filhas da Luta Coletivo Feminista do IERP, Coletivo Feminista Guarda-Sol, Coletivo Feminista Matrimanas, Coletivo de Mulheres Filósofas do Cariri, Coletivo Madame Satã, Feminismo Negro Interseccional Campinas – Coletivo Lélia Gonzalez e Coletivo Salto – Anhembi Morumbi.

A interseccionalidade é uma prática política também examinada em livros, a exemplo dos trabalhos de Kimberlé Crenshaw (2002). Conforme a autora norte-americana, assim como é verdadeiro o fato de que todas as mulheres estão, de algum modo, sujeitas ao peso da discriminação de gênero, também é verdade que outros fatores tais como classe, casta, raça-cor, etnia, religião, origem nacional e orientação sexual pesam na forma como vários grupos vivenciam as opressões sociais. A autora norte-americana ensina que as desigualdades relacionadas à classe, ao gênero ou à raça não são simplesmente passíveis de hierarquização: é a interação dessas categorias que atua na produção e na manutenção das desigualdades. Isso faz com que, por exemplo, a experiência de uma mulher negra seja mais opressora do que a de um homem branco e diferente da de uma mulher branca.

Nos coletivos o fato de ser interseccional se materializa pela luta de uma demanda principal, sem esquecer que outras clivagens sociais dificultam o acesso a direitos. Por exemplo, ainda que não se defina como interseccional, é comum um coletivo feminista também postar em suas redes sociais denúncias e demandas a favor dos direitos para a população negra e LGBTQIA+. Um coletivo interseccional feminista antirracista entende que as mulheres devem ter seus direitos conquistados e concretizados; e dentre elas, especialmente as mulheres negras – que são aquelas mais sujeitas a opressões sociais. Ou seja, além da bandeira principal, esses coletivos consideram as outras formas de opressão. Conforme pesquisa de Rios, Perez e Ricoldi (2018: 49), os coletivos interseccionais apontam:

> para a emergência de uma nova geração de ativismo brasileiro portadora de nova linguagem contenciosa, que passa a expressar de forma mais evidente as articulações entre o feminismo e o antirracismo na esfera pública com vistas a problematizar as múltiplas formas de opressão social [..] Por sua vez, integrantes de organizações feministas mais tradicionais não chegam a rejeitar essas novas formas discursivas, sendo que muitas delas aderem à nomenclatura em suas práticas, em seus discursos ou em suas performances públicas.

Os coletivos então utilizam a prática política de interseccionalidade para incluir os vários grupos excluídos do campo dos direitos e da participação política. Nesse sentido, a ideia de interseccionalidade amplia a compreensão sobre os fatores e clivagens sociais envolvidos nas várias desigualdades sociais.

Mas a ideia da interseccionalidade como forma de justiça social está presente também em outras organizações que não se definem como coletivos. De modo mais amplo, esse ideal de justiça está se espalhando como a forma correta de enfrentar as desigualdades. A sociedade civil organizada é o terreno da reflexão sobre desigualdades sociais e são essas organizações, assim como a academia, que vêm disseminando a ideia de que múltiplas desigualdades sociais atingem um mesmo grupo.

A pauta interseccional dos coletivos também tem relação com as formulações estatais. Com a eleição de Lula como presidente em 2002 pelo PT (Partido dos Trabalhadores), a agenda estatal federal voltou-se para a discussão de direitos para grupos com menos acesso a eles, contribuindo para a formulação de leis, políticas públicas e para a própria atuação da sociedade civil em espaços institucionalizados como Conselhos Gestores e Conferências de Direitos.

Ademais, a ampliação das discussões e da militância feminista, preta e LGBTQI+ tem relação com o crescimento do acesso à internet nos últimos anos. Desde 2004, o acesso à internet nos domicílios por meio de microcomputador vem aumentando, variando de 6,3%, em 2004, a 25,7% em 2012. Em 2015, a expansão continuou ocorrendo, alcançando 57,8%, correspondente a 39,3 milhões de domicílios conectados. Os meios móveis (celulares e *tablets*) permitem o acesso fora de casa, potencializando assim o uso da internet pelos brasileiros (IBGE, 2016). A internet ampliou a possibilidade de produção e compartilhamento de conteúdos que questionam preconceitos e exigem mais direitos para mulheres, negras(os) e população LGBTQI+. Para dar conta dessas clivagens, os coletivos adicionam mais de uma delas a suas bandeiras de luta.

Quanto às suas formas de atuação, os coletivos organizam debates e protestos nas salas de aula, nas ruas e nas redes sociais. É comum eles organizarem rodas de conversa em que todos têm a possibilidade de se expressar e participar das decisões coletivas. Além de discutirem sobre temas relacionados à ampliação de direitos para grupos mais sujeitos a opressões sociais, eles reivindicam que essa discussão esteja presente em outros espaços, como a própria sala de aula e/ou na gestão das universidades. Por exemplo, os coletivos negros de Teresina, formados por jovens estudantes universitários, promovem rodas de conversa sobre as dificuldades que seus membros passam. Além disso, eles promovem atos para que a as cotas raciais sejam adotadas como política de ingresso na pós-graduação.

As redes sociais são utilizadas como uma importante forma de comunicação, disseminação e aprendizado dos coletivos. A internet é considerada um catalisador desse tipo de organização (Gohn, 2017; Machado, 2007 e 2015; Maia, 2013). A ampliação do acesso aos meios digitais nos últimos dez anos facilitou a organização política, assim como o aprendizado e a disseminação de informação relacionada aos direitos para grupos mais sujeitos a opressões sociais. Nesse sentido, a internet é um importante espaço de socialização política dos jovens e de disseminação de organizações em forma de coletivos.

Mas deve-se considerar que os jovens usam a internet sem abandonar outros espaços e estratégias, tais como os protestos nas ruas. Prova disso foi a forte presença de coletivos em grandes protestos no Brasil, como aqueles ocorridos em junho de 2013 (Perez, 2019; Vommaro, 2015). Tais protestos foram até responsáveis pela socialização política dos jovens que passaram a se organizar em forma de coletivos. Conforme Perez (2019), muitos jovens entraram em contato com a forma de organização do tipo coletivos no ciclo de protesto de junho de 2013 e depois passaram a se vincular ou a criar coletivos.

O terceiro espaço que deve ser citado como importante na socialização política dos jovens de forma mais coletiva são as universidades. A entrada de jovens de baixa renda, de escola pública e negros na universidade nas últimas décadas por meio da política de cotas e expansão das universidades mudou o perfil da mobilização política universitária (Rios; Perez, 2020). Os jovens recém-ingressados nas universidades passaram a se organizar em forma de coletivos exigindo ações de combate a preconceitos e concretização de direitos justamente para negros, mulheres, LBGTQIA+, jovens de baixa renda e moradores de periferias.

Os coletivos são considerados uma novidade no campo dos movimentos sociais (Gohn, 2008 e 2017; Machado, 2007 e 2015). Essa interpretação tem relação com o fato de que os coletivos são formados por jovens que adotam demandas e formas de atuação menos visíveis nas décadas anteriores – embora algumas delas já existissem.

Mas o que destacamos nesse debate é a novidade que os coletivos trazem ao demandarem a inclusão da população excluída das decisões políticas. A horizontalidade seria uma forma de proporcionar tal inclusão. A decisão horizontal tampouco é uma novidade, embora certamente ela não seja a regra nas organizações políticas.

Há um componente geracional importante nessas mobilizações políticas. Os coletivos são formados por jovens que estão sendo socializados politicamente com uma forte preocupação com direitos para jovens, mulheres, negras e população LGBTQIA+ e com a inclusão política desses grupos. Logo são jovens com dificuldades a acesso a direitos em vários campos que têm levado adiante justamente o processo de reconhecimento das diversidades sociais construídas a partir das suas visões de mundo.

Por outro lado, a inclusão desses grupos demanda reflexão sobre as posições de poder, que em geral são ocupadas historicamente por homens, velhos, brancos e heterossexuais. As demandas de inclusão dos coletivos também colocam no centro do debate a sobrevivência de organizações mais antigas, como os sindicatos e os movimentos sociais mais estruturados e hierárquicos.

Nesse embate, surgem críticas dirigidas aos coletivos. Por vezes eles são considerados, por exemplo, mais superficiais, já que se preocupariam com identidades. Conforme essa crítica, as organizações políticas devem ter a luta em torno da classe social como central, pois somente dessa forma haveria transformações sociais mais profundas.

No entanto, entendemos que a classe social está presente na bandeira dos coletivos. Isso porque as opressões relacionadas ao gênero e à raça não estão dissociadas das opressões de classe. No mesmo sentido, quando os coletivos atuam em prol dos direitos para jovens estudantes e moradores de periferia, há também uma preocupação com a classe social desses grupos. Ou seja, ainda que o componente da classe social não esteja explícito na bandeira e na descrição dos coletivos, essa clivagem social está imbricada junto com as outras.

Outra crítica considera que os coletivos não são capazes de grandes transformações, pois eles seriam organizações pequenas, informais e fluidas. Também consideramos esse debate inócuo. Ainda que possa haver diferenças entre os coletivos e as organizações políticas mais estruturadas, eles já vêm alterando a forma como a mobilização política é feita contemporaneamente ao exigirem a inclusão de mais grupos nas decisões públicas.

Ademais, acreditamos que os coletivos podem ser entendidos como movimentos sociais. Para essa tarefa adotamos a definição da teoria das redes que considera os movimentos sociais como "[...] redes de interações informais entre uma pluralidade de indivíduos, grupos ou associações engajadas em um conflito político ou cultural, com base em uma identidade coletiva compartilhada" (Diani, 1992: 13). De fato, os coletivos compartilham essas características. Primeiro, eles atuam em prol da conquista e concretização de direitos para grupos percebidos como mais sujeitos a opressões sociais. Conforme um entrevistado do coletivo universitário LGBTQIA+: "nossa forma de agir é de disputa, de conflito. Não tem como não dizer que não é dessa forma. Afinal de contas, nós somos ainda colocadas no que poderia ser chamado de subcidadania!? Né?".

Outra característica atribuída aos movimentos sociais e presente nos coletivos formados por estudantes é a construção de identidades. Nos seus encontros, ou rodas de conversa, os membros dos coletivos constroem suas identidades, conforme relatou um entrevistado de um coletivo de estudantes da cidade de Teresina: "então a gente faz uma discussão sobre o que afeta nossa militância, como que está a nossa vida, nós nos construímos muito mais profundamente enquanto indivíduos e construímos uma identidade enquanto coletivo."

Por fim, os coletivos estabelecem redes de interações informais – característica central para a definição de movimentos sociais, conforme Diani e Bison (2010). As entrevistas revelaram que seus membros estão presentes em vários pequenos coletivos além de migrarem de uma organização para outra. Como revela uma entrevistada de um coletivo universitário antirracista:

> aqui na universidade eu faço parte do coletivo Atitude Preta, ele foi fundando e vai fazer aproximadamente um ano. Aí eu também faço parte de outros coletivos, eu faço parte do coletivo RUA, juventude anticapitalista, e também sou do DCE, e também sou da organização da marcha da maconha.

Mas é preciso ressalvar que nem todos os coletivos podem ser entendidos como movimentos sociais. Como mostramos no início deste texto, o termo e a forma de organização do tipo coletivo vêm sendo adotados por organizações diversas, como companhias de teatro e mesmo por empresas privadas que não operam no campo dos direitos e que tem o lucro como objetivo final. Ainda assim, o fato de organizações distantes do campo dos direitos estarem se autoclassificando como coletivos não invalida a compreensão dos coletivos a partir do rico conhecimento produzido pela literatura sobre movimentos sociais.

Consideramos que nesse campo é urgente debater como as gerações mais antigas, que ocupam os espaços de poder, podem se transformar conforme as demandas colocadas pelos coletivos. Aí está o desafio. Os coletivos têm um recado importante a respeito da origem das desigualdades sociais e de como solucioná-las. Para eles as desigualdades têm relação com o fato de que a maioria da população – considerando que mulheres, negras/os, LGBTQIA+, jovens e moradores de periferia não são minorias – não está incluída nas principais decisões que dizem respeito ao coletivo. Com o argumento de lugar de fala, esses jovens vêm forçando as gerações mais velhas a se abrirem para novas formas de agir e de pensar que pedem a democratização de todos os espaços de poder.

Sugerimos que para avançar nesse embate as organizações devem ser mais inclusivas e horizontais. Isso requer que aqueles que ocupam os cargos de decisão se abram para grupos com os quais eles não estão acostumados a partilhar. Essa não é uma tarefa fácil. É preciso primeiro uma postura de abertura diante do que os jovens membros dos coletivos têm a ensinar. Ou seja, em vez de questionar a legitimidade desses grupos, é preciso silenciar e ouvir o que eles estão tentando dizer. Mas é preciso também uma transformação na prática, incluindo aqueles que até agora estão excluídos dos debates e das decisões coletivas. Quem conseguir de fato essa inclusão e mudança na forma como as decisões são tomadas, estará em sintonia com o espírito dos tempos – agora mais coletivo.

Referências

AUGUSTO, Acácio; ROSA, Pablo; RESENDE, Paulo. Capturas e resistências nas democracias liberais: uma mirada sobre a participação dos jovens nos novíssimos movimentos. *Revista Estudos de Sociologia,* vol. 21, n.º 40, pp. 21-37, 2016.

BORELLI, Silvia; ABOBOREIRA, Ariane. Teorias/metodologias: trajetos de investigação com coletivos juvenis em São Paulo/Brasil. *Revista Latinoamericana de Ciencias Sociales*, vol. 9, n.º 1, pp. 161-172, Manizales, 2011.

CRENSHAW, Kimberlé. Documento para o encontro de especialistas em aspectos da discriminação racial relativos ao gênero. *Revista Estudos Feministas,* vol. 10, n.º 1, pp. 171-188, 2002.

DIANI, Mario. The Concept of Social Movement. *The Sociological Review,* 40, pp. 1-25, 1992.

_____; BISON, Ivano. Organizações, coalizões e movimentos. *Revista Brasileira de Ciência Política,* pp. 220-249, 2010.

FACEBOOK. *102 milhões de brasileiros compartilham seus momentos no Facebook todos os meses.* Disponível em: < https://www.facebook.com/business/news/102-milhes-de-brasileiros-compartilham-seus-momentos-no-facebook-todos-os-meses>. Acesso em 31/7/2021.

GOHN, Maria da Glória. Abordagens teóricas no estudo dos movimentos sociais na América Latina. *Cad. CRH,* vol. 21, n.º 54, pp. 439-455, Salvador, 2008.

_____. *Manifestações e protestos no Brasil.* São Paulo: Cortez, 2017.

IBGE. *Acesso à internet e à televisão e posse de telefone móvel celular para uso pessoal: 2015*. Rio de Janeiro: IBGE, 2016.

MACHADO, Jorge. Ativismo em rede e conexões identitárias: novas perspectivas para os movimentos sociais. *Sociologias*, n.º 18, pp. 248-285, 2007.

_____. Das redes às ruas. In: ZANIRATO, S. (org.). *Políticas públicas: autores e demandas*. São Paulo: Annablumme, 2015. pp. 11-23.

MAIA, Gretha. A juventude e os coletivos: como se articulam novas formas de expressão política. *Revista Eletrônica do Curso de Direito da UFSM*, vol. 8, n.º 1, pp. 58-73, 2013.

PEREZ, Olívia Cristina. Relações entre coletivos com as Jornadas de Junho. *Opinião Pública*, vol. 25, pp. 258-256, 2019.

_____; SOUZA, Bruno Melo. Coletivos universitários e o discurso de afastamento da política parlamentar. *Educação e Pesquisa*, vol. 1, pp. 1-19, 2020.

RIOS, Flávia; PEREZ, Olívia Cristina. Interseccionalidade e diversidade nas universidades brasileiras: mudanças da última década. In: FACCHINI, Regina; LINS FRANÇA, Isadora (org.). *Direitos em disputa: LGBTI+, poder e diferença no Brasil contemporâneo*, vol. 1. Campinas: Unicamp, 2020. pp. 89-116.

_____; _____; RICOLDI, Arlene. Interseccionalidade nas mobilizações do Brasil contemporâneo. *Lutas Sociais*, vol. 22, pp. 36-51, 2018.

VOMMARO, P. *Juventudes y políticas en la Argentina y en América Latina: tendencias, conflictos y desafíos*. Argentina: Grupo Editor Universitário, 2015.

Cultura e política nos movimentos sociais: disputas por significados e traduções

Taísa Sanches

Na virada do século XX ao XXI, Sonia Alvarez, Evelina Dagnino e Arturo Escobar publicaram o livro denominado *Cultura e política nos movimentos sociais latino-americanos.*[1] Naquela ocasião, os organizadores e autores dos artigos que compõem a obra percebiam as enormes transformações pelas quais os movimentos sociais vinham passando. A reabertura democrática no Brasil possibilitava a consolidação das instituições de participação, mas processos de globalização iam de vento em popa e programas de ajuste econômico de caráter neoliberal se apresentavam como uma virada perversa na concepção de cidadania.

A sociedade civil, no contexto percebido então, se tornava cada vez mais responsável pela efetivação de políticas sociais, dado o encolhimento do Estado. Tal movimento foi também percebido por outros autores (Reis, 2013; Dagnino, 2015, entre outros). Os movimentos sociais, por sua vez, se apresentavam como "esferas públicas possíveis" (Alvarez et al., 1998: 16), onde se construíam práticas de exercício alternativo da cidadania, a partir do reconhecimento da democracia como processo em construção.

Os autores, a partir do diagnóstico apresentado, procuraram então explorar o potencial destas práticas alternativas dos movimentos sociais, chamando a atenção aos laços entre

[1] O livro foi publicado em inglês e português em 1998 e reeditado em inglês em 2018.

política – entendida como relações de poder embutidas nas práticas sociais – e cultura – compreendida como concepção de mundo. Tal objetivo toma como inspiração as práticas analíticas advindas dos estudos culturais, reivindicando maior atenção do campo aos movimentos sociais, entendidos como espaços cruciais "para a compreensão de como esse entrelaçamento, talvez precário, mas vital, do cultural e do político ocorre na prática" (Alvarez et al., 1998: 21).

Raymond Williams, um dos mais importantes representantes dos estudos culturais, propõe o método denominado "materialismo cultural" justamente como forma de unir condições produtivas e valores culturais históricos na interpretação dos fenômenos sociais. Tal proposta deriva do método materialista histórico de Karl Marx e Friedrich Engels, mas postulando a importância dos valores culturais unidos aos produtivos na observação de mudanças históricas: "uma teoria das especificidades da produção cultural e literária material, dentro do materialismo histórico" (Williams, 1979: 12). A cultura, nesta perspectiva, é entendida como mais do que um efeito da superestrutura, mas um elemento de organização e modificação da sociedade, constitutiva do processo social.

Neste artigo, partimos do objetivo de pensar as relações entre cultura e política nos movimentos sociais, observando as transformações ocorridas desde o início do século XXI, quando escreveram Alvarez, Escobar e Dagnino. A principal hipótese sugere que a delimitação de fronteiras entre as categorias é prejudicial ao campo de análise, pois acaba por recorrer ao estabelecimento de fronteiras como prática analítica. A consequência imediata de tal escolha metodológica tão presente no campo é que as diferentes demandas por justiça social que ganharam grande centralidade nas últimas duas décadas

– inclusive em movimentos considerados mais "tradicionais" como os de moradia – tendem a sofrer com uma lacuna interpretativa que não leva em conta certas formas de ação ou demandas por não serem consideradas políticas.

Tal suposição já se vislumbrava no texto que nos guia até aqui. Os autores percebiam os movimentos sociais como tradutores das transformações nas concepções culturais da sociedade – especialmente aquelas referentes a gênero, natureza, raça e cidadania. Através da categoria *cultura política*, ou seja, a "construção particular em cada sociedade do que conta como 'político'" (Alvarez et al., 1998: 25), os autores apontavam como os movimentos sociais se caracterizam por serem agentes transformadores da realidade a partir da mobilização das concepções de mundo.

Na ocasião em que escreveram o texto, Alvarez, Escobar e Dagnino defendiam que os movimentos sociais foram fundamentais para a ampliação da esfera pública dos países latino-americanos nos anos 1990, onde antes havia predominado o distanciamento entre política e sociedade. Eram otimistas em relação às possibilidades que se abriam a partir da ampliação da participação, ao mesmo tempo que já colocavam na agenda de pesquisa a necessidade do olhar para as transformações advindas do neoliberalismo, que definiram como "um concorrente poderoso e ubíquo na disputa contemporânea pelo significado de cidadania e pelo projeto de democracia" (Alvarez et al., 1998: 47).

Evelina Dagnino (1998), no mencionado livro, analisou justamente a disputa histórica pelo significado de cidadania, que segundo ela está intimamente relacionada aos movimentos sociais. O percurso histórico do Brasil nos anos que antecederam a Constituição de 1988 produziu, para a autora, a emergência de uma concepção histórica de cidadania que uniu as noções de cultura e política, na medida em que houve necessidade de transformação cultural para a construção da democracia no país. Dagnino apontava, desde então, a necessidade de compreensão de cidadania não como um conceito, mas como resultado de conflitos reais, podendo então ser cerceada ou ampliada.

Desde então, análises acerca dos movimentos sociais se esforçaram para traduzir as novas configurações das relações entre Estado e sociedade civil devido ao aprofundamento democrático no país (Gurza Lavalle e Szwako, 2015) e à maior complexidade de atores presentes em cena. As noções de cultura e política como tratadas por Alvarez, Dagnino e Escobar são centrais ao debate estabelecido pela literatura especializada em movimentos sociais das últimas décadas, ao passo que, de formas diversas, têm buscado traduzir como a maior presença dos grupos da sociedade civil no espaço estatal e partidário foi significativa para demarcar – ou muitas vezes embaçar – as fronteiras entre os conceitos, exigindo um esforço adicional dos teóricos sociais.

Buscaremos expor um resumo não exaustivo destas análises, a partir de revisão bibliográfica, de forma a apontar as principais transformações no campo e nas concepções de cultura e política nos movimentos sociais brasileiros contemporâneos. Em seguida, apresentaremos alguns exemplos de movimentos sociais de luta por moradia contemporâneos trazendo experiências empíricas ao debate. Por fim, buscaremos traçar possíveis caminhos interpretativos a partir do exposto

Transformações e traduções nos movimentos sociais contemporâneos

Em um dos capítulos de conclusão publicados no livro mencionado no início deste capítulo, o celebrado teórico dos movimentos sociais, Alberto Melucci (1998), pontuou que a própria existência daquela publicação era representativa das transformações políticas ocorridas na América Latina durante os anos que a precederam. Uma das questões centrais que se impunham aos analistas de então, segundo o autor, dizia respeito ao modo como nomeamos o mundo: "Quem são os atores que decidem a linguagem usada para nomear a realidade e escolhem os códigos que a organizam?" (Melucci, 1998: 423, tradução nossa). Isso porque, a crescente globalização e o surgimento de tecnologias de informação estavam afetando as democracias globais e ações coletivas de diferentes formas:

> Num sistema mundial globalizado, a sociedade tornou-se um todo, uma sociedade planetária. As diversas formas assumidas pelo poder e pelo conflito social atingem esse espaço planetário em sua totalidade, ainda que de formas diferentes nas diversas partes do mundo e, no que se refere aos diferentes grupos sociais, com desequilíbrios e desigualdades. (Melucci, 1998: 423, tradução nossa)

A mesma questão parece nos afetar atualmente, quando não somente as tecnologias de informação são cada vez mais presentes no cotidiano das sociedades, mas questões relacionadas à raça, ao gênero, à classe e à justiça social são centrais. Há disputa por nomear as categorias e os códigos que nos organizam atualmente, e os movimentos sociais integram as principais arenas desta disputa. Analisá-los, portanto, é também ocupar e traduzir tal contenda.

Tal objetivo é alimentado, por exemplo, pelo fato de, em dezembro de 2021, o site Dictionary.com ter elegido a palavra *allyship* (militância, em tradução livre) como a palavra do ano. A descrição de seu significado é representativa do ativismo contemporâneo, que se caracteriza pelo grande envolvimento de pessoas em diversas causas, sem o efetivo engajamento em movimentos sociais. O significado literal do termo é, em tradução livre: (1) o status ou papel de uma pessoa que advoga e ativamente trabalha para a inclusão de grupos marginalizados ou politizados em diversas áreas da sociedade, não como membro do grupo mas em solidariedade às suas lutas e pontos de vista e sob sua liderança; (2) a relação ou status de pessoas, grupos ou nações associando-se ou cooperando entre si por uma causa ou propósito comum.

Uma notícia a respeito de tal escolha,[2] veiculada no jornal britânico *The Guardian*, destacou que além da palavra escolhida – nova ao vocabulário – outras expressões foram incorporadas ao dicionário (ao *Merrian Webster* também) no ano de 2021, entre elas, "*critical race theory*". Também enfatizou-se que o uso do termo pode ser feito de maneira oposta à desejada – quando a militância é feita por pessoas que falam em nome de pessoas marginalizadas, ganhando o reconhecimento pelo qual estas lutam há anos. Além disso, a escolha lança luz à polarização política que foi intensificada durante os anos de pandemia da Covid-19.

Tal escolha reflete um fenômeno descrito por François Dubet (2020), segundo o qual há um processo, na atualidade, de individualização do sentimento de desigualdade e de distanciamento do sentimento de coletividade de classe. Pode-se dizer, seguindo as pistas dadas pelo sociólogo francês, que há um enfraquecimento do que antes se entendia por

[2] Disponível em: https://www.theguardian.com/books/2021/dec/06/word-of-the-year-2021-dictionary-allyship. Acesso em jan./2022.

sociedade civil organizada. A crescente individualização do sentimento de desigualdade, segundo o autor, leva a uma percepção de suas manifestações de maneira pessoal. Isso, por sua vez, fortalece o sistema liberal, onde o sucesso ou falha pessoais são atribuídos ao mérito de cada um.

A organização dos movimentos sociais, e até mesmo sua análise, exigem esforço mais intenso em um contexto como o descrito por Dubet, ao passo que historicamente foram realizadas tendo como condição a percepção de coletividade das desigualdades:

> Então, o que temos, essencialmente, é uma sociedade em que as desigualdades se individualizaram - é esta a minha tese - e são vivenciadas com discriminação, mágoa, sofrimento, desprezo. Isso não é nem bom, nem ruim, apenas é assim, mas traz um problema realmente importante, que é o de como dar uma expressão política a isso, pois já podemos perceber que se tornou extremamente difícil pelo fato de existirem milhares de discriminações. (Entrevista com François Dubet, 2021)

Neste capítulo, o que estamos tentando realizar é, justamente, apontar caminhos analíticos para as formas de expressão das desigualdades encontradas por movimentos sociais em um ambiente de multiplicação das percepções de discriminação, o que ocorreu, por sua vez, devido às ações dos movimentos sociais do passado, que lançaram luz às possibilidades de ação frente aos mais diversos formatos de dominação.

No Brasil, especificamente, as análises acerca de movimentos sociais tendem a delimitar fronteiras entre as categorias sociedade civil e instituições estatais, demarcando as principais transformações no campo das ações coletivas como operantes dentro ou fora destes limites, como se fosse possível estabelecer linhas divisórias entre eles e/ou datar o nascimento e morte de suas distintas formas de existência. Tais análises ora privilegiam valores culturais sobre a política, ora privilegiam as relações político-institucionais sobre a cultura de participação do país. Isso se dá, em grande parte, devido à história política do país, marcada pela duradoura ditadura militar e pelo posterior "renascimento" da sociedade civil organizada e um verdadeiro *boom* de movimentos sociais. Mas deve-se também a algo comum ao conhecimento no campo das ciências sociais, que Renato Ortiz (2004) denominou *fordismo intelectual,* "no qual as especialidades, as subdivisões disciplinares e temáticas (...) implicaram a preponderância de um saber fragmentado em relação a uma visão mais 'globalizadora', 'totalizadora', dos fenômenos sociais" (p. 121).

Assim como Alvarez et al., Renato Ortiz (2004) aposta na perspectiva dos estudos culturais como caminho compartilhado de saberes. Para o sociólogo, tradicionalmente, a academia latino-americana tende a relacionar o tema da cultura ao da política, devido à vinculação comumente realizada entre poder e política em nosso campo de conhecimento. O autor salienta a necessidade de situar historicamente tal conexão e desconstruí-la, tendo como justificativa três questões: 1) o desenvolvimento da indústria cultural no país e a consequente despolitização de temas antes tratados como culturais; 2) a redefinição do espaço que os Estado-nação ocupam nesta relação; e 3) a institucionalização do campo das ciências sociais de forma menos especializada.

As fronteiras impostas entre as noções de cultura e poder foram recentemente analisadas por Fernando Cardoso Lima Neto (2020), que mostrou como, nas ciências sociais brasileiras, elas representam um "desafio interpretativo permanente", ao passo que são centrais à compreensão dos processos históricos e contemporâneos do país. O sociólogo procurou dissecar as diferentes escolas interpretativas denominadas culturalista e institucionalista, que representam tais noções na tradição das ciências sociais brasileiras e são centrais às interpretações da cultura política no país. O autor chama a atenção à forma como a noção de cultura é inserida às análises acerca da cultura política brasileira, seja como alicerce das instituições ou como subproduto das relações de poder, estando quase sempre à margem das interpretações.

Análises acerca dos movimentos sociais também constituem-se como importante lócus de embate entre as escolas interpretativas, ao passo que os grupos transitam entre os dois espaços. Jeffrey Alexander (2016), por exemplo, pontua que o fluxo promovido pelos ativistas – de transformação de problemas particulares a questões sociais amplas – requer criatividade cultural e competência política de suas lideranças: "isso pode ser chamado de problema de tradução, e é onde a criatividade cultural e a competência política entram em jogo" (Alexander, 2016: 231).

Sidney Tarrow apontava à conclusão similar anos antes, quando propôs que os movimentos sociais enunciam reivindicações em quadros interpretativos amplos, realizando uma espécie de tradução:

> Os movimentos tentam enunciar reivindicações em termos de quadros de significados compreensíveis para uma sociedade mais ampla; usam formas de ação coletiva extraídas de um repertório existente e desenvolvem tipos de organização que frequentemente imitam as organizações às quais se opõem. (Tarrow, 2009:.45)

Por sua vez, foi Charles Tilly foi quem propôs o método de análise dos movimentos sociais baseado na observação de seus repertórios de ação contenciosos, entendidos como criações culturais baseadas no aprendizado coletivo:

> A palavra repertório ajuda a descrever o que acontece, identificando um conjunto limitado de rotinas que são aprendidas, compartilhadas e executadas através de um processo de escolha relativamente deliberado. Repertórios são criações culturais aprendidas, mas não descendem da filosofia abstrata ou tomam forma como resultado da propaganda política; eles emergem da luta. As pessoas aprendem a quebrar janelas em protesto, atacar prisioneiros com pilhagem, derrubar casas depredadas, organizar marchas públicas, petições, realizar reuniões formais, organizar associações de interesses especiais. Em qualquer ponto particular da história, no entanto, eles aprendem. (Tilly, 1995: 42)

Não por acaso, análise recente (Pereira e Silva, 2020) demonstra que a categoria *repertório de ação* é a mais utilizada pelo campo de análise dos movimentos sociais no Brasil. O conceito, da forma como foi mobilizado na literatura abarcada por Pereira e Silva (2020), protagonizou análises histórico estruturantes que de certa forma unem as categorias política e cultura. Ainda que uma das formas de utilização do conceito de repertórios tenha destacado "os sentidos e significados das ações do movimento para os ativistas que o compõem" (p. 622) conclui-se que o uso de tal categoria é feito de forma a confundi-lo com a noção de tática, o que acaba por ignorar "um fértil debate sobre escolhas táticas proposto por teóricos culturalistas em diálogo crítico com a perspectiva do confronto político" (p. 623). Ou seja, as análises centram-se muito mais em compreender as escolhas das formas de ação relacionadas às oportunidades políticas e menos em integrar as categorias cultura e política. Pereira e Silva propõem a articulação do conceito repertório de ação aos de performance e tática, de forma a abarcar as perspectivas culturalista e aquelas mais centradas no confronto político, respectivamente. O diagnóstico é central ao debate proposto neste capítulo, ao passo que aponta a necessidade de ampliação das análises dos movimentos sociais de forma a possibilitar sua compreensão na contemporaneidade.

As abordagens mais culturalistas, por sua vez, apresentam um grande diálogo com os estudos culturais, ao passo que entendem que as escolhas das formas de confronto realizadas pelos movimentos carregam em si aspectos importantes que não devem ser ignorados. Francesca Polletta (1998), por exemplo, aponta a importância de estarmos atentos aos "episódios iniciais de ação coletiva" capazes de gerar "identidades de movimento em nome das quais as pessoas estão dispostas a sacrificar seu bem-estar pessoal" (Polletta, 1998: 138). Estas identidades de movimento se relacionam à idade dos participantes e à fase de vida pela qual passam (estudantes, no caso analisado por Polletta), por exemplo, e são fundamentais para pensarmos o tempo de duração de algumas ações. A autora analisa as narrativas – artigos, discursos, cartas – dos estudantes que realizaram *sit-ins* como forma de protesto durante os anos 1960 e argumenta que esses discursos possuem uma "configuração temporal" que lhes possibilita "integrar eventos passados, presentes e futuros", fundamentais para "alinhar identidades coletivas durante os períodos de mudança" (Polletta, 1998: 139). Analisar as ideias correntes à época das ações coletivas – uma espécie de compreensão, via o método materialista cultural – possibilita verificar os tempos em que se inscreve a formação da subjetividade necessária para o engajamento nos movimentos, o que não seria possível através da pura observação dos *frames* relativos às demandas dos estudantes.

No Brasil, especificamente, Maria da Gloria Gohn realizou o esforço de sintetização dos estudos de movimentos sociais recentemente (2010). Segundo a autora, e conforme apresentado também anteriormente, há um ponto de inflexão na sociedade brasileira nos anos 1980, quando passariam a predominar grupos menos focados em pressupostos políticos e mais centrados em temas subjetivos e culturais. Tais movimentos são denominados pela autora como "novos" movimentos sociais, seguindo o paradigma norte-americano que se distanciava das abordagens marxistas, que colocavam conflitos de classe e trabalho como centrais à compreensão das demandas dos movimentos sociais.

A autora ressalta ainda que o espaço político perde sua centralidade como opositor justamente por ter se colocado como controlador das identidades sociais relativas à definição de políticas e por ter sido ocupado pelas iniciativas da sociedade civil durante as décadas anteriores. Ou seja, os movimentos sociais dos anos 1980 e 1990 conseguiram ocupar, anos depois, um importante espaço na arena política, alcançando importante centralidade na definição de políticas públicas, o que fez com que os movimentos sociais se organizassem em novas demandas, menos centralizadas no espaço institucional do Estado:

> A dimensão política – entendida como o espaço possível de construção histórica, de análise da tensão existente entre os diferentes sujeitos e agentes sociopolíticos em cena – desaparece da ação coletiva justamente por ser capturada por estruturas políticas – de cima para baixo, na busca de coesão e controle social. (Gohn, 2020: 21)

A perda de protagonismo do Estado como principal opositor pode ser creditada a diversos fatores. Kevin McDonald (2002, 2004), por exemplo, defende que a sociedade contemporânea é cada vez menos influenciada por sistemas de controle social, o que faz com que o poder das instituições seja menor no que se refere à formação de identidades coletivas. O autor percebe que os mais recentes movimentos sociais são pautados por uma ética relativa à experiência de construção subjetiva, mais do que na formação de uma identidade coletiva, ou seja, há um "padrão emergente de movimento social, onde não é a 'identidade coletiva' que é mobilizada, mas onde a ação precisa ser entendida em termos de uma luta compartilhada por experiência pessoal" (McDonald, 2002: 125). McDonald alerta ainda para o crescente lugar do privado nas gramáticas do conflito, analisando movimentos sociais tão distintos como grupos antiglobalização de Londres e movimento de terapias alternativas ao controle corporal existente na China[3].

Na análise de Gohn (2010), ressalta-se a diferenciação entre os "novíssimos sujeitos políticos e culturais", representados pelos movimentos sociais contemporâneos, e aqueles surgidos nos anos 1980 (os "novos"), ou ainda os clássicos – surgidos nos anos 1960. Nas palavras da autora,

> Os clássicos abarcam os sindicatos, sem-terra, estudantes, movimentos populares/comunitários de bairros, sem-teto etc. Os novos abrangem os movimentos de luta por direitos, identidades etc. criados a partir da década de 1970

[3] É interessante notar que, ainda que os grupos não se autodenominem movimentos sociais, McDonald os analisa enquanto tais, ao passo que cabe ao analista este exercício, como colocava Alberto Melucci (1999). Podemos nos questionar se o mesmo valeria para empreitadas analíticas acerca de coletivos, por exemplo.

> (gênero, geracionais, étnicos, ambientalistas etc.); e os novíssimos abrangem movimentos da atualidade, a maioria criados ou "afirmados" na cena política de década corrente, de 2010. (Gohn, 2010)

Dentre os novíssimos movimentos, Gohn inclui os coletivos, e diferencia este grupo dos "novos" especialmente pela forma como tratam a questão das identidades. Enquanto os mais recentes realizam ações pautadas na experiência, independentemente de pertencimentos, os outros buscam a expansão de direitos e da cultura. Neste capítulo, não vem ao caso o detalhamento destas diferenças. Importa salientar que as teorias dos movimentos sociais estão continuamente buscando categorizá-los, especialmente a partir de sua relação, de proximidade ou desvencilhamento, com o Estado.

Tais perspectivas dialogam com o que Alain Touraine denomina *historicidade*, ou seja, a definição histórica dos sujeitos sociais e de suas ações coletivas. Dito de outra forma, as ações dos movimentos sociais dialogam com os momentos históricos em que se dão. Tal observação, ainda que possa parecer óbvia, é fundamental para a compreensão de como as categorias política e cultura são fundamentais para a compreensão dos movimentos sociais brasileiros contemporâneos. Como visto no início do texto, os movimentos sociais são tradutores da realidade e, como disse Alberto Melucci, mensageiros do futuro.

A questão que se coloca, então, é pensar especificamente quais foram as transformações ocorridas na sociedade brasileira responsáveis e traduzidas pelas novas formas de organização dos movimentos sociais nas duas últimas décadas e apontar caminhos mais eficazes de análise, que abarquem a questão cultural de forma mais eloquente. Para pensar em caminhos de resposta a tal questão, apresentaremos os resultados de pesquisa realizada com movimentos sociais de luta por moradia no Rio de Janeiro. As formas de ação dos grupos traduzem as transformações recentes da sociedade brasileira e sua análise nos oferece um importante foco.

Movimentos de luta por moradia como tradutores da cultura política brasileira

Rebecca Abers, Lizandra Serafim e Luciana Tatagiba (2014), utilizando o conceito "repertórios de interação" analisaram as transformações nas relações Estado-Sociedade no Brasil durante os governos de Luiz Inácio Lula da Silva e mostraram que a presença de militantes nas instâncias de poder resultaram em experimentações diversas "a depender da forma como grupos da sociedade civil e atores do Estado estabeleceram relações historicamente em cada setor"(p. 324). As autoras abarcaram as políticas urbanas e o antigo Ministério das Cidades de maneira específica e mostraram como representantes de movimentos sociais de moradia ocuparam lugar central na política urbana do período, jogando o jogo político, o que contribuiu para que os próprios grupos repensassem sua forma de ação nos espaços públicos. Tal conclusão, de certa forma, alimenta o ponto apresentado por Gohn, e mencionado anteriormente, a respeito da captura das ações coletivas por estruturas políticas.

Nos anos mais recentes, é possível observar novas táticas e performances dos movimentos sociais de luta por moradia, que incluíram ações de tradução de suas demandas a parcelas mais amplas da população, como resposta a essa apropriação das demandas pelo poder público. Maria da Glória Gohn, ao observar o fator de captura, mencionado anteriormente, também mostrou que as políticas públicas foram setorizadas em campos nos anos 2000, enfatizando-se características sociais e culturais dos grupos atendidos. É o caso, por exemplo, do Programa Minha Casa Minha Vida, que definia faixas de renda para a oferta de moradia, com valores mais acessíveis para os mais pobres.

Ademais do fator de apropriação e setorização, pode-se pensar que os movimentos sociais buscam formas alternativas devido à criminalização de sua existência. No Rio de Janeiro, em particular, autores como Orlando Santos Junior (2020) apontam como a criminalização também foi responsável para que os grupos passassem a buscar outros caminhos para a efetivação das demandas que apresentam.

Em outra oportunidade (Sanches et al., 2020), exploramos o tema, mostrando como os movimentos sociais favelados constroem "alternativas societárias" (utilizando o termo de Santos Jr.) no enfrentamento da realidade de exclusão e apagamento. Especificamente em relação aos movimentos de luta por moradia, é interessante notar como, no Rio de Janeiro em particular, os grupos constituídos em favelas da cidade têm organizado museus sociais como forma de pautar seu pertencimento ao território, traduzindo-o a uma parcela ampla da população, e demandar sua permanência, de forma contrária às remoções. Este tipo de organização, por sua vez, encontra caminho institucional via políticas públicas do setor.

Alguns dos museus sociais da cidade foram reconhecidos institucionalmente a partir do Programa Pontos de Memória, criado em 2009 através de uma parceria entre o Programa Mais Cultura, do Ministério da Cultura, e o Programa Nacional de Segurança Pública e Cidadania (Pronasci), do

Ministério da Justiça.[4] O direcionamento das ações reivindicativas para o setor cultural parece ter sido um caminho tomado devido a oportunidades políticas abertas por essas esferas (e fechadas com a extinção do Ministério das Cidades, por exemplo), e como resposta à criminalização das vidas faveladas. Ditas oportunidades relacionam-se às transformações ocorridas no país desde a redemocratização, mencionadas acima.

Tais iniciativas são um ponto interessante para observar as transformações entre cultura e política dos movimentos sociais favelados do Rio de Janeiro. Os sujeitos favelados costumam ser invizibilizados tanto pela academia quanto pelo Estado. Isso se dá, em parte, por considerarem os sujeitos que vivem nas margens como pré-políticos, não civilizados, incapazes de se organizarem coletivamente. Alexis Cortés Morales (2018), ao pesquisar acerca de tais grupos entre as décadas de 1970 e 1980, percebeu que a literatura não tratava o movimento favelado como tal, pois valorizava mais a perspectiva segundo a qual a "racionalidade política dos favelados" seria utilizada para "instrumentalizar o sistema político", ou seja, a racionalidade dos sujeitos favelados não seria utilizada como forma de contestação e organização social, mas como forma de conseguir benefícios.[5] O que se entende por política, nesse caso, se distancia da ideia de cultura.

É curioso notar, portanto, que os movimentos sociais favelados da cidade estejam demonstrando, ao longo das

---

[4] Os museus sociais já existiam antes deste reconhecimento. É o caso, por exemplo, do Museu da Maré, reconhecido em 2006 como Ponto de Cultura. O Museu Sankofa, da Rocinha, também é anterior à política de reconhecimento destas iniciativas, e foi inaugurado em 2003.

[5] José Murilo de Carvalho apontava a conclusão similar em *Os bestializados* (1992).

últimas décadas, que há alternativas de organização política e cultural. Um exemplo bastante contundente é o caso da Vila Autódromo, analisado em outras ocasiões (Sanches, 2020). O movimento organizado pela comunidade de moradores ameaçada de remoção realizou ocupações culturais de forma a conscientizar sobre as remoções que estavam sendo realizadas violentamente durante os anos anteriores e durante a realização dos Jogos Olímpicos na cidade. Pessoas de fora da vizinhança eram convidadas a participar de apresentações musicais e teatrais, além de exibição de filmes. Tais *ocupas* foram tão bem-sucedidos que continuaram após os jogos, de forma a demandar o cumprimento do acordo entre a comunidade e a Prefeitura da cidade,[6] e o direito à permanência, traduzindo tais demandas a um público amplo.

Os movimentos sociais, a partir do exposto, podem ser vistos como disputando os valores simbólicos do que se entende como política urbana, e sua compreensão a partir de chaves interpretativas relacionadas aos estudos culturais parece fazer bastante sentido. Isso porque, além do exposto, o campo dos estudos culturais tem como uma de suas principais características a busca por caminhos de emancipação a partir da maximização e da democratização do acesso à cultura, entendida como uma construção social cotidiana:

> Cultura comum não é a extensão geral do que uma minoria quer dizer e acredita, mas a criação de uma condição em que as pessoas como um todo participem na articulação dos significados e dos valores, e nas consequentes decisões entre este ou aquele significado ou valor. (Williams, 1979)

[6] Algo que até a atualidade não ocorreu.

Além de buscarem formas de atuação alternativas, como no caso específico dos museus sociais do Rio de Janeiro, os movimentos de luta por moradia contemporâneos fortaleceram-se a partir da criação de fóruns e redes nacionais, tendo como bandeira demandas mais amplas, que apontam justamente essa busca por espaços mais amplos de participação. É interessante notar, por exemplo, o histórico de criação e existência do Fórum Nacional de Reforma Urbana. O Movimento Nacional de Reforma Urbana, que dá origem a ele, nasceu nos anos 1980, quando se discutia a Constituinte. O grupo articulava organizações de arquitetos, engenheiros e associações de moradores de favelas e foi fundamental para a garantia dos artigos 182 e 183, a respeito de políticas urbanas, na Constituição de 1988.

Após a promulgação do texto da Constituição, no entanto, havia ainda muito a se avançar, e diversos grupos nacionais se incorporaram ao movimento original, formando o Fórum Nacional de Reforma Urbana. Suas proposições foram fundamentais para a criação do Estatuto da Cidade, em 2001, e para a criação do Ministério das Cidades, em 2002. Desde o início, o Fórum foi peça fundamental nas demandas para maior democratização das cidades brasileiras, procurando influenciar a criação de políticas públicas. Na última década, verifica-se como sua atuação tem se transformado através de atividades culturais e produções formativas, tais como o evento "Vozes da resistência nas cidades", realizado em Recife no final de 2021, em que se inaugurou a websérie "O corpo da cidade", contando com recital de poesia e apresentações musicais; e onde foram lançados o Dossiê de Monitoramento das Políticas Urbanas Nacionais 2021, o Panorama dos conflitos fundiários urbanos no Brasil (2019-2020) e o Dossiê Nacional "As Metrópoles e a Covid-19".

Se tomarmos a definição de cultura política como aquela proposta por Alvarez et al. e mencionada no início do capítulo, ou seja, a definição do que cada sociedade conta como político, temos nas ações dos movimentos sociais de luta por moradia que o político é cada vez mais cultural, ou seja, está cada vez mais presente no cotidiano e na construção histórica dos sujeitos, que se veem como parte da sociedade e capazes de agir/transformar, e não exclusivamente localizados na institucionalidade estatal.

Os movimentos de luta por moradia são apenas um exemplo das transformações ocorridas no campo dos ativismos contemporâneos. Outros exemplos, como as cozinhas comunitárias do MTST ou MUCA e os coletivos que realizam intervenções em espaços públicos poderiam também ser mencionados, além de inúmeros outros. Raquel Rolnik (2022), ao mencionar também algumas iniciativas semelhantes, tais como Quilombaque e Ocupação Cultural Ermelino Matarazzo, ambas em São Paulo, coloca que "não se trata apenas de ocupações culturais e de lazer, mas também de lutas pela moradia, que ocorrem em um mesmo espaço" (Rolnik, 2022: 98).

Percebem-se, como mencionado, transformações das ações coletivas no sentido de ampliação da representatividade e de espaços que se consideram políticos. Vizinhanças, ruas, cozinhas, teatros ou bandas são também parte da esfera democrática, e os ativismos contemporâneos ocupam tais espaços ampliando a noção de política e de seu exercício cotidiano.

Ao estabelecerem ações que transformam as concepções de política na sociedade brasileira, os movimentos sociais ampliam o leque de dimensões sociais que merecem reconhecimento na esfera pública. São capazes de mostrar, por exemplo, que a luta por moradia transcende a demanda por um teto e diz respeito a uma enormidade de questões, que vão desde o acesso a documentos de identificação básicos que garantem atendimento em serviços públicos, como o direito à locomoção livre das mulheres nos territórios urbanos. Os movimentos de luta por moradia mostram, enfim, que "o residencial é político", como bem traduziram David Madden e Peter Marcuse (2016), disputando, desta forma, o que se entende culturalmente como político.

Notas finais

No Brasil, análises que se utilizam das lentes dos estudos culturais são dispersas em distintas áreas de conhecimento que não chegam a se reconhecer enquanto parte de um mesmo campo analítico e se caracterizam pela interdisciplinaridade (Ortiz, 2004; Campanella, 2013). Por sua vez, o campo de análises de movimentos sociais no país concentra-se nos confrontos políticos levados a cabo pelos grupos, como demonstraram Pereira e Silva (2020). Neste texto, procuramos explorar como a ampliação do diálogo entre os diferentes campos de análise – movimentos sociais e estudos culturais – pode ser profícua, ao passo que permitiria caminhos alternativos para a compreensão de iniciativas ativistas que não podem ser compreendidas completamente a partir de enfoques políticos restritivos.

O entrelaçamento entre cultura e política nos movimentos sociais é cotidiano, e o esforço de Charles Tilly ao criar o termo repertórios de ação já demonstrou isso. O conceito tem sido utilizado, no entanto, de forma a tornar mais nebulosas as ações relativas à cultura nos movimentos. As abordagens culturalistas, por sua vez, têm sido menos utilizadas por teóricos brasileiros (Pereira e Silva, 2020), levando a uma lacuna interpretativa acerca de aspectos específicos dos movimentos, tais como aquelas que apontem as escolhas táticas dos grupos, sua organização interna, os símbolos representativos de suas demandas a serem levados às manifestações etc. Abordagens que unam as perspectivas de confrontos políticos, táticas e performances seriam ideais, segundo Pereira e Silva (2020), para esclarecer uma série de aspectos relacionados ao campo dos movimentos sociais.

Ao analisar alguns movimentos sociais de luta por moradia, no entanto, foi possível demonstrar que, além da necessidade de combinar abordagens dos movimentos sociais para interpretá-los de forma mais abrangente, é fundamental atentar aos usos que os próprios grupos fazem da cultura, ou seja, como têm se apropriado do campo cultural de forma específica e como via de transformação política.

Trazer a perspectiva do materialismo cultural de Raymond Williams parece fazer sentido, ao passo que o conceito joga luz à importância de observarmos a produção cultural (dos movimentos sociais, no caso) de forma a entender processos históricos mais amplos. Ao observar como os movimentos têm produzido cultura, é possível entender as concepções de justiça social e política que estão sendo disputadas na sociedade. A inclusão do método materialista cultural às abordagens dos movimentos tende a oferecer tal possibilidade interpretativa.

Referências

ABERS, Rebeca et al. Repertórios de interação Estado-Sociedade em um Estado heterogêneo: a experiência na Era Lula. *Dados – Revista de Ciências Sociais*, vol. 57, n.º 2, pp. 325-357, Rio de Janeiro, 2014.

ALEXANDER, Jeffrey. Descivilizando a esfera civil. *Política & Trabalho. Revista de Ciências Sociais*, n.º 44, pp. 355-367, 2016.

ALVAREZ, Sonia; DAGNINO, Evelina; ESCOBAR, Arturo. The Cultural and the Political in Latin American Social Movements. In: ALVAREZ, Sonia; DAGNINO, Evelina; ESCOBAR, Arturo (orgs.). *Cultures of politics/politics of cultures. Re-visioning Latin American social movements.* Westview Press, 1998.

CAMPANELLA, Bruno. Os estudos culturais no campo da comunicação no Brasil: décadas de 1990 e 2000. In: LIMA, João Claudio Garcia; MELO, José Marques (orgs.). *Panorama da comunicação e das telecomunicações no Brasil.* Brasília: Ipea, 2013.

CORTÉS, Alexis. *Favelados e pobladores nas ciências sociais: a construção teórica de um movimento social.* Rio de Janeiro: Eduerj, 2018.

DAGNINO, Evelina. Os movimentos sociais e a emergência de uma nova noção de cidadania. In: *Os anos 90: política e sociedade no Brasil.* São Paulo: Brasiliense, 1994.

DUBET, François. *O tempo das paixões tristes.* São Paulo: Vestígio, 2020.

GOHN, Maria da Glória. *Participação e democracia no Brasil: da década de 1960 aos impactos pós-junho de 2013.* Petrópolis: Vozes, 2019.

GURZA LAVALLE, Adrian; SZWAKO, José Leon. Sociedade civil, Estado e autonomia: argumentos, contra-argumentos e avanços no debate. *Opinião Pública*, vol. 21, n.º 1, pp. 157-187, Campinas, abr., 2015.

LIMA NETO, Fernando. Power and Culture: The Cultural Foundations of Brazilian Sociology. *Cultural Sociology*, vol. 14, n.º 1, pp. 3-21, 2020.

MADDEN, David; MARCUSE Peter. *In defense of housing – The politics of crisis.* Londres: Verso, 2016.

MCDONALD, Kevin. Oneself as another: from social movement to experience movement. *Current Sociology*, vol. 52, n.º 4, pp. 575-593, 2004.

MELUCCI, Alberto. Third World or Planetary Conflicts? In: ALVAREZ, Sonia; DAGNINO, Evelina; ESCOBAR, Arturo. *The Cultural and the Political in Latin American Social Movements.* Westview Press, 1998.

ORTIZ, Renato. Estudos culturais. *Tempo Social,* USP, pp. 119-127, 2004.

PEREIRA, Matheus Mazzilli; SILVA, Camila Farias. Movimentos sociais em ação: repertórios, escolhas táticas e performances. *Sociologia & Antropologia*, vol. 10.02, pp. 615- 645, Rio de Janeiro, maio-ago., 2020.

POLLETTA, Francesca. "It Was Like A Fever...". Narrative and Identity in Social Protest. *Social Problems*, vol. 45, n.º 2, 1998.

REIS, Elisa. Introdução. In: *ONGS, Novos vínculos entre a sociedade e o Estado*. Rio de Janeiro: 7 Letras, 2013.

ROLNIK, Raquel. *São Paulo: o planejamento da desigualdade*. São Paulo: Fósforo, 2022.

SANCHES, Taísa; ALMEIDA, Brena; PAIVA, Angela. Movimentos sociais, controle social repressivo e criminalização no Rio de Janeiro. *Revista Brasileira de Sociologia*, vol. 8, n.º 20, pp. 153-176, 2020.

SANTOS JÚNIOR, Orlando. Participação e insurgências: ideias para uma agenda de pesquisa sobre os movimentos sociais no contexto da inflexão ultraliberal no Brasil. *E-metropolis*, ano 10, n.º 39, 2019.

TARROW, Sidney. *O poder em movimento: movimentos sociais e confronto político*. Petrópolis: Vozes, 2009.

TILLY, Charles. *Popular contention in Great Britain 1758 - 1834*. Londres, 1995.

TOURAINE, Alain. *Podemos viver juntos? Iguais e diferentes*. Petrópolis: Vozes, 1998.

WILLIAMS, Raymond. *Marxismo e Literatura*. Rio de Janeiro: Zahar, 1979.

Repertórios de ação coletiva e a perspectiva interseccional: entre a teoria e os desafios à luta pelo direito à saúde e à moradia

André Sobrinho
Luisa Souto

A noção de *repertórios* nos estudos sobre movimentos sociais oferece uma chave explicativa para compreender as *formas de ação coletiva* em situações de conflito. De uma abordagem eminentemente histórica e macropolítica, passa a incorporar aspectos socioculturais, de modo a refletir também processos microssociais nas situações contenciosas entre atores localizados distintamente na esfera pública. Assim, junto às *formas*, agregam-se *conteúdos* em torno dos sentidos da ação, com destaque para as identidades coletivas e os valores que as animam.

No contexto contemporâneo de movimentos sociais brasileiros, as adaptações para o uso da categoria repertórios conclama verificar as especificidades da trajetória de atuação da sociedade civil, especialmente na segunda metade do século passado, quando a gramática dos direitos se transforma em fio condutor de distintas lutas sociais. Como se sabe, nesse período houve um clima de mobilização por uma agenda de direitos de grupos sociais em diferentes áreas, denunciando aspectos das desigualdades estruturais à brasileira e visando a um novo acordo social que culminou na Constituição de 1988 (Paiva, 2018, 2021).

É de amplo consenso que a reflexão ampliada sobre as desigualdades, para além da posição de classe, permitiu o avanço da politização de identidades, fruto de uma longa organização de sujeitos políticos como os movimentos de mulheres, juventude, étnico-raciais, de diversidade sexual e identidades de gênero. Formulações analíticas mais contemporâneas buscam compreender tais desigualdades de forma articulada, cujo corolário pode ser traduzido contemporaneamente na proposta de *interseccionalidade* dos *marcadores sociais de diferença*. Dessa forma, ao alcançar outras agendas para além daquelas que lhe deram origem, cabe indagar – com base na noção de repertórios –, em que medida tais marcadores interseccionais incidem ou alteram conteúdos e formas de ação coletiva em diferentes movimentos sociais. Este artigo busca introduzir essa questão explorando duas agendas: o de direito à moradia e o de direito à saúde.

Repertórios de ação coletiva e as teorias de movimentos sociais

Como categoria analítica, *repertório* se situa no marco da Teoria do Confronto Político (TCP), proposta por Charles Tilly, Doug MacAdam e Sidney Tarrow (2009). Tal teoria avança nas problematizações sobre ações coletivas que valorizam a racionalidade dos atores no emprego de recursos para alcançar seus objetivos.[1] A TCP adianta um passo no olhar sobre os aspectos organizativos dos movimentos sociais, incluindo na análise a interface entre política e cultura na interação contenciosa. O *imaterial* e o *simbólico* na ação tomam parte na interpretação dos comportamentos coletivos, para além de uma visão utilitarista e economicista sobre os recursos empregados pelos atores para atingir determinados fins. Charles Tilly foi o principal autor da TCP a cunhar

[1] Referimo-nos à *Teoria de Mobilização de Recursos* que precede as formulações da Teoria do Confronto Político.

a expressão *repertórios de ação coletiva*. Servindo ao mesmo tempo de síntese e abrindo possibilidades ao surgimento de frentes analíticas para diferentes usos, *repertórios* aludem basicamente a um modo de fazer política em um determinado tempo histórico (Alonso, 2012). Ou seja, as ações coletivas de movimentos sociais são constituídas por *repertórios* objetivando alguma mudança, em um quadro de ameaças ou oportunidades políticas (McAdam et al., 2009). Como categoria analítica das *formas de ação* dos atores em resposta a um contexto conflitivo, a ideia é escrutinada no debate teórico: de início, a ênfase na estrutura supunha menos atenção na *construção do significado* e nas *motivações, valores ou crenças* dos atores, porém isto se modificará com o tempo e se inclui na análise as noções de *interpretação* e *experiência*. Doug McAdam (2009) defende um programa de pesquisa que localize a ação dos movimentos no espaço intermediário entre os níveis macro e micro da vida social. Ou seja, os pontos de contato em que, de um lado ocorre alguma mudança ou ruptura na ordem estrutural e, do outro, há as redes pessoais e sistemas sociais cujos atores da ação coletiva estão inseridos e em interação.

No permanente fluxo das lutas sociais, os *repertórios* podem se repetir quando da avaliação dos atores de sua eficácia contínua; mas também podem perder a eficácia, oportunidade em que se produzem novas ferramentas que passam a compor novos *repertórios*. Se os movimentos sociais possuem uma história, as ações coletivas que os engendram podem ser encaradas como processo (Gohn, 2004) e, nesse sentido, no espaço-tempo onde se desenvolvem, os *repertórios* evocam continuidades, repaginações ou mudança no percurso de uma luta social. *Na historicidade* das ações coletivas, percebem-se diferentes *repertórios* coexistindo, em função mesmo do perfil diverso dos atores em movimento.

A ênfase nos repertórios ajustados às estruturas de oportunidades políticas se ajusta bem para compreender as diferentes formas que tomam as ações coletivas advindas das lutas sociais. No entanto, é na combinação com as Teorias dos Novos Movimentos Sociais (TNMS) que se apresenta maior capacidade heurística para analisar a dimensão cultural nos processos mobilizadores. Nestas teorias, parte-se de um diagnóstico relativamente consensual de que o atual estágio da Modernidade se caracteriza por ser pós-industrial (Touraine, 2007), com uma esfera pública ampliada nas democracias (Habermas, 2003) onde se conformam subjetividades políticas, tornando as sociedades mais complexas (Melucci, 2001). O conjunto desses elementos resulta, *grosso modo*, numa maior valorização de identidades coletivas e plurais constitutivas de movimentos sociais. Os autores dessa linhagem teórica, a despeito de suas diferenças e intepretações originais, miram na ação e, portanto, no ator social. Na reflexividade dos atores, forjam-se subjetividades a partir de diferentes lugares e posições sociais conscientemente percebidas pelos mesmos, que assinalam novas demandas e revigoram o debate a respeito das especificidades dos sujeitos. Gênero, raça, diversidade sexual e geração, por exemplo, são agendas contemporâneas ilustrativas deste tempo. "Um movimento concreto é sempre uma realidade histórica complexa e heterogênea", afirma Melucci, "a sua ação envolve, portanto, uma gama de problemas, de atores, de objetivos" (2001: 43-44).

No contexto brasileiro, nas décadas subsequentes à Constituição de 1988, se tornou mais nítida a materialização dessas demandas remetida na ideia de direitos exigindo respostas do Estado. É possível verificar como essas diferentes agendas se entrelaçam em suas formas de luta; as leituras teóricas aplicadas nas situações empíricas destacam a ação coletiva por dentro e por fora das institucionalidades políticas. Variações conjunturais na relação dos movimentos sociais com o Estado revelam as tensões e os conflitos, mas também as circunstâncias de colaboração. Na primeira metade do século XXI, governos autorreferidos progressistas buscaram ampliar espaços de interlocução com tais movimentos, cuja expressiva parcela de lideranças ocupou espaços institucionais, facilitando a criação de repertórios de interação entre Estado e sociedade. (Abers, Serafim e Tatagiba, 2014).

Numa realidade social em que se combinam o racional e o simbólico nas lógicas de ação coletiva, outro domínio teórico que agrega conteúdo aos repertórios dos movimentos, é a *Teoria do Reconhecimento*. De partida, antes de ser visto como fundamento para a ação de atores em movimentos sociais, *Reconhecimento*, segundo seus principais formuladores, é constitutivo da própria identidade do indivíduo na sociedade moderna. Charles Taylor (2000) falará de uma virada subjetiva em relação às sociedades pré-modernas, ou seja, uma nova forma de interioridade e autenticidade que necessita dos *outros significativos*. Em outras palavras, a afirmação da individualidade passa por uma relação entre *Identidade e Reconhecimento* posto que, parte do sentido que atribuímos à nossa identidade e seus atributos vem de uma relação dialógica. Transpor analiticamente essa formulação de uma escala individual para social, é reconhecer que as identidades coletivas também são forjadas em processos dialógicos. É na busca por reconhecimento que grupos sociais distintos reclamam igual respeito na esfera pública, onde emerge outro valor associado a uma sociedade democrática que é a *diferença*.

O que em Taylor surge como processos dialógicos na construção da identidade e nas expectativas de igual respeito, em Axel Honneth (2003) ganha relevo a noção de *interações subjetivas*. São nessas interações que se estruturam valores morais aceitos pela coletividade. Sobottka (2015) explica que na perspectiva de Honneth os movimentos sociais surgem a partir de uma semântica coletiva propiciada pela interpretação de experiencias individuais de injustiça que pode resultar em círculos intersubjetivos. A percepção da injustiça nestes círculos seria o estímulo reivindicatório para a luta pelo reconhecimento numa escala social mais ampla. É possível deduzir, a partir da Teoria do Reconhecimento, que atores organizados em movimentos sociais impulsionam ações coletivas não apenas por uma lógica racional e calculada na disputa de poder ou de ocupação de espaços políticos; subjaz a esses processos uma gramática moral intersubjetivamente compartilhada, segundo as diferentes interpretações sobre injustiça.

Esse escopo de teorias – TCP, TNMS, Teoria do Reconhecimento – coexiste nas leituras e análises das ações coletivas. Não se trata de escolher uma à outra, visto que na realidade empírica, todas de algum modo aportam ferramentas para compreender a complexidade dos comportamentos coletivos categorizados como movimentos sociais. Mirando a realidade brasileira, a ênfase pode ser dada desde a verificação dos recursos mobilizados pelos atores no confronto político, seus pertencimentos e identidades que os movem à ação, até as questões de reconhecimento sob as quais edificam -se os valores que dão sentido intersubjetivo às lutas sociais.

Para além das teorias, alguns conceitos tornam-se operativos nos contextos de ação e apresentam-se como sínteses por onde os atores/ ativistas pronunciam seu fazeres práticos e repertórios políticos. Contemporaneamente, ganha corpo a noção de marcadores sociais da diferença e de interseccionalidade.

Marcadores sociais e interseccionalidade

Como se sabe, marcadores sociais são sistemas de classificação que organizam a experiência ao identificar certos indivíduos em segmentos sociais (Zamboni, 2014). Os mais comuns que se fazem presente na teoria social e nas lutas políticas são os de *classe, raça, gênero, nacionalidades, idades e sexualidades*. Cada marcador enquanto categoria de análise tem aplicabilidade em diferentes contextos históricos, políticos e culturais e apresenta potencial explicativo tanto isolado como articulado.

Atribui-se ao feminismo negro norte-americano, juntamente com movimentos ligados à diversidade sexual e de identidades de gênero, a produção de interpretações e a denunciação sobre as desigualdades baseada na diferença. Expondo certo viés limitador do feminismo tradicional que universaliza de maneira homogênea a experiencia da opressão de gênero como sendo igual para todas as mulheres, tais intepretações demonstram que as opressões causam impactos distintos a depender de como os sujeitos são culturalmente classificados e hierarquizados em diferentes marcadores sociais. Combinados, os marcadores podem produzir interseccionalidade, sobrepondo subordinações diversas que alcançam indivíduos e grupos sociais determinados. Não à toa, na história brasileira, sobram dados socioeconômicos que identificam a maior vulnerabilidade das mulheres negras e pobres como as principais vítimas da ordem patriarcal, racista e capitalista vigente (IBGE, 2018; Ipea, 2020).

Patrícia Hill Collins (1990) propõe, no início dos anos 1990, a ideia de "matriz de dominação" como método para analisar questões relativas à posição da mulher negra na sociedade. Segundo a autora, as opressões de gênero, raça e classe se combinam e se sintetizam em uma forma de poder que reserva às mulheres negras possibilidades e trajetórias previamente limitadas. Essa perspectiva dialoga diretamente com a de interseccionalidade que é, ao mesmo tempo, uma categoria teórica e política (Collins e Bilge, 2021). Como abrange distintas agendas, sua aplicabilidade ocorre no plano dos discursos e das práticas dos atores nos processos mobilizadores e nos parece reunir os elementos trazidos pelas diferentes linhas de investigação sobre movimentos sociais expostas acima, subsidiando a ação coletiva. Exposta à crítica, está constantemente desafiada a provar sua efetividade, nos termos sobre o valor da crítica nas interações sociais defendida por Luc Boltanski.[2]

Tributa-se a Kimblerly Crenshaw (2002, 2004) o avanço na formulação da categoria ainda na década de 80 do século XX. Ao verificar e sistematizar discriminações sobrepostas de raça e gênero – nem sempre compreendidas dessa maneira –, a autora encontrou em diferentes domínios da vida

---

[2] O sociólogo francês Luc Boltanski propõe uma sociologia da capacidade crítica (Boltanski e Chiapello, 2009; Rossati et al., 2014). A premissa é de que as convenções e os valores morais que estão na base da estabilização ou desestabilização dos vínculos e relações sociais são constantemente reavaliados pelos atores por meio de sua reflexividade e criticidade. Qualquer forma de nomeação a indicar interpretação sobre um fenômeno ou acontecimento problemático estará sujeita à crítica e à prova por parte dos sujeitos envolvidos.

social, a ausência de uma compreensão mais alargada das discriminações e opressões cruzadas pelas quais passam as mulheres negras. A partir daí, Crenshaw observa como os mecanismos de "desempoderamento" das mulheres negras atuam não apenas nos relacionamentos pessoais e sociais, mas também no mundo corporativo e nas políticas públicas. O impacto nas trajetórias destas mulheres ocorre desde as situações de violência às dificuldades de oportunidades e acessos nos ambientes de trabalho, passando pela forma como a ausência de políticas, ou mesmo determinadas ações de políticas existentes reforçam estereótipos,[3] discriminações e privação material (Crenshaw, 2002).

Outras ênfases temáticas compõem o arsenal analítico, ainda que as autoras frisem sempre a articulação das identidades subalternizadas e não a hierarquia entre elas. De todo modo, os temas de gênero, raça e classe (Hirata, 2014; Davis, 2017; Collins, 2017), bem como racismo e sexismo (Gonzales, 1984) são ilustrativos de algumas escolhas de recorte, transitando entre as demandas empunhadas pelos movimentos sociais e a reflexão teórica situada na academia.

Não menos importante como subsídio ou reforço epistemológico às análises produzidas sob o enfoque da interseccionalidade, é o movimento teórico e político conhecido como estudos pós-coloniais. De amplo espectro e alcance multidisciplinar, surge no âmbito da crítica de autores situados em

---

[3] O Bolsa Família é um programa social de transferência de renda que atribui às mulheres a responsabilidade pela gestão financeira e o atendimento às condicionalidades exigidas que envolve a segurança alimentar, nutricional, vacinal e a educação das crianças. Não é incomum ouvir lideranças políticas e operadores do Programa reforçar o papel da mulher com base nos estereótipos de que o cuidado familiar é primordialmente atribuição dela.

países com histórico de colonização. O debate empunhado é exatamente a crítica à Modernidade pensada a partir das metrópoles colonizadoras. Dessa visão extrai todo um esforço de reconstrução das bases do pensamento ocidental. Na leitura dos pós-coloniais há que se ter uma disputa na política da produção do conhecimento, posto que historicamente as referências epistêmicas se desenvolveram sob o poder econômico, político e cultural dos colonizadores, que contam a história à sua maneira. Os pós-colonialistas reivindicam novas trilhas interpretativas a partir dos povos colonizados, denunciando as formas distintas de violência tanto física quanto simbólica expressas na própria construção dos significados culturais atribuídos a determinados povos, raças, gêneros, línguas e nação (Miglievich-Ribeiro, 2017).

A perspectiva interseccional também recebe críticas. E não apenas dos adversários explícitos sob os quais estabelece o conflito, mas do próprio campo que o constitui. A ativista política franco-argelina Houria Bouteldja (2015) reconhece que no contexto contemporâneo há um valor positivo da perspectiva interseccional no sentido de que as vítimas da opressão analisem sua condição, porém critica seus usos e abusos, marcando a distinção entre a ação concreta e a formulação teórica. Provocativa, problematiza certo consenso ao conceito, que acaba por ocultar as diferenças entre quem o utiliza.

No entanto, o cerne da crítica está no que a ativista entende como os limites da interseccionalidade na ação política: há sim hierarquias e prioridades nas questões de subordinação a serem feitas, a depender dos contextos em que as lutas ocorrem. Analisando a história e os impactos da imigração na França, reúne uma série de situações em que alianças estratégicas são necessárias entre sujeitos de distintos pertencimentos, incluindo parte daqueles sob os quais algumas agendas interseccionais estabelecem o conflito. Exemplificando: se é verdade que homens imigrantes – negros ou brancos – são agentes de opressão às mulheres, é igualmente perceptível que os homens imigrantes negros, em geral, são oprimidos pelo poder masculino branco, racista e europeu de forma institucionalizada na dimensão econômica, social, política e cultural. Por isso, adverte, se na análise se propõe a articulação dos sistemas de opressão, na vivência real dos indivíduos em suas realidades familiares, sociais e territoriais concretas, há mais espaço para alianças a depender do foco da luta, do que supõe a categoria interseccionalidade. Conclui: "não existe uma universalidade de causas, mas que as escolhas táticas e estratégicas se fazem sempre em contexto" (2016: 9).

Importante assinalar as configurações associativas por onde opera a categoria interseccionalidade no interior dos movimentos sociais. Voltando ao contexto brasileiro, encontramos em Flávia Rios (et al., 2018), a observação de que o uso "nativo" da categoria como linguagem mobilizadora por parte dos atores sociais se tornou, inclusive, um tipo de identificação, quando, por exemplo, alguns segmentos feministas se definem enquanto *interseccionais*. Como dispositivo mobilizador, as autoras fazem um apanhado da inserção da intersecciconalidade como prática e linguagem em formas associativas na atualidade tipo os *coletivos*, além dos variados usos nas redes sociais. Também a receptividade em institucionalidades mais tradicionais tipo as ONGs; além do destaque nos múltiplos processos formativos e performances artísticas e culturais.

Rios observa como as políticas afirmativas e de acesso ao ensino superior no país permitiram o ingresso nas universidades federais de jovens estudantes de baixa renda e da periferia. Uma importante observação que resulta desse fenômeno remete aos usos e deslocamentos da categoria interseccionalidade entre teoria e prática, de acordo com o perfil dos atores e suas subjetividades políticas forjadas a partir das suas posições e de seus pertencimentos sociais. As opressões interseccionais falam a determinados sujeitos residentes em periferias urbanas de maneira muito intensa e singular na nossa realidade nacional, de forma que o que é visto como uma demarcação tão categórica por Bouteldja mencionada acima, ao criar uma fronteira entre o campo teórico e a ação política na realidade europeia, pode não encontrar correspondência no caso brasileiro, especialmente das novas gerações de ativistas advindos de territórios considerados periféricos que ascenderam ao ensino superior nas duas primeiras décadas do século XXI no país.

Interseccionalidade e os repertórios de ação no direito à saúde

A construção do direito à saúde no Brasil contemporâneo tem um histórico de muita mobilização social com a participação de múltiplos atores. Não é o caso de se valer dessa memória para os objetivos deste texto. Sem desconsiderar ênfases, nuances e divergências, os abundantes escritos desse percurso[4] dão conta de identificar os antecedentes institucionais, quais eram os perfis dos atores e os marcos mais importantes que processaram um conjunto de convergências políticas que

---

[4] Arouca, 1988; Teixeira, 1988; Escorel, 1999; Gerschman 2004; Paim, 2008; Sophia, 2012; Paiva, Teixeira, 2014; Tranches de Melo, 2014; Palma, 2015.

favoreceu a aprovação do Sistema Único de Saúde (SUS) na Carta Magna de 1988.

Os princípios constitutivos de universalidade, integralidade, descentralização e equidade, que estão na base da formulação do sistema, não são meros acessórios discursivos agregados à essa política pública: são sínteses de valores e visões de mundo que estavam abertamente deflagrados no contexto da redemocratização e que o então Movimento pela Reforma Sanitária (MRS) soube aplicar ao setor saúde. O que parece importante destacar aqui, em breves linhas, é como se torna possível compreender, a partir dessa conquista histórica, os desafios que se apresentam considerando as novas demandas sociais impulsionadas pela ação coletiva de movimentos sociais na atualidade. Particularmente, os desafios à noção de interseccionalidade.

No período democrático brasileiro, podemos observar atores sociais vinculados a movimentos feministas, étnico-raciais (negros, indígenas, comunidades tradicionais), LGBTQIA+ e de Juventude evocando uma *gramática moral* sobre os direitos ao redor do campo da saúde, impulsionando diferentes ações coletivas no interior da sociedade civil. Verificaram-se também ações dirigidas ao Estado, para o reconhecimento por parte das instâncias governamentais, das especificidades na condição de cada um dos segmentos citados. Nas décadas entre 1980 e 1990, especialmente pós-Constituição, ocorreram a disseminação e a materialização dos direitos de cidadania no marco dos Direitos Humanos que, para além de aspectos jurídico-formais, passou a ser forjado como uma categoria conceitual estratégica para os movimentos sociais (Dagnino, 1994; Paiva, 2021).

Ao longo do tempo verifica-se que, sendo o SUS uma construção política que reconhece a universalidade e a equidade como seus princípios basilares, a descrição e o registro de tais princípios em documentos oficiais não harmonizam os dilemas implicados na prática pública de atendimento às populações nos serviços oferecidos do setor. Em que pesem as formulações teóricas das ciências sociais que disputam o conceito de saúde trazendo noções como a determinação social da saúde , há uma hegemonia da noção biologizante no tratamento dos processos de saúde-doença (Sabroza, 2007). Isso significa que a ideia de marcadores sociais da diferença como sistemas de classificação que hierarquizam sujeitos, confronta-se com a padronização do atendimento que fixa a noção de igualdade numa essencialidade biológica, esvaziando o sentido social, subjetivo e político inscrito nos corpos.

Frente a essa perspectiva, as pautas dos movimentos feministas marcaram fortemente a institucionalidade na construção de uma Política Nacional de Atenção Integral à Saúde da Mulher ainda na década de 1980. Essa política incorpora os princípios da Reforma Sanitária e, no seu percurso de aprimoramento, trata de especificidades da condição das mulheres que devem ser consideradas nos serviços em saúde. Cynthia Andersen Sarti (2004) infere que as pautas trazidas ao campo da saúde pelas mulheres refletem a construção do próprio feminismo brasileiro. Os embates travados nessa construção se deram no interior do campo militante, por exemplo, nas confrontações com a hegemonia do pensamento classista na esquerda, para quem, segundo Sarti, as pautas feministas eram reformismo burguês. A autora destaca a consolidação do movimento feminista como força social nos anos 1980 e os formatos institucionais forjados para influenciar políticas públicas, como as ONGs feministas e suas temáticas voltadas à saúde reprodutiva da mulher.

Na dimensão étnico-racial, reflete-se nas políticas de saúde o acumulo histórico do movimento negro denunciando o racismo estrutural e confrontando a ideologia da democracia racial, além de politizar a noção de raça para demarcar o histórico de desumanização. Elucidativa desse fenômeno é a classificação social por cor em levantamentos censitários e epidemiológicos que revelam como as iniquidades em saúde[5] prevalecem sobre a população negra (Lopes, 2005). Foi na esteira desse processo de mobilização, que, na primeira década dos anos 2000, foi aprovada a Política Nacional de Saúde da População Negra.

Outra dimensão que me parece bastante cara, posta no debate contemporâneo ao campo da saúde, diz respeito ao domínio das sexualidades. A área da saúde também foi impactada pelo que reflete Carrara (2015) sobre antigos e novos modos de regulação e dispositivos da sexualidade. Este antropólogo aponta as diferentes abordagens centradas em políticas sexuais, por onde coexistem desde a moralidade cristã regendo a sexualidade associando-a à reprodução, à noção de direitos sexuais que, no seu entendimento, constitui mais um "*round* no conflituoso processo de cidadanização de diferentes sujeitos sociais" (p. 324). As demandas de movimentos sociais no tocante à sexualidade têm tido força para confrontar o discurso biomédico, e reforça aspectos socioculturais em torno da prevalência de agravos relacionados à saúde sexual para determinados indivíduos de diferentes identidades de gênero e de orientação sexual.

[5] A definição de *iniquidades em saúde* no campo refere-se às desigualdades de saúde que, além de sistemáticas e relevantes, são também evitáveis, injustas e desnecessárias.

Em relação à juventude, as políticas que até aqui foram exemplificadas envolvem o público juvenil (mulheres jovens, jovens negros, jovens LGBTQIA+ etc.) e é perceptível a existência de atores juvenis mobilizados em tais movimentos na consecução das pautas. No entanto, juventude enquanto agenda política de reconhecimento na saúde tem complexidades adicionais. Primeiro, ainda que os dados epidemiológicos digam o contrário, reverbera uma representação no senso comum de que por estarem na fase plena de suas capacidades vitais, jovens não adoecem e por isso não requerem prioridade. Segundo, a amplitude em termos etários, que caracteriza o universo juvenil, abarca necessidades distintas sobre a mesma etiqueta "jovem". Legislações adotadas refletem as distinções etárias – Estatuto da Criança e do Adolescente (12 a 18 anos) e Estatuto da Juventude (15 a 29 anos). Contudo, nas práticas sociais e intelectuais do campo não é incomum haver mensagens difusas que confundem necessidades, muitas vezes homogeneizando a juventude na categoria adolescente. Terceiro, a sustentação de uma pauta de reconhecimento às especificidades da situação e da condição juvenil no campo da saúde choca-se com a própria transitoriedade característica do curso da vida juvenil. De forma que muitos mediadores se colocam entre os atores juvenis e o campo da saúde. Foi o caso, nas décadas de 1990-2000, da intensa participação das ONGs e agências de cooperação internacional nos espaços de formulação de políticas públicas para a juventude.

Embora políticas específicas para mulheres, negros, LGBTQIA+ e juventude tenham sido absorvidas na ordem do discurso e até estabelecidas em diretrizes institucionais do setor saúde, tais demandas não se dão sem conflito no interior do campo. Constitui-se em novos desafios formular e implementar processos de trabalho que incidam nas práticas em saúde contemplando as intersecções possíveis. Ou seja, como articular os diferentes marcadores sociais para pensar as políticas públicas em saúde quando, na prática, os sujeitos são vistos ainda sob o prisma do *universal*. O desafio posto é: uma vez que a igualdade é um princípio basilar na construção dos direitos universais, como avançar em políticas e práticas nos serviços que contemplem a interseccionalidade?

A conformação da luta por moradia numa perspectiva territorial e interseccional

Os movimentos sociais urbanos, na concepção de Manuel Castells (1983), são grupos de ação coletiva que buscam, através dos seus repertórios de ação, transformar interesses e valores sociais presentes na conformação das cidades. No caso do direito à habitação no Brasil, existem muitos movimentos organizados em torno desta luta. Eles surgiram, principalmente, a partir do fim da Ditadura Militar, em meados dos anos 1980, e ganharam força com a promulgação da Constituição de 1988 que estabeleceu: "Art. 6º: São direitos sociais a educação, a saúde, a alimentação, o trabalho, a moradia, o lazer, a segurança, a previdência social, a proteção à maternidade e à infância, a assistência aos desamparados, na forma desta Constituição". A bandeira principal dos movimentos, que se inserem no escopo do que se convencionou chamar de Novos Movimentos Sociais (Gohn, 2010) sempre foi a luta pelo direito à habitação digna, mas também contra o modelo capitalista de cidade e as desigualdades sociais, já que são diretamente responsáveis pela ausência de moradia digna para todos. Entre os principais movimentos, cabe destaque à luta realizada pelo Movimento

Nacional pela Reforma Urbana (MNRU), União de Movimentos por Moradia, Movimento Nacional de Luta pela Moradia (MNLM), a Central de Movimentos Populares (CMP), entre inúmeros outros. Todos se encaixam no eixo, de acordo com Gohn (2010), dos movimentos sociais em torno da questão urbana, pela inclusão social e por condições de habitabilidade na cidade.

Neste artigo, no entanto, nos debruçamos especificamente sobre a conformação da luta do Movimento dos Trabalhadores Sem Teto (MTST). O MTST é um movimento social popular urbano que foi fundado em 1997 e se organiza territorialmente nas zonas periféricas e de grande vulnerabilidade de várias cidades brasileiras. Está presente, em 2022, em 11 estados e reúne mais de 50 mil famílias entre as Ocupações, acampamentos e núcleos comunitários de base. Sua fundação é resultado da compreensão por parte de alguns grupos já organizados, principalmente no Movimento dos Trabalhadores Sem Terra (MST), de que com o avanço da urbanização era necessário organizar os trabalhadores da cidade. Considerando essa conjuntura, que pode ser observada como a emergência de novas oportunidades políticas tal qual apontadas por Tarrow (2009), justificava-se a criação de movimento de luta pelo direito à moradia digna no espaço urbano. Na mesma linha que os demais movimentos de luta por moradia, um documento chamado Cartilha do Militante, elaborado pelo MTST em 2005 e reeditado diversas vezes em anos posteriores, aponta que o objetivo geral é o combate a um modelo de cidade capitalista que joga os mais pobres para regiões cada vez mais distantes do centro e sem um mínimo de estrutura, vida cultural, vida social. E o objetivo específico, a garantia do direito à moradia digna:

> Defendemos uma transformação profunda no modo como as cidades estão organizadas. Hoje as cidades servem para dar lucro e são gerenciadas como uma empresa pelos governantes. Há gente que ganha bilhões com a expulsão dos trabalhadores para as periferias e com a precariedade dos serviços públicos.[6]

As primeiras ações do movimento aconteceram na cidade de Campinas, onde, de acordo com a pesquisadora Débora Goulart (2011), em 1999, 16,76% da população viviam em habitações precárias. Mais da metade habitava ocupações e outros muitos eram moradores de favelas. As ocupações de terrenos vazios aconteciam como consequência da necessidade básica de ter um local de moradia e constituíam uma forma de ação passível de ser classificada como espontânea de luta pela sobrevivência.; posteriormente, viria a integrar em lugar central, o repertório de ação do MTST. Militantes do MST, que se dedicava a debater e pensar sobre a importância de agir no espaço urbano, passaram a se envolver de maneira ativa na dinâmica dessas ocupações e a participar do planejamento de novas, o que mais adiante levaria à fundação do movimento. A marcha de milhares de sem-terra e sem-teto do Parque Oziel de Campinas para São Paulo, em 1997, é considerada um dos marcos desse momento. Data daí, inclusive, a criação do símbolo que até hoje estampa camisas, bandeiras e materiais do movimento.

O processo de construção do movimento, relatam Simões, Campos e Rafael (2017), que também são militantes do movimento, não foi fácil, entre outros motivos, pela complexidade da vida e dos problemas urbanos e pelo

---

[6] Cartilha do Militante, 2005. Disponível em: https://issuu.com/mtsemteto/docs/mtst_cartilha/11. Acesso em 9/8/2020.

crescimento acelerado das periferias. Isso gerava uma necessidade constante de revisão e atualização dos repertórios de ação a partir das condições que se apresentavam (Tilly, 2009). Gradualmente, militantes foram sendo deslocados para outras cidades para acompanhar ações, observar experiências e agregar conhecimento à luta por moradia, como Rio de Janeiro, Pernambuco, Pará e Rio Grande do Norte. Mas foi a partir das experiências de São Paulo, na região conhecida como Grande São Paulo, que o MTST se firmaria como um movimento popular nacionalmente conhecido. No ano 2000, foi realizada uma ocupação de um terreno na periferia de Guarulhos, segunda maior cidade do estado, que contou com a participação de mais de 2 mil famílias e foi batizada de Ocupação Anita Garibaldi. Em 2004, com uma tentativa de ocupar o primeiro terreno dentro da cidade de São Paulo reprimida, derrotada e criminalizada, o movimento quase parou suas ações. Mas o corte histórico que impulsionaria e ampliaria as ações viria logo em seguida, com a realização da Ocupação Chico Mendes, em Taboão da Serra. Ao longo dos anos seguintes, o MTST intensificou o processo de estadualização e também de nacionalização de sua atuação.

Como vimos até aqui, desde o início das suas ações o MTST trabalha com um repertório de luta que inclui distintos tipos de ação política que podem ser adotados de forma constante ou ser escolhidos a partir das condições conjunturais, como defendem Abers, Tatagiba e Serafim (2014). Com o crescimento no número de Ocupações, um tipo de organização popular a partir dos territórios tornou-se, cada vez mais, valorizado. Para além da rotina de manifestações de rua, do ato de ocupar terrenos e prédios ou os *trancaços*, o aumento do número de militantes tornou necessário incorporar outras variáveis no repertório de ação política do movimento. O cotidiano assumiu também o caráter de lugar de construção política do movimento em toda a riqueza de vida que se cria e se organiza naquele espaço. O ato de ocupar um terreno é uma ação tática para publicização e denúncia, bem como para pressão e negociação. Mas para mantê-la viva, ou fazê-la *virar*, no vocabulário do movimento, isso depende da organização do tecido social humano que a compõe e dos saberes que ali circulam e a constroem. As rodas de conversa, os processos de formação política, a cozinha coletiva, a assembleia, a trilha ou alguma atividade cultural: é o todo que conforma a prática política do movimento.

Ao mesmo tempo que existem fatores unificadores do perfil dos militantes do MTST, como a situação de classe e a condição de precariedade, há uma grande diversidade de características entre os indivíduos que compõem as *fileiras* do movimento e o processo de conjugação de suas identidades individuais com a identidade coletiva de ser um *sem-teto*. A presença de famílias inteiras na base social faz com que seja possível encontrar homens, mulheres, crianças, jovens, idosos, imigrantes nas Ocupações e atividades. Os marcadores sociais, nesse sentido, são indispensáveis para obter um panorama do público envolvido com a luta pela moradia e pensar a forma como a desigualdade social brasileira atinge diversos segmentos. No caso das mulheres, por exemplo, é visível – e pautado pelo discurso oficial do movimento – que compõem a maior parte da base social e da população envolvida com as Ocupações. Representam, segundo estimativas divulgadas pelos próprios, 70% dos militantes, sendo principalmente mulheres negras, muitas mães solteiras e desempregadas ou trabalhadoras precarizadas. Adotar uma perspectiva interseccional, portanto, é parte constituinte da forma da ação política que assumem e de como se envolvem na luta por moradia a partir do lugar que a mulher negra ocupa na sociedade e que a faz ser atravessada por tipos particulares de opressão que conjugam classe, raça e gênero através de experiências de preconceito, privação e violência. Ao reconhecer esse fato, o MTST, em sua construção cotidiana, dedica diversos lugares ao debate sobre as questões de gênero e raça, busca dar às mulheres meios para saírem de situações de opressão e também de ocupar lugares de destaque na estrutura organizacional do movimento. Se não é uma escolha dessas mulheres ter que fazer parte da luta por moradia para conseguirem ter sua casa, é uma necessidade, é uma escolha do MTST fazer com que elas assumam papéis que fora do movimento lhes são, de maneira recorrente, negados.

Para observar e compreender o MTST, em consonância com o proposto por Simões, Campos e Rafael (2017), é importante fazê-lo através de uma chave de análise que se proponha a vê-lo como mais do que uma ferramenta estática de luta popular. Diversos fatores conjunturais e oportunidades políticas conformaram a atuação do movimento ao longo dos anos a partir de uma gramática que compreende, além da ação coletiva no espaço público, trabalho de base e organização territorial. A prática, nesse sentido, pretende construir uma base social não voltada para uma ideia de *empoderamento*, que privilegia uma perspectiva individual, mas para a libertação como um processo coletivo, que permite a alteridade e o reconhecimento do outro, fundamental em processos de luta para a conquista de mudanças sociais.

Referências

ABERS, Rebeca; SERAFIM, Lizandra; TATAGIBA, Luciana. Repertórios de interação Estado-Sociedade em um Estado heterogêneo: a experiência na Era Lula. *Dados - Revista de Ciências Sociais*, vol. 57, n.º 2, pp. 325-357, Rio de Janeiro, 2014.

ALONSO, Angela. Repertório, segundo Charles Tilly: história de um conceito. *Sociologia & Antropologia*, vol. 2, n.º 3, pp. 21-41, 2012.

AROUCA, Antônio Sérgio da Silva. A reforma sanitária brasileira. *Tema/Radis*, n.º 11, pp. 2-4, Rio de Janeiro, 1988.

BOLTANSKI, Luc; CHIAPELLO, Ève. *O novo espírito do capitalismo*. São Paulo: Martins Fontes, 2009 [1999].

BOULOS, Guilherme. *Por que que ocupamos? Uma introdução à luta dos sem-teto*. São Paulo: Scortecci, 2014.

BOUTELDJA, Houria. Raça, Classe e Gênero: uma nova divindade de três cabeças. *Cadernos de gênero e diversidade*, vol. 2, n.º 2, jul.-dez., 2016. Disponível em: https://portalseer.ufba.br/index.php/cadgendiv. Acesso em ago./2020.

CAMPOS, Gastão Wagner de Sousa. Análise crítica das contribuições da saúde coletiva à organização das práticas da saúde no SUS. In: FLEURY TEIXEIRA, Sonia (org.). *Saúde e democracia: a luta do Cebes*. São Paulo: Lemos, 1997.

CARRARA, Sérgio. Moralidades, racionalidades e políticas sexuais no Brasil contemporâneo. *Revista Mana*, vol. 21, n.º 2, Rio de Janeiro, 2015.

CASTELLS, Manuel. *A questão urbana*. São Paulo: Paz e Terra, 1983.

COLLINS, Patrícia Hill. Se perdeu na tradução? Feminismo negro, interseccionalidade e política emancipatória. *Parágrafo*, vol. 5, n.º1, 2017.

_____. *Pensamento Feminista Negro*. São Paulo: Boitempo, 2019.

_____; BILGE, Sirma. *Interseccionalidade*. São Paulo: Boitempo, 2021.

CRENSHAW, Kimberlé. Documento para o encontro de especialistas em aspectos da discriminação racial relativos ao gênero. *Revista Estudos Feministas*, 10 (1), p. 171-188, 2002.

_____. A intersecionalidade na discriminação de raça e gênero. In: *Cruzamento: raça e gênero*. Brasília: Unifem, 2004.

DAGNINO, E. Os movimentos sociais e a emergência de uma nova cidadania. In: DAGNINO (org.). *Anos 90: política e sociedade no Brasil*. São Paulo: Editora Brasiliense, 1994.

DAVIS, Angela. *Mulheres, raça e classe*. Trad. Heci Regina Candiani. São Paulo: Boitempo, 2016.

DE MELO, D. T. *Movimentos sociais e institucionalização de políticas públicas de saúde no Brasil.* Rio de Janeiro: Mauad, 2015.

ESCOREL, Sarah. *Reviravolta na saúde: origem e articulação do movimento sanitário.* Rio de Janeiro: Editora Fiocruz, 1999.

GERSCHMAN, S. O Movimento Popular em Saúde. In: GERSCHMAN, S. *A democracia inconclusa: um estudo da reforma sanitária brasileira.* Rio de Janeiro: Editora Fiocruz, 2004.

GOHN, Maria da Glória. *Teorias dos movimentos sociais: paradigmas clássicos e contemporâneos.* São Paulo: Edições Loyola, 1997.

_____. *Movimentos sociais e redes de mobilizações civis no Brasil contemporâneo.* Petrópolis: Vozes, 2010.

_____. *Novas teorias dos movimentos sociais.* 5.ª ed. São Paulo: Edições Loyola, 2014.

GONZALES, Lélia. Racismo e sexismo na cultura brasileira. *Ciências Sociais Hoje,* Anpocs, pp. 223-244, 1984.

GOULART, Débora Cristina. *O anticapitalismo do Movimento dos Trabalhadores Sem-teto (MTST).* Tese de Doutorado. Faculdade de Filosofia e Ciências Sociais da Universidade Estadual Paulista. Marília, 2011.

GUIMARÃES, A.S.A. Raça, cor, cor da pele e etnia. *Cadernos de campo,* vol. 20, n.º 20, pp. 265-271, São Paulo, 2011.

HABERMAS, J. *Mudança estrutural da esfera pública: investigações quanto a uma categoria da sociedade burguesa.* Tradução de Flávio R. Kothe. Rio de Janeiro: Tempo Brasileiro, 2003.

HIRATA, Helena. Gênero, classe e raça: interseccionalidade e consubstancialidade das relações sociais. *Tempo Social,* vol. 26, n.º 1, pp. 61-73, 2014.

HONNETH, Axel. *Luta por reconhecimento: a gramática moral dos conflitos sociais.* São Paulo: Editora 34, 2003.

INSTITUTO BRASILEIRO DE GEOGRAFIA E ESTATÍSTICA (IBGE). *Estatísticas de gênero: indicadores sociais das mulheres no Brasil.* Notas técnicas. 2018. Disponível em: https://www.ibge.gov.br/estatisticas/multidominio/genero/20163-estatisticas-de-genero-indicadores-sociaisdas-mulheres-no-brasil.html?=&t=o-que-e. Acesso em 20/6/2020.

INSTITUTO DE PESQUISA ECONÔMICA APLICADA (IPEA). *Atlas da violência 2020.* Disponível em: https://www.ipea.gov.br/atlasviolencia/download/24/atlas-da-violencia-2020. Acesso em 20/8/2020.

LIMA, Nísia Trindade et al. (orgs). *Saúde e Democracia: história e perspectivas do SUS*. Rio de Janeiro: Editora Fiocruz, 2005.

LOPES, Fernanda. Para além da barreira dos números: desigualdades raciais e saúde. *Cad. Saúde Pública*, vol. 21(5), pp. 1595-1601, Rio de Janeiro, set.-out., 2005.

MANNHEIM, Karl. O problema sociológico das gerações [1928]. Trad. Cláudio Marcondes. In: FORACCHI, Marialice M. (org.). *Karl Mannheim: sociologia*. São Paulo: Ática, 1982, pp. 67-95.

MATTOS, P. *A sociologia política do reconhecimento. As contribuições de Charles Taylor, Axel Honneth e Nancy Fraser*. São Paulo: Annablume, 2006.

McADAM, Doug; TARROW, Sidney; TILLY, Charlie. Para mapear o confronto político. *Lua Nova*, n.º 76, pp. 11-48, São Paulo, 2009.

MELUCCI, Alberto. *A invenção do presente: movimentos sociais nas sociedades complexas*. Petrópolis: Vozes, 2001.

MIGLIEVICH-RIBEIRO, Adelia. Pós-colonialismo In: SELL, C. E.; MARTINS, C.B. *Teoria sociológica contemporânea*. São Paulo: AnnaBlume, 2017.

PAIM, J. S. *Reforma Sanitária Brasileira – Contribuição para a compreensão e crítica*. Salvador: EDUFBA; Rio de Janeiro: Fiocruz, 2008.

PAIVA, Angela Randolpho. Teorias do reconhecimento e sua validade heurística para a análise da cidadania e movimentos sociais no Brasil – o caso do movimento negro. *Política & Sociedade*, vol. 17, n.º 40, Florianópolis, set./dez., 2018.

_____. *Dinâmicas sociais na luta por direitos no Brasil*. Rio de Janeiro: Ed. PUC-Rio; Pallas, 2021.

PALMA, J. *Lutas sociais e construção do SUS: o movimento de saúde na Zona Leste e a conquista da participação popular*. São Paulo: Hucitec; Sobravime, 2015.

RIOS, F.; PEREZ, O; RICOLDI, A. Interseccionalidade nas mobilizações do Brasil contemporâneo. *Lutas Sociais*, vol. 22, n.º 40, pp. 36-51, São Paulo, jan./jun., 2018.

ROSATTI, C.G; BONALDI, E.V.; FERREIRA, M.T. Uma crítica para o presente: entrevista com Luc Boltanski. *Plural*, vol. 21.1, pp. 217-230. Revista do Programa de Pós-Graduação em Sociologia da USP, São Paulo, 2014.

SABROZA, Paulo. Concepções sobre saúde e doença. In: *Curso de Aperfeiçoamento de Gestão em Saúde. Educação à distância*. Rio de Janeiro: Escola Nacional de Saúde Pública, 2007.

SARTI, Cynthia Andersen. O feminismo brasileiro desde os anos 1970: revisitando uma trajetória. *Estudos Feministas*, vol. 12, n.° 2, pp. 35-50, 2004.

SIMÕES, Guilherme; CAMPOS, Marcos; RAFAEL, Rud. *MTST 20 anos de história. Luta, organização e esperança nas periferias do Brasil*. São Paulo: Autonomia Literária, 2017.

SOBBOTKA, Emil. Desrespeito e luta por reconhecimento. *Civitas*, vol. 15, n.° 4, 2015.

_____. *Reconhecimento: novas abordagens em teoria crítica*. São Paulo: Annablume, 2015.

TARROW, Sidney. *O poder em movimento*. Petrópolis: Vozes, 2009.

TEIXEIRA, S. F. O dilema da reforma sanitária Brasileira. In: BERLINGUER, G.; TEIXEIRA, S. F.; CAMPOS, G. W. de S. *Reforma sanitária: Itália e Brasil*. São Paulo: Editora Cebes; Hucitec, 1988.

TILLY, Charles. Movimentos sociais como política. *Revista Brasileira de Ciência Política*, n.° 3, Brasília, 2010.

TOURAINE, Alain. *Crítica da modernidade*. 10ª ed. Trad. Elia Ferreira Edel. Petrópolis: Vozes, 2012.

ZAMBONI, Marcio. Marcadores sociais da diferença. *Sociologia: grandes temas do conhecimento* (Especial Desigualdades), vol. 1, pp. 14-18, São Paulo, 2014.

Rumos do feminismo no Brasil: conquistas, disputas e desafios

Patrícia Mattos

Este texto mapeia os rumos do feminismo no Brasil desde meados dos anos 1970 até os dias de hoje, apontando suas principais conquistas e desafios. Para discutir o ideário feminista no Brasil, serão tratadas algumas reivindicações por direito e políticas públicas que permitiram a tematização no debate público do "feminismo difuso", para usar a expressão de Céli Pinto, que está ligado à defesa dos direitos de mulheres, inclusive "por homens e mulheres que não se identificam como feministas" (Pinto, 2003: 93). Ao mesmo tempo que a partir dos anos 1990 é possível identificar a propagação desse feminismo difuso, nos últimos tempos, assistimos ao recrudescimento e ao fortalecimento da crítica ao feminismo por grupos conservadores e reacionários.

Neste capítulo, será feita a reconstrução histórica de lutas emblemáticas do feminismo, para analisar como foram e são traçadas pelo movimento as formas de ação política para responder aos desejos, anseios e problemas de seu tempo. Com isso, será possível mostrar como as pautas e estratégias organizacionais se transformam e se ampliam de acordo com as mudanças econômicas, políticas, tecnológicas e culturais de cada época, indicando os avanços e retrocessos no que diz respeito às políticas e aos direitos conquistados pelas feministas. Serão também debatidos alguns conflitos e tensões entre as militantes, apontando os pontos de divergência e de disputa para o estabelecimento de uma base programática determinada.

Se o feminismo difuso no Brasil se propaga desde os anos 1990, indicando uma crescente abertura da sociedade às demandas das mulheres, a partir de 2011 constata-se o reavivamento do movimento, celebrado pelas feministas veteranas como "explosão" ou "insurreição" feminista (Hollanda, 2018). Esse "novo feminismo" é feito por mulheres jovens, no ciberespaço e nas ruas, com a proliferação de hashtags, blogs e manifestações, denunciando o machismo, o sexismo e o androcentrismo presentes na sociedade e as várias formas de opressão e dominação social às quais as mulheres estão submetidas. As redes sociais são utilizadas como a sua principal ferramenta de mobilização e articulação, sendo caracterizado por criar novas linguagens e performances, mobilizando coletivos estudantis e universitários, ONGs e grupos feministas, bem como mulheres que se descobrem feministas por meio dos protestos e discussões nas redes sociais (Hollanda, 2018; Martinez, 2021). Essas mulheres buscam a reafirmação contundente da identidade feminista. Nas redes sociais são desencadeadas discussões, que estimulam manifestações nas ruas, ligando mulheres de várias partes do país e do mundo à agenda feminista. Entre 2014 e 2018, eclodiu no Brasil e em vários países uma onda de hashtags, manifestações e protestos.

Inspiradas nessa explosão feminista, Cinzia Arruzza, Tithi Bhattacharya e Nancy Fraser publicam *Feminismo para 99%: um manifesto* (2019), convocando as mulheres ao redor do mundo para lutar contra a lógica de funcionamento do capitalismo neoliberal. Em analogia ao movimento Occupy Wall Street, no qual jovens acamparam em Wall Street denunciando que a concentração da riqueza e do poder está nas mãos de 1% da população americana, as autoras propõem um movimento em defesa das necessidades e dos direitos da maioria, articulando as lutas anticapitalista, antirracista e ecossocialista em escala global. A partir do diagnóstico feito por Fraser (2015 e 2018a), as autoras advogam que as políticas econômicas neoliberais são reproduzidas pelo mundo, gerando uma série de crises nos domínios extraeconômicos – da política, da reprodução social e do meio ambiente –, que podem propiciar um contexto favorável para a articulação de movimentos progressistas. O chamado é para a construção de um feminismo para 99%, que abarque não só a diversidade de mulheres – negras, índias, lésbicas, transexuais, de classes populares e média – como também os movimentos sociais que combatem a agenda neoliberal.

Desde os anos 1990, o feminismo vem se tornando um movimento transnacional. As conferências promovidas pelas Nações Unidas,[1] especialmente a Conferência Mundial de Beijing sobre a Mulher, em 1995, desempenharam um papel importante no processo de globalização e transnacionalização do feminismo no Brasil e na América Latina. Isso ocorreu graças à inserção de frações do movimento nas esferas hegemônicas da política nacional e internacional, participando de conferências e cúpulas promovidas pelas Nações Unidas (Alvarez, 2003). Se, ao longo dos anos 1980, inicia-se o diálogo entre as feministas brasileiras e as latino-americanas através de Encontros Feministas da América Latina e do Caribe, no início dos anos 2000, um grupo de militantes latino-americanas se

[1] Ao longo dos anos 1990, a ONU promoveu uma série de conferências tratando dos seguintes temas: Meio Ambiente e Desenvolvimento (1992); Direitos Humanos (1993); Sobre População e Desenvolvimento (1994); A Quarta Conferência Mundial de Mulheres (1995); Encontro Mundial para Desenvolvimento Social (1995); Segunda Conferência da ONU sobre Assentamentos Humanos (1996).

articula, denunciando os problemas[2] e limitações da ocupação dos espaços oficiais da política global por feministas. Advogam ser a luta antiglobalização o principal mote do feminismo, salientando os efeitos perversos das políticas neoliberais para as mulheres, especialmente as negras, pobres, indígenas e lésbicas. Denunciavam que, mesmo tendo sido incorporado o ideário feminista nas arenas políticas nacionais e internacionais, a difusão e a incrementação das políticas neoliberais bloqueavam "qualquer possibilidade de mudança mais significativa nos direitos e condições de vida das mulheres" (Alvarez, 2003: 535). Em contraposição à agenda neoliberal ligada à crescente precarização e informalização do trabalho, à redução de serviços públicos e gastos sociais, bem como às políticas centradas no combate à pobreza voltadas para mulheres, nas quais era difundida a ideia de empoderamento individual e meritocracia, as ativistas defendiam a necessidade de renovação do feminismo, reconhecendo que o neoliberalismo cria novos e danosos problemas na vida das mulheres.

Portanto, a luta anticapitalista não é característica apenas do feminismo para 99%. Ao contrário, ela já se desenhava no início dos anos 2000 quando feministas latino-americanas buscam criar redes de debates e parcerias a partir dos encontros no Fórum Social Mundial, que foi um esforço para unir diversos movimentos sociais em torno da luta antiglobalização. O que é novo na proposta do feminismo

[2] Um dos principais problemas apontados é a despolitização do debate sobre globalização em tempos de aumento da pobreza e das desigualdades sociais. Apesar de haver consenso entre as feministas sobre os efeitos danosos do neoliberalismo, há dissensos sobre a estratégia organizacional do movimento. Sobre as críticas à participação na política hegemônica nacional e internacional e as cisões no movimento feminista, cf. Sonia Alvarez et al. (2003).

para 99% é o contexto favorável à crítica do capitalismo. A crise financeira de 2008 traz de volta as discussões, na academia e no debate público, sobre as contradições do capitalismo (Maciel e Mattos, 2020) e sua propensão a criar crises tanto internas, desestabilizando o mercado capitalista, quanto nos domínios extraeconômicos – da política, do meio ambiente e da reprodução social. Em 2011, é deflagrado o movimento Occupy Wall Street, que se propôs a ser uma "reunião constante em que tudo é decidido por consenso, sem votos, sem líderes e sem estrutura organizacional" (Fraser e Jaeggi, 2020: 199). Segundo Fraser, o problema desse tipo de mobilização "neoanarquista" é a dificuldade de sustentabilidade a longo prazo. Além disso, essa prática privilegia os indivíduos que dispõem de tempo e condições materiais para se dedicarem à política. Fraser detecta ter sido a influência do neoanarquismo um dos problemas para a constituição de um "movimento dos movimentos" antiglobalização, tido como o objetivo primordial do Fórum Social Mundial.

Na segunda metade do século XX, nos Estados Unidos e na Europa, o feminismo se constituiu como um dos grandes movimentos sociais de massa. Sob o lema "O pessoal é político", promoveu a propalada revolução sexual, que tem um significado muito mais amplo do que a mera garantia de liberdade sexual para as mulheres. As lutas das feministas e de minorias sexuais promoveram uma notável mudança de costumes, que vem se concretizando no âmbito jurídico e cultural, permitindo "a efetivação da igualdade jurídica entre homens e mulheres, a flexibilização do divórcio, o surgimento de recasamentos oficiais, 'casamentos sem certidão' e a descriminalização da homossexualidade" (Honneth, 2015: 262-263).

O diálogo das feministas brasileiras com as estrangeiras se desenvolve, nos anos 1970, com a ida de mulheres intelectuais ou militantes de esquerda para a Europa e os Estados Unidos, para estudar ou viver o exílio em tempos de ditadura. Estas mulheres retornam ao Brasil, criando grupos de reflexão sobre a condição de cidadãs de segunda classe das mulheres (Hollanda, 2018; Pinto, 2003). Como as condições socioeconômicas e culturais atuam como pano de fundo para a compreensão das ações feministas e de seus desdobramentos, faz-se necessário assinalar as distinções entre as sociedades brasileira, europeia e americana, que explicam por que determinados temas e questões são colocados em primeiro plano e outros são secundarizados, criando diferenciações entre os feminismos e desafios para a internacionalização do movimento. Em tempos do chamado para a reinvenção do movimento com a proposta de um feminismo transnacional para 99% (Arruzza, Bhattacharya e Fraser, 2019), serão também examinados os ganhos, as dificuldades e os obstáculos envolvidos nessa plataforma de luta.

É inegável a transformação cultural que vem sendo feita pelo feminismo desde os anos 1960 (Touraine, 2007; Honneth, 2015). No Brasil, é possível perceber mudanças de comportamento, como "a diminuição do espaço de legitimidade para piadas e anedotas racistas, machistas e que ridicularizam o homossexual, principalmente masculino" (Pinto, 2003: 92). Desde os anos 1990, as piadas que estereotipam, rotulam e menosprezam mulheres, negros e gays passam a ser censuradas na esfera pública. Atualmente, a prática do "cancelamento"[3] de pessoas que usam as redes sociais para

[3] Em síntese, o cancelamento é o ato de linchamento moral de pessoas nas redes sociais.

propagar estereótipos e preconceitos ligados às minorias tem crescido cada vez mais, suscitando reações de grupos, reacionários ou não, contrários à defesa de pautas tidas como identitárias. Não é meu propósito aqui discutir a pertinência do cancelamento, tema que tem despertado intensos debates nas redes sociais, mas salientar que essa prática é reflexo da crítica feita pelo feminismo e outros movimentos sociais à propagação de visões machistas, sexistas, racistas e homofóbicas na esfera pública. É perceptível que as vitórias do feminismo têm suscitado, nos últimos tempos, no Brasil e em outros países, uma onda de movimentos conservadores e reacionários (Fraser, 2018b; Biroli e Caminotti, 2020). Antes de discutir como e por que isso tem acontecido, será feita uma reconstrução histórica das principais conquistas do feminismo no Brasil nos anos 1970, 1980 e 1990.

As especificidades do feminismo no Brasil a partir dos anos 1970

Enquanto o feminismo da segunda onda na Europa e nos Estados Unidos se desenvolveu a partir do lema "O pessoal é político", desencadeando a conhecida revolução sexual, no Brasil, as reivindicações ligadas à liberdade sexual, ao direito ao corpo e ao aborto são colocadas em segundo plano devido à urgência de empreender esforços em prol da resistência à ditadura, em defesa da redemocratização. Em tempos de ditadura, essas questões levantadas pelas feministas dos países desenvolvidos colidiam com os projetos políticos dos grupos que lutavam, junto com as feministas, pelo fim da ditadura. A Igreja Católica[4] se opunha frontalmente ao

[4] Sobre a aliança da Igreja Católica com a esquerda e seu apoio às greves do sindicalismo do ABC, ver Fernando Morais (2021).

aborto e à liberdade sexual, e o Partido Comunista colocava a luta de classes acima da luta de gênero (Hollanda, 2018). Havia certa tensão entre movimentos de esquerda e o feminismo. A tradição marxista ortodoxa via as demandas feministas como um "desvio à luta fundamental do proletariado contra a burguesia" (Pinto, 2003: 65). As lutas pela democracia e/ou contra a burguesia se sobrepunham às pautas sobre as desigualdades de gênero, fazendo com que a esquerda revolucionária relegasse "a questão da mulher ao status de contradição secundária" (Alvarez, 2014: 22).

O feminismo da segunda onda no Brasil se desenvolveu a partir de meados dos anos 1970, num contexto histórico-social contrário ao da renovação cultural vivida na Europa e nos Estados Unidos, que colocou em xeque os valores conservadores dessas sociedades. Aqui, a realidade era de um regime de terror, com a vigência do Ato Institucional n.º 5 (AI-5, de 1968 a 1978), perseguição às forças progressistas e repressão política. Nessa época, o espaço para a ação política era bastante reduzido.

O ano de 1975 foi um marco para a formação de grupos de reflexão e coletivos de mulheres, bem como para a articulação do movimento (Pitanguy, 2018; Heilborn, 2018). Esse ano foi declarado "Ano Internacional da Mulher", dando o pontapé inicial na criação de eventos públicos para debater a condição da mulher e a construção de estruturas institucionais do movimento. A associação Brasileira de Imprensa (ABI) organizou uma semana de debates em comemoração do Ano Internacional da Mulher, que possibilitou a criação da primeira organização feminista no Brasil – O Centro da Mulher Brasileira (CMB), que teve importante atuação no movimento até 1979. Não havia unidade entre as mulheres no CMB; havia cisão entre as feministas marxistas, liberais e radicais, deixando claro que o feminismo sempre foi polifônico, fragmentado e multifacetado. "As marxistas tendiam a reduzir a luta das mulheres à luta de classes, e as liberais, à luta por direitos individuais" (Pinto, 2003: 60). As radicais, por sua vez, colocavam de forma mais aberta as condições de opressão das mulheres, mas não apresentavam uma "plataforma coletiva para justificar a sua luta" (Pinto, 2003: 60). Nesses debates ficou evidente essa divisão pela reação negativa de algumas feministas marxistas ortodoxas aos temas do aborto e da politização dos problemas pessoais de mulheres intelectualizadas e de classes privilegiadas, tidos como secundários frente à necessidade de defesa das causas das mulheres da classe operária (Pinto, 2003).

Entre meados da década de 1970 e nos anos 1980, o feminismo começa a se constituir tanto como movimento quanto como campo de produção de conhecimento, procurando articular a reflexão teórica à prática. Aliás, o feminismo acadêmico e os estudos sobre mulheres e de gênero no Brasil foram estimulados pelos editais de concurso da Fundação Carlos Chagas, sendo financiados pela Fundação Ford, entre 1978 e 1998 (Hollanda, 2018; Pinto, 2003). Na década de 1990, esses editais foram de grande relevância para o desenvolvimento de publicações acadêmicas feministas no Brasil.[5]

[5] A *Revista Estudos Feministas* e a *Cadernos Pagu* foram as primeiras revistas feministas criadas, respectivamente em 1992 e 1993, abrindo espaço para o avanço e a consolidação dessas publicações ao longo dos anos 2000. Essas revistas são as principais referências no debate acadêmico sobre os estudos de gênero no Brasil, buscando atingir também o público das ONGs, organizações governamentais e movimentos sociais. Sobre as iniciativas da *Revista Estudos Feministas* e da *Cadernos Pagu* para fomentar as publicações feministas, ver Luzinete Simões Minella e Miriam Pillar Grossi (2003).

Voltando aos anos 1980, é possível identificar não só o desenvolvimento de grupos de estudos feministas e de gênero na universidade, como também a criação de Departamentos da Mulher "em sindicatos fortes como o Comando Geral dos Trabalhadores (CGT), e depois a Central Única dos Trabalhadores (CUT), nos movimentos de mulheres rurais" (Pitanguy, 2018: 464). Os anos 1980 e 1990 são bastante profícuos para o desenvolvimento do feminismo no Brasil, tanto pela efervescência das lutas, pela ampliação das pautas e manifestações na esfera pública, como também pela entrada das feministas no Estado. Enfim, a proliferação dos debates e ações do movimento redundou no que Angela Paiva chama de pedagogia cívica, na qual a ação política desencadeada pelo movimento gera aprendizados coletivos para os ativistas, "(...) permitindo nova ampliação de seu mundo cognitivo, não apenas com as experiências vividas e estratégias pensadas, mas, principalmente com os marcos interpretativos que são construídos e que fornecem novas visões de mundo para os atores" (Paiva, 2013: 36). Será nessa época que a questão do corpo ganha proeminência nas discussões feministas com a tematização da violência contra a mulher e a descriminalização do aborto (Sorj, 2018; Schumacher, 2018). Os anos 1980 são tempos de "grandes, criativas e arrojadas" manifestações feministas. "As mulheres ocupavam as avenidas e praças, onde gritavam por liberdade em todos os sentidos. Gritávamos por democracia em casa, na cama e na política" (Schumacher, 2018: 491).

No final dos anos 1970 e início dos anos 1980, é criado o S.O.S. Mulher, com recursos da Fundação Ford, que tinha como objetivo acolher as mulheres vítimas de violência. Como Bila Sorj (2018) destaca, ao relatar sobre a sua experiência no S.O.S, a intenção das feministas era empoderar as mulheres, por meio de grupos de reflexão, estimulando-as a analisar a relação entre violência doméstica e dominação masculina. A ideia era conscientizá-las para evitar que elas repetissem o mesmo padrão de comportamento com seus futuros parceiros. No entanto, logo as feministas perceberam que essa iniciativa à margem do Estado não atendia às demandas das mulheres que queriam proteção legal e assistência de instituições públicas, ou seja, políticas públicas voltadas para as vítimas de violência. Nesse momento, fica evidente para elas a dissonância entre os diagnósticos e soluções propostos por mulheres intelectualizadas e de classe média e os desejos e anseios das mulheres pobres e da classe trabalhadora. Nesse momento, elas entram em crise, ao perceberem as enormes dificuldades para mudança de comportamento das mulheres que, frequentemente, voltavam a viver com seus maridos e companheiros, abandonando os grupos de discussão promovidos pelo S.O.S. (Pinto, 2003).

A partir desse diagnóstico, elas mudam de estratégia e passam a atuar para a criação de delegacias especializadas de atendimento à mulher. A primeira delegacia foi criada em São Paulo, em 1985, dando o pontapé inicial para a criação de delegacias em outras cidades. Entretanto, mesmo com a criação das delegacias, era comum as mulheres retirarem as denúncias, extinguindo a investigação contra os seus maridos. Só com a Lei Maria da Penha, aprovada em 2006, será criada a impossibilidade de a vítima retirar a queixa na própria delegacia. Antes da aprovação da Lei Maria da Penha, as feministas tiveram que lutar contra o tratamento da violência doméstica no âmbito dos Juizados Especiais Criminais, criados em 1995, para julgar os crimes de menor periculosidade, abrindo a possibilidade de resolução de conflitos através da conciliação entre as partes e do pagamento de multas. As feministas denunciavam que essa postura despenalizadora da justiça minimizava e menosprezava o potencial ofensivo da violência doméstica (Romeiro, 2009).[6]

A saúde da mulher também ganha destaque nas ações feministas na década de 1980, envolvendo uma gama de temas: cuidados com a maternidade, prevenção ao câncer, planejamento familiar, sexualidade e aborto. Como a política de planejamento familiar era vista como controle de natalidade para as mulheres pobres, recebeu especial atenção das feministas nessa época. Para evitar a propagação de políticas públicas conservadoras, o feminismo passou a ter um papel importante na elaboração de projetos de planejamento familiar (Pinto, 2003). Como já foi dito, a problematização sobre a sexualidade só é feita pelo feminismo a partir dos anos 1980. Isso ocorre não só em função do contexto de ditadura militar, que colocava a luta por direitos civis e sociais no centro da ação política do movimento, como também pelas reações contrárias a essa pauta no jogo político: "a esquerda via a questão como um tema burguês e a direita como ameaça à família" (Pinto, 2003: 84). Sem dúvida, o tema mais polêmico é o aborto. As feministas, pela sua vinculação com a Igreja na luta pela redemocratização, não abraçaram de início essa questão, tendo o feminismo logrado êxito na discussão desse tema com a promulgação da Constituição em 1988, ao garantir o direito ao aborto para as mulheres no caso de risco de vida da mãe ou de estupro (Pitanguy, 2018).

A grande conquista do feminismo na área da saúde se deu com a criação de grupos que buscavam formas

---

[6] Para uma discussão pormenorizada sobre a expansão dos direitos das mulheres no Brasil, a elaboração e os desafios da Lei Maria da Penha, ver Aparecida F. Morais e Bila Sorj (2009) e Julieta Romeiro (2009).

alternativas de atendimento à mulher, sendo a implementação do Programa de Atenção Integral à Saúde da Mulher (PAISM), pelo Ministério da Saúde, em 1983, um importante divisor de águas na maneira de tratar a saúde da mulher no país. O PAISM "abrangia todas as fases de vida da mulher, da adolescência à velhice, tomando em consideração aspectos não apenas biológicos, mas também sociais, das condições em que a maioria das mulheres viviam" (Pinto, 2003: 84). Foi um programa que tinha como proposta a fiscalização e o controle de políticas públicas. Como ressalta Malu Heilborn (2018), o PAISM tem o mérito de ter mudado a visão de saúde da mulher, que era concentrada na infância e na adolescência, visando unicamente à reprodução.

Além disso, nos anos 1980, o movimento feminista negro se fortalece assinalando as diferenças entre as mulheres e a necessidade de interconectar os marcadores da diferença – classe, raça e gênero –, propondo análises interseccionais para pensar as formas de opressão sofridas pelas mulheres. Lélia Gonzalez (1982) desponta como autora dos estudos interseccionais de classe, gênero e raça no Brasil, inspirando o movimento feminista negro, com a participação de feministas negras em conselhos estaduais e nacional para a defesa dos direitos da mulher, levantando a bandeira de combate ao racismo e ao sexismo, pela valorização da mulher negra (Carneiro, 2018).

O que acontece com o feminismo nas décadas de 1980 e 1990 é a profissionalização das feministas, que passam a atuar no âmbito do Estado, dos partidos políticos e das Organizações Não Governamentais (ONGs). Esse é o período da terceira onda do feminismo, que se caracteriza por abordagens interseccionais. São estabelecidas articulações com instituições políticas, com crescente influência delas no debate e a implementação de políticas públicas, engajadas na *advocacy*,[7] fazendo pressão sobre o Executivo e o Legislativo para a promulgação de leis e a ampliação de direitos para as mulheres. A prática da *advocacy* exige a profissionalização e a especialização das ativistas, que passam a atuar em âmbito local, nacional e global, buscando influenciar os relatórios governamentais sobre a situação das mulheres (Alvarez et al., 2003). A década de 1990 é marcada pela proliferação de ONGs feministas, fundadas por mulheres das áreas de ciências sociais, do direito, da saúde, da educação, da psicologia, dentre outras, que atuarão em diferentes eixos: *expertise* jurídica em defesa dos direitos humanos e das mulheres, operando nas arenas judiciais nacionais e internacionais; consultoria técnica em projetos e ações específicas, fazendo *lobby* junto ao Executivo e ao Legislativo; combate ao racismo, ao sexismo e a todas as formas de discriminação das mulheres, além de promoção de mulheres negras, dentre outras (Pinto, 2003; Maciel, 2011; Hollanda, 2018).

Na década de 1990, as ONGs são a expressão do feminismo, tendo como uma de suas marcas a "segmentação das lutas" (Pinto, 2003), o que abre um amplo leque de atuação para as feministas, que entram na estrutura do Estado e/ou em ONGs, participando de conselhos em âmbito nacional e estadual (para a garantia e ampliação dos direitos das mulheres e supressão das desigualdades de gênero), de conferências e cúpulas promovidas pelas Nações Unidas e do debate sobre políticas públicas. A segmentação das lutas tem a

---

[7] Para análises das práticas de *advocacy*, ver Sonia Alvarez, Marlene Libardoni e Vera Soares (2000) e Débora Maciel (2011).

ver tanto com a proliferação de ONGs quanto com o crescimento das demandas interseccionais dentro do movimento, dando profusão à ideia de "feminismos", tão em voga hoje.

Aqui é importante assinalar o momento histórico que permitiu a abertura dos políticos às reivindicações feministas. Os anos 1980 e 1990 são tempos de oportunidades políticas abertas pela eleição de membros da oposição para os governos estaduais e para o governo federal (Pitanguy, 2018). Em 1995, Fernando Henrique Cardoso é eleito presidente, tendo lançado, em 1996, o Programa Nacional de Direitos Humanos, "que reconheceu formalmente os direitos humanos de mulheres e, em 1998, criou a Secretaria Nacional de Direitos Humanos para implementá-lo" (Maciel, 2011: 107). Com a eleição de Luís Inácio Lula da Silva, em 2003, foi criada a Secretaria Especial de Políticas para Mulheres (SPM), que ganha status ministerial em 2010, tendo sido no governo de Dilma Rousseff, em 2015, acoplada a outras duas secretarias, que irão constituir o Ministério das Mulheres, Direitos Raciais e Direitos Humanos. Nos governos petistas, a atuação da SPM foi central para a aprovação da Lei Maria da Penha,[8] em 2006, e a ampliação do escopo de atuação das feministas na implementação de políticas públicas e programas de governo voltados para a defesa dos direitos das mulheres.

Com a eleição de Jair Bolsonaro e seu projeto de governo ligado à agenda conservadora e reacionária dos costumes, característica da extrema-direita, foi extinto o Ministério da Mulher, Direitos Raciais e Direitos Humanos, e criado o

---

[8] Sobre a participação de ONGs no processo de elaboração, negociação política e implementação da Lei Maria da Penha, cf. Débora Maciel (2011).

Ministério da Mulher, da Família e dos Direitos Humanos, sob comando da ministra Damares Alves,[9] cujas propostas de ações frequentemente entravam em conflito com o ideário feminista e dos movimentos progressistas em geral. Sob a égide do governo Bolsonaro, vivemos tempos de profundos retrocessos sociais. A retração das oportunidades políticas em função da ascensão da extrema-direita evidencia a limitação da inclusão dos movimentos sociais no Estado. A falta de uma bancada forte no Congresso Nacional para sustentar as agendas feministas, tendo legitimidade social para pressionar o governo em vigor a não tomar medidas contrárias às suas pautas, demonstra os entraves e obstáculos à estratégia de ocupação do Estado (Pinto, 2003).

De volta aos tempos de oportunidades políticas para o feminismo, os anos 1980 e 1990 são marcados pela atuação das feministas na campanha das Diretas Já (1985), na implementação das Delegacias Especializadas em Atendimento à Mulher e da sua participação em partidos políticos, instituições governamentais e não governamentais. A estratégia de ocupação do Estado gerou a cisão entre as feministas autônomas e as institucionalistas não só no Brasil, como também em outros países da América Latina (Alvarez et al., 2003). As autônomas condenavam essa estratégia com receio de serem cooptadas pelos governos e partidos políticos, perdendo a radicalidade do movimento, "que lutava por transformações profundas nas relações de poder, que não poderiam advir de uma estreita colaboração entre o movimento e o Estado" (Pinto, 2003: 69). Sem falar que a

[9] Damares Alves ficou à frente do ministério de 2019 a 1º de abril de 2022, quando se afastou do cargo para concorrer à eleição para o Senado, tendo sido eleita senadora pelo Distrito Federal.

profissionalização do feminismo radicalizou as assimetrias e os desequilíbrios entre as militantes com atuação intergovernamental e as militantes mais centradas no movimento, acentuando as desigualdades racial-étnicas e de classe entre as mulheres (Vargas, 1998). As feministas que tinham capital político conseguiram ter influência nos espaços de políticas nacionais e "tornaram-se interlocutoras privilegiadas daqueles que elaboram políticas domésticas e das agências de cooperação internacional" (Alvarez et al., 2003: 555). Para os debates desenvolvidos pela ONU na década de 1990, as ONGs mais profissionalizadas, maiores e com mais recursos eram as que conseguiam os financiamentos para participar dos fóruns e cúpulas de preparação para as conferências.

Além disso, o fim do bipartidarismo (Arena X MDB), em 1979, e as articulações para a criação do Partido dos Trabalhadores[10] (PT) refletem a cisão entre autônomas e institucionalistas. As feministas ligadas ao MDB, com capital político, tendiam a ser favoráveis à entrada no Estado, enquanto as que se filiavam ao PT tendiam a ser contrárias (Pinto, 2003). No entanto, ainda que houvesse cisões dentro do movimento entre autonomistas e institucionalistas, havia um terceiro grupo de feministas que, embora não se dispusesse a participar do Estado, entendia e apoiava a participação das feministas nas arenas institucionais (Pitanguy, 2018). A resistência de algumas feministas petistas é superada, em 2003, com a chegada de Lula à Presidência da República.

O interesse dos partidos políticos pelas questões das mulheres surge com a redemocratização. Na Assembleia Constituinte, a maioria dos partidos dialogava com as mulheres, encaminhando suas propostas. Isso ocorria não porque os

[10] Sobre a criação do PT, cf. Fernando Morais (2021).

políticos tivessem real apreço e preocupação pelas causas feministas, mas por terem consciência da importância de conquistar o voto feminino para sua eleição (Pinto, 2003; Alvarez et al., 2003). Exceção a essa constatação é a bancada feminina que, mesmo tendo mulheres de partidos de direita, sensibiliza-se com algumas pautas ligadas à defesa dos direitos das mulheres e as defende. Na Assembleia Nacional Constituinte, de 1988, o *lobby* feito pelas feministas, conhecido como "*lobby* do batom", teve um papel fundamental para a conquista e a garantia de direitos para as mulheres (Hollanda, 2018; Pinto, 2003).

Sob a presidência de Jacqueline Pitanguy, o Conselho Nacional dos Direitos da Mulher (CNDM) teve grande importância na apresentação de propostas para a Constituinte de 1988. A partir dos slogans "Constituinte sem mulher fica pela metade" e "Constituinte para valer tem que ter palavra de mulher" (Pitanguy, 2018: 468), o CNDM traçou várias estratégias para levar as demandas do movimento para o debate constituinte. Redigiu, em conexão com vários grupos feministas e de mulheres, a *Carta das Mulheres Brasileiras aos Constituintes*, trabalhando com comissões de advogadas para formular propostas de emendas à Constituição que foram apresentadas às mulheres constituintes e incorporadas à Constituição, a saber: a) reconhecimento da família sem necessidade de apresentação de certidão de casamento; b) igualdade entre homens e mulheres em direitos e obrigações, "proibição de diferença de salários, de exercício de funções e de critério de admissão por motivo de sexo, idade, cor e estado civil" (Art. 7°, XXX); c) compromisso de que o Estado assegure assistência à família e crie mecanismos "para coibir a violência no âmbito de suas relações" (Art. 226, § 8°), argumento importante para a cobrança feita pelas feministas de formulação da Lei Maria da Penha, em 2006, e da Lei do Feminicídio, em 2015; d) prerrogativa de o direito ao planejamento familiar ser do casal, que é livre para decidir quanto ao número e espaçamento de filhos, cabendo ao Estado a responsabilidade de "propiciar recursos educacionais e científicos para o exercício desse direito" (Art. 226, § 7°); e) a licença à maternidade passou de três para quatro meses; f) no campo, foi garantida a titularidade das terras às mulheres, independentemente do estado civil (Pitanguy, 2018; Pinto, 2003).

Sabendo que não obteriam êxito para a inclusão da descriminalização do aborto em face do crescimento de grupos pró-vida no Congresso Nacional, as feministas conseguiram que ele não fosse criminalizado, sendo permitido em caso de estupro e risco de vida da mãe (Pitanguy, 2018). Assim, abriu-se espaço para sua permissão em outros contextos, sendo garantido pelo Supremo Tribunal Federal, em 2012, o aborto em caso de feto anencéfalo.

A bem-sucedida atuação das feministas do CNDM na Constituinte, tendo 80% de suas demandas atendidas, gerou reações no governo como cortes no orçamento do CNDM, levando a um pedido de demissão coletiva da presidente e das mulheres que compunham o conselho. Se antes as pautas das mulheres eram consideradas irrelevantes, com as conquistas na Constituinte passaram a ser vistas como uma ameaça aos interesses de diversos setores (Pitanguy, 2018). Aliás, serão as conquistas e vitórias de movimentos feministas e de minorias sexuais que desencadearão, desde o final dos anos 1990, reações de grupos conservadores e reacionários, redimensionando as formas de resistência e de luta do feminismo.

Reações às conquistas do feminismo

As conquistas do feminismo, especialmente em termos de direitos sexuais e reprodutivos (descriminalização do aborto, inclusão da educação sexual nas escolas, distribuição de contraceptivos para menores, entre outras), instigaram, desde o final dos anos 1990, reações da Igreja Católica e de grupos religiosos[11] e laicos pró-vida em escala global. Como demonstram Richard Miskolci e Maximiliano Campana (2017), o combate à "ideologia de gênero" é iniciado pela Igreja Católica, em 1997, quando o então cardeal Joseph Aloisius Ratzinger redige textos contrários à ideologia de gênero, em nome da defesa da família tradicional. Sua crítica à categoria gênero é uma reação à mudança do termo mulher para gênero feita na Conferência de Mundial de Beijing sobre a Mulher, em 1995. Essa troca é motivada pela crítica à essencialização de uma natureza fixa das diferenças entre homem e mulher feitas a partir do sexo, para salientar as construções culturais e sociais que criam papéis e estereótipos que cada sociedade designa aos sexos.[12] Em outras palavras, o conceito de gênero coloca em xeque a essencialização da identidade feminina, pensada principalmente a partir da maternidade. É por isso que Ratzinger e os conservadores da Igreja Católica levantaram sua cruzada contra a ideologia de gênero.

Essa cruzada iniciada pela Igreja contra a ideologia de gênero vem sendo, nos últimos anos, radicalizada por grupos religiosos e laicos pró-vida e pela extrema-direita em

---

[11] Para uma análise detalhada sobre a forma como a Igreja Católica e as igrejas neopentecostais se opõem à "ideologia de gênero", ver Richard Miskolci e Maximiliano Campana (2017).

[12] Para uma discussão pormenorizada sobre o conceito de gênero, seus usos pelas teorias feministas e limitações, ver Joan Scott (1995).

várias partes do mundo. Miskolci e Campana (2017) fazem uma genealogia da ideologia de gênero na América Latina, demonstrando como, a partir dos anos 2000, foram potencializadas as tensões entre a Igreja e os movimentos sociais progressistas com a chegada da esquerda ao poder e sua maior abertura para as demandas dos movimentos feminista e LGBTQ.

O novo feminismo no Brasil ganha as redes sociais e as ruas denunciando o retrocesso na política com o crescimento de projetos de lei no Congresso Nacional para dificultar e até mesmo criminalizar o aborto legal, além da perseguição à pretensa "ideologia de gênero" e à "doutrinação ideológica da esquerda nas escolas". Essa radicalização é chamada de *backlash,* sendo perceptível em vários países da América Latina. Flávia Biroli e Mariana Caminotti (2020) explicam que o *backlash* se caracteriza por movimentos políticos conservadores e reacionários, que ligam a luta contra a ideologia de gênero à luta contra o comunismo e o homossexualismo. Além disso, esses movimentos colocam em xeque as explicações científicas, ressaltando ser a religião a esfera por excelência para explicar como o mundo funciona. E aí se coloca na mesma seara a crítica à ciência, aos estudos de gênero, ao feminismo e aos movimentos de minorias sexuais.

A eleição de Jair Bolsonaro para a Presidência da República, com sua agenda regressiva em relação aos direitos humanos e aos costumes, cortes e desmanches de políticas públicas voltadas para mulheres, negros, pobres, indígenas e LGBTQs, é um exemplo emblemático desse *backlash.* Desde o impeachment da presidente Dilma Rousseff e a eleição de Bolsonaro, convivemos com a radicalização da precarização do trabalho, o desmanche das legislações trabalhistas e da proteção aos trabalhadores, agressão ao ensino público, ataque às políticas de saúde e à ciência. A pandemia da Covid-19 escancarou não só as desigualdades sociais, como também a falta de políticas públicas sérias para combater as crises sanitária e econômica, evidenciando os efeitos perversos dessas crises para as mulheres, especialmente as pobres, negras e indígenas.[13] Em resumo, a pandemia trouxe à tona a relevância de propostas como a de um feminismo para 99%.

O novo feminismo e o feminismo para 99%: potencialidades e limitações

O aparecimento do novo feminismo é comemorado por feministas veteranas como Heloisa Buarque de Holanda, Bila Sorj e Malu Heilborn, no livro *Explosão Feminista* (2018), em face das dificuldades das feministas de "trazer público para o movimento", isto é, do retraimento do feminismo (Heilborn, 2018: 485), denotando sua perda de vigor no início dos anos 2000. Nessa época, surgiram manifestações antifeministas ou pós-feministas, que apontavam limitações importantes para o movimento.

A partir das hashtags #MulheresContraCunha e #ForaCunha, em 2015, irão eclodir no Brasil vários protestos e manifestações nas redes digitais e nas ruas, puxados por coletivos feministas, ONGs ou mulheres e estudantes, de forma espontânea. O ano de 2015 é intitulado pela grande mídia como "Primavera Feminista" em analogia com a "Primavera Árabe". Na verdade, desde 2011, com a Marcha Mundial das Vadias, já começa a aparecer esse novo

[13] Desde 2019, os editoriais da *Revista Estudos Feministas* destacam com títulos como "Não soltaremos as mãos", "Difícil falar do agora", "Feminismo e gênero em tempos de mal-estar", entre outros, esse contexto de retrocesso e ataques às conquistas feministas.

feminismo, que vai criar novos repertórios de luta (Sorj e Gomes, 2014). A hashtag #MulheresContraCunha é uma reação ao projeto de Lei 5069/2013, do então deputado e presidente da Câmara Eduardo Cunha, cujo objetivo era dificultar o acesso a cuidados médicos para as vítimas de estupro, criando-se obstáculos para o acesso à pílula do dia seguinte e para o aborto em caso de estupro (Bogado, 2018; Costa, 2018).

Entre 2015 e 2016, estudantes ocupam escolas contra as propostas de fechamento de escolas públicas em São Paulo, a Reforma do Ensino Médio e a Emenda do Teto de Gastos. Essas manifestações têm em comum a reação de estudantes secundaristas a retrocessos em termos de direitos e políticas públicas. Entretanto, as jovens estudantes não só lutaram na defesa da escola e do ensino público, como também problematizaram as formas de machismo e sexismo presentes nas práticas sociais e educacionais, abrindo espaço para novos protestos puxados por meninas estudantes. Ficou conhecida a hashtag #VaiTerShortinhoSim, das alunas do Colégio Anchieta, de Porto Alegre, denunciando o machismo e o sexismo presentes nas normas e práticas sociais da instituição. Aliás, a tematização das formas de opressão e violência sofridas pelas mulheres será amplamente difundida por elas, nessa época, através de hashtags como #PrimeiroAssédio, #MeuAmigoSecreto, #NãoMereçoSerEstuprada, #CarnavalSemAssédio, para citar algumas.

O que caracteriza esse ativismo do novo feminismo é a radicalização do lema feminista "o pessoal é político", ao priorizar frequentemente as narrativas pessoais, salientando as especificidades das experiências de opressão e suas inter-relações, dando destaque à "interseccionalidade das opressões" (Bogado, 2018; Costa, 2018; Martinez, 2021). A marca desse novo feminismo é "a busca por horizontalidade, a recusa da formação de lideranças e a priorização total do coletivo" (Bogado, 2018: 32). O coletivo, amplamente analisado nesta coletânea, caracteriza-se por ser uma organização autônoma, "mais distante do Estado, fluida e pulverizada" (Martinez, 2021: 4). O que se vê é a "proliferação de microlideranças pontuais, que agem como pequenos vetores de força ou agência mobilizadora, além de uma série de ações marcadas pelo anonimato ou assinadas por nomes que recusam o individual em prol do movimento coletivo" (Bogado, 2018: 32). Ou seja, o central não é "quem disse, mas o que e como disse" (Costa, 2018: 48).

E aqui parece ser atualizada a tensão entre as autônomas e institucionalistas que, nos dias de hoje, expressa-se pelas diferenças de concepções de ação política entre jovens e veteranas feministas. É bem verdade que o ideal de autonomia é ressignificado pelo movimento em vários momentos. Nos anos 1970, buscava-se autonomia em relação a "qualquer organização que considere a batalha pela liberação das mulheres um objetivo secundário" (Alvarez et al., 2003: 546); nos anos 1990 e início dos anos 2000, coloca-se a autonomia em relação ao Estado e às instituições políticas internacionais; atualmente, a autonomia é reivindicada em relação ao modo tradicional de fazer política dentro do movimento. Se, nos anos 1990, as jovens feministas se formaram sobretudo através da atuação em ONGs e programas universitários de estudos de gênero (Alvarez et al.: 2003), nos anos 2000, a identidade feminista se constitui principalmente através da participação das jovens nas redes sociais, inicialmente, através do Orkut, onde se difundiram os blogs e comunidades feministas e, nos dias de hoje, por meio do Facebook, do Instagram e do Twitter.

Na verdade, desde o início dos 2000, as militantes jovens já denunciavam, nos Encontros Feministas Latino-Americanos e Caribenhos, as assimetrias de poder existentes dentro do feminismo (Alvarez et al., 2003). Revelavam uma divisão de trabalho dentro dos encontros hierarquizada e "patriarcal" entre as veteranas e as jovens, sendo a estas relegadas funções relacionadas à organização do espaço e envolvimento com as medidas necessárias para a realização dos debates, enquanto as veteranas tinham protagonismo na definição das pautas e estratégias da ação política. Mesmo reconhecendo a adequação e a importância dessa crítica, é necessário também indicar as limitações do novo feminismo.

A resistência às lideranças e à representação política cria uma série de problemas para a efetivação de uma base programática determinada, para além do espontaneísmo do momento de surgimento dos protestos e das manifestações. Em resumo, falta uma plataforma coletiva articulada que possa contemplar estratégias e propostas de ação para combater a interseccionalidade de opressões elencadas pelo movimento. A articulação entre as novas e as velhas formas de ativismo é um desafio importante para o movimento, que não pode prescindir das formas tradicionais de fazer política, sob o risco de limitar a sua atuação apenas ao momento de eclosão das lutas. Como vimos, a atuação das feministas nas instituições políticas hegemônicas teve um papel fundamental para a conquista de direitos e a implementação de políticas públicas voltadas para as mulheres.

Além das hashtags propostas por brasileiras, em 2016, surgiu uma onda de manifestações que começou na Polônia, com as mulheres em paralisações e em marchas contra a proibição do aborto, depois na Argentina com a marcha "Ni una menos", denunciando a prática corriqueira do feminicídio, que incitou mobilizações em vários outros países. O ano de 2017 foi frutífero para o movimento em escala global. Em janeiro deste ano, formou-se "O Movimento pela Marcha das Mulheres em Washington", no qual feministas renomadas como Angela Davis, Nancy Fraser, Cinzia Arruzza, Tithi Bhattacharya, dentre outras, leem um manifesto convocando as mulheres à luta contra as diversas formas de opressão das mulheres e as desigualdades sociais produzidas pelo capitalismo neoliberal, salientando a sua tendência a desestabilizar e criar crises em outros domínios. Essas mobilizações inspiram a publicação do livro *Feminismo para 99%: um Manifesto* (2019), de Arruzza, Bhattacharya e Fraser. Além da insurreição feminista, a motivação para a unificação da luta feminista em torno do combate ao capitalismo neoliberal tem como pano de fundo o diagnóstico de crise do neoliberalismo progressista.

Por neoliberalismo progressista, Fraser (2018b) aponta a conciliação entre as reivindicações por reconhecimento dos movimentos feminista, LGBTQ e negro com o ideário neoliberal. Os presidentes dos Estados Unidos eleitos pelo Partido Democrata – Bill Clinton e Barack Obama – aderiram à pauta desses movimentos progressistas, abraçando suas agendas contra as injustiças culturais sofridas pelos membros desses grupos, ao mesmo tempo que expandiam as políticas econômicas neoliberais. Temas como empoderamento feminino, diversidade cultural, combate ao racismo e à LGBTQfobia deram um verniz progressista ao neoliberalismo. Desde o final dos anos 1990, Fraser (1997; 2011; Fraser e Jaeggi, 2020) aponta as ambivalências e os problemas do feminismo, ao dar destaque às lutas por reconhecimento em detrimento das lutas por redistribuição de renda, em tempos de intensificação das políticas neoliberais e do aumento das desigualdades sociais. O diagnóstico de crise do neoliberalismo progressista é feito por Fraser (2018b; Fraser e Jaeggi, 2020) a partir do Brexit, da eleição de Donald Trump e do fortalecimento de partidos e grupos de extrema-direita em várias partes da Europa. Fraser identifica nesses distintos fenômenos a mesma causa – o aumento das desigualdades sociais, da exploração, da precarização e da informalização do trabalho em face das políticas neoliberais. Além disso, Fraser, Arruzza e Bhattacharya ressaltam as crises causadas pelo capitalismo neoliberal nos domínios da natureza e da reprodução social.

A proposta de reinvenção do feminismo para 99% faz uma crítica contundente ao feminismo liberal, cuja aposta no empoderamento feminino está ligada à garantia de direitos individuais e à autonomia econômica das mulheres, legitimando toda a ideologia neoliberal do mérito, com o apagamento das precondições sociais que condenam a maior parte das mulheres à condição de cidadãs e trabalhadoras de segunda categoria. O feminismo liberal se difunde através da grande mídia, da indústria editorial e das políticas propostas pela ONU e por organismos internacionais para combater a pobreza no Sul global. Mulheres como Sheryl Sandeberg, alta executiva do Facebook, publicam livros[14] e fazem palestras denunciando a sub-representação das mulheres nos cargos de comando, para estimulá-las a "fazer acontecer", alcançando cargos de prestígio e altos salários. Esse feminismo liberal não só desconsidera classe, raça e etnia, fazendo uma ode à meritocracia do "faça acontecer", mas também estimula a superexploração do trabalho feito

[14] No Brasil, o livro de Sandeberg é prefaciado pela empresária Luiza Helena Trajano, que comanda a rede de Lojas Magazine Luiza.

por mulheres pobres, negras e imigrantes mal-remuneradas, que são contratadas pelas mulheres de classes média e alta para o trabalho doméstico e de cuidados (Arruzza, Bhattahcarya e Fraser, 2019).

O "empoderamento light" de mulheres (Cornwall, 2018) é enaltecido tanto pela grande mídia e pela indústria editorial quanto pelas políticas adotadas, desde os anos 1990, pelas corporações internacionais, bancos de investimento e desenvolvimento, como FMI e Banco Mundial, aliados a ONGs e filantropos capitalistas, que propõem ações de enfrentamento à pobreza nos países do Sul global centradas em políticas voltadas para as mulheres. Esse empoderamento é "light" porque individualiza a luta das mulheres reduzindo-a a uma luta por autonomia econômica, reafirmando todo o programa neoliberal, em vez de fomentar a ação coletiva das mulheres por emancipação. O slogan desse empoderamento é "As mulheres que trabalham ajudam seus domicílios a escapar da pobreza" (Cornwall, 2018). Frequentemente, esse empreendedorismo é formulado pelas "feministas do microcrédito", isto é, por mulheres que ocupam cargos de prestígio nessas instituições internacionais (Arruzza, Bhattacharya e Fraser, 2019).

Com isso, estimula-se a promoção do empreendedorismo feminino através do microcrédito para as mulheres empreenderem em pequenos negócios como cozinheiras, doceiras, costureiras, artesãs etc. Além disso, são promovidas políticas públicas voltadas para as mulheres, que as colocam como receptoras dos fundos de auxílio, prometendo-lhes que o dinheiro pode ter "poderes quase mágicos" para fazer desaparecer as normas e instituições sociais que as constrangem (Cornwall, 2018). Várias feministas têm apontado os problemas desse "empoderamento light" que responsabiliza as mulheres por retirarem sua família da pobreza, transformando-as em heroínas e mão de obra barata para consecução de projetos sociais, além de promover uma "conformidade dócil" às relações de poder existentes, encaixando-as em rótulos ligados a papéis de gênero que reafirmam a ideologia e a ordem social neoliberal (Mattos, 2022).

Mesmo sendo assertiva e relevante a crítica das autoras ao feminismo liberal e ao feminismo do microcrédito, há importantes limitações na generalização e na internacionalização da luta do feminismo para 99%, que apontam para os problemas envolvidos no diagnóstico feito por feministas americanas e europeias sobre os dramas e sofrimentos das mulheres no Sul global. Como apontou Cornwall (2018), é difícil para as feministas nas sociedades do Sul criticarem, de forma tão contundente, o "empoderamento light", porque sua influência está no derramamento de dinheiro, necessário para organizações e movimentos das mulheres. Ademais, como demonstram estudos sobre as políticas públicas voltadas para as mulheres ou sobre recrutamento de mulheres por grandes multinacionais para serem empreendedoras de pequeno porte, essas medidas são ambíguas. Se, por um lado, identificam-se a desmobilização coletiva e a reafirmação dos estereótipos de gênero, por outro, constatam-se o aumento do sentimento de autoestima das mulheres, seu reconhecimento social na família e na comunidade (Cornwall, 2018; Sorj, 2016; Mattos, 2022).

O mesmo pode ser dito em relação à constatação feita por Fraser, Arruzza, Bhattacharya e outras feministas do Atlântico Norte de que o fluxo global de imigrantes para os países centrais, para se ocuparem das funções ligadas à vida reprodutiva, é o "retrato das formas mais cruas de destituição humana" (Debert, 2016: 140). Guita Grin Debert faz uma pesquisa com cuidadoras imigrantes na Itália e, ao contrário das afirmações feitas por Fraser, Arruzza, Bhattacharya e intelectuais do Atlântico Norte, constata que essas mulheres estão satisfeitas com suas relações de trabalho. Ainda que reclamem dos atrasos da chegada dos filhos para cuidar dos pais e da indefinição das folgas, recebem salários muito superiores (entre € 800,00 e 1.000,00) aos que poderiam receber em seus países de origem e, assim, podem enviar dinheiro mensalmente para suas famílias.

A pesquisa feita por Juliana Nazareth (2010) com mulheres nordestinas que migravam para o Rio de janeiro para trabalhar como empregadas domésticas ou babás também aponta que, apesar das dificuldades encontradas para viver no Rio de Janeiro – distância da família, alto custo de vida, levando-as a viver nas favelas sob domínio do tráfico ou das milícias, falta de tempo para si, entre outras – as mulheres narram sua ida para o Rio de Janeiro como uma trajetória de mobilidade ascendente. Essas mulheres relatam que obtiveram reconhecimento das suas famílias e da comunidade em função não só das remessas regulares de dinheiro que enviam para seus familiares, como também pela dinâmica de "migrar e ajudar o próximo", tornando-se exemplos de estilos de vida para as jovens de suas cidades de origem. Também ressaltam que o contato com o estilo de vida cosmopolita do Rio de Janeiro lhes permitiu questionar os padrões de suas famílias tradicionais, com a suposta autoridade dos homens sobre as mulheres.[15]

A linguagem cinematográfica frequentemente descreve os dramas humanos de forma mais clara e envolvente que as

[15] Para uma análise detalhada sobre esses estudos e discussão do empoderamento light, ver Mattos (2022).

análises acadêmicas. No filme *Que horas ela volta*, de Anna Muylaert, essa constatação das contradições e dos paradoxos do trabalho doméstico apontados por Nazareth (2010) é bem explicitada. Val é uma empregada doméstica que migrou de Pernambuco para trabalhar numa casa de classe média alta em São Paulo, e tem dificuldade de perceber a exploração de seu trabalho, só vindo a tomar consciência dessa exploração através dos conflitos com sua filha, vinda do Recife, para fazer vestibular em São Paulo.

Resumindo, Arruzza, Bhattacharya e Fraser (2019) parecem sobrevalorizar as potencialidades de um movimento feminista internacionalista, secundarizando obstáculos e entraves relevantes para combater as políticas neoliberais e o feminismo do microcrédito nas sociedades do Sul global. As autoras reproduzem o diagnóstico feito por intelectuais do Atlântico Norte, que lastimam o declínio do *welfare state* e não percebem em toda a sua extensão as ambiguidades e os paradoxos do "empoderamento light" para as mulheres do Sul global, que não puderam contar com as redes de serviços públicos e proteção social como as que existiram nos Estados Unidos e na Europa. Além disso, há uma série de dificuldades para se pensar num feminismo para 99%. Como vimos ao longo do texto, o feminismo no Brasil é plural, múltiplo e fragmentado, não sendo apenas o feminismo liberal o principal problema para a unidade do movimento. Há diversas disputas dentro do movimento que envolvem não só a definição clara de uma plataforma de ação política, como também a difícil tarefa de manter o contexto das lutas sociais para além do seu caráter esporádico.

Sem dúvida, a proposta do feminismo para 99% tem como principal ganho a unificação do movimento em torno da crítica ao capitalismo neoliberal, sem desconsiderar as categorias de diferenciação – classe, raça, etnia e sexualidade – que tornam a opressão do capital ainda mais perversa para boa parte das mulheres. Tem também a vantagem de mostrar como o capitalismo gera um contexto múltiplo de crises nos domínios extraeconômicos. Sua força está na busca por evitar a despolitização do debate feminista em função da justaposição de agendas. No entanto, as autoras não levam em conta adequadamente as diferenças entre as mulheres do Norte e do Sul global, que colocam desafios importantes para se pensar num "movimento dos movimentos", como é a proposta do feminismo para 99%.

Agradecimentos

Agradeço os comentários e sugestões de Angela Paiva, Larissa Cestari e Marcos Sobral à primeira versão deste texto.

Referências

ALVAREZ, Sonia E. Dossiê – Um outro mundo (também feminista...) é possível: construindo espaços transnacionais e alternativas globais a partir dos movimentos. *Estudos Feministas,* vol. 11, n.º 2, pp. 533-540, 2003.

_____. Para além da sociedade civil: reflexões sobre o campo feminista. *Cadernos Pagu,* n.º 43, pp. 13-56, 2014.

_____ et al. Encontrando os feminismos latino-americanos e caribenhos. *Estudos Feministas,* vol. 11, n.º 2, pp. 541-545, 2003.

_____; LIBARDONI, Marlene; SOARES, Vera. Dossiê *Advocacy* Feminista. *Estudos Feministas,* vol. 8, n.º 2, 2000.

ARRUZZA, Cinzia; BHATTACHARYA, Tithi; FRASER, Nancy. *Feminismo para 99%. Um manifesto.* São Paulo: Boitempo, 2019.

BIROLI, Flávia; CAMINOTTI, Mariana. The conservative backlash against gender in Latin America. *Politics & Gender,* vol. 16, n.º 1, pp. 1-6, 2020.

BOGADO, Maria. Rua. In: HOLLANDA, Heloisa Buarque. *Explosão feminista.* São Paulo: Companhia das Letras, 2018.

CARNEIRO, Sueli. In: HOLLANDA, Heloisa Buarque de. *Explosão feminista.* São Paulo: Companhia das Letras, 2018.

CORNWALL, Andrea. Além do "empoderamento light": empoderamento feminino, desenvolvimento neoliberal e justiça global. *Cadernos Pagu*, 2018. [recurso eletrônico]

COSTA, Cristiane. Rede. In: HOLLANDA, Heloisa Buarque. *Explosão feminista.* São Paulo: Companhia das Letras, 2018.

DEBERT, Guita Grin. Migrações e o cuidado do idoso. *Cadernos Pagu*, 46, pp. 129-149, 2016.

FRASER, Nancy. From Redistribution to Recognition? Dilemmas of Justice in a "Postsocialist" Age. In: FRASER, Nancy. *Justice Interruptus.* Nova York: Routledge, 1997.

_____. Mercantilização, proteção social e emancipação: as ambivalências do feminismo na crise do capitalismo. *Revista Direito GV*, vol. 7, n.º 2, pp. 617-634, 2011.

_____. Las contradicciones del capital y los cuidados. *New Left*, 100, pp. 111-132, 2015.

_____. Crise de legitimação? Sobre as contradições políticas do capitalismo financeirizado. *Cadernos de Filosofia Alemã*, vol. 23, n.º 2, pp. 153-188, 2018a.

_____. Do neoliberalismo progressista a Trump – e além. *Política & Sociedade*, vol. 17, n.º 40, pp. 43-64, set.-dez., 2018b.

_____; JAEGGI, Rahel. *Capitalismo em debate. Uma conversa na Teoria Crítica. São Paulo:* Boitempo, 2020.

GOMES, Carla; SORJ, Bila. Corpo, geração e identidade: a Marcha das Vadias no Brasil. *Sociedade e Estado*, vol. 29, n.º 2, pp. 433- 447, 2014.

GONZALEZ, Lélia; HASENBALG, Carlos. *Lugar de negro.* Rio de Janeiro: Marco Zero, 1982.

HEILBORN, Malu. Parte 4: As veteranas ou um sinal de alerta sobre uma memória não escrita. In: HOLLANDA, Heloisa Buarque de. *Explosão feminista.* São Paulo: Companhia das Letras, 2018.

HOLLANDA, Heloisa Buarque de. *Explosão feminista.* São Paulo: Companhia das Letras, 2018.

HONNETH, Axel. *O direito da liberdade.* São Paulo: Martins Fontes, 2015.

MACIEL, Fabrício; MATTOS, Patrícia. Como pensar o capitalismo contemporâneo? *Sociedade e Estado*, vol. 35, n.º 3, pp. 673-694, 2020.

MACIEL, Débora A. Ação coletiva, mobilização do direito e instituições políticas: o caso da Campanha da Lei Maria da Penha. *RBCS*, vol. 26, n.º 77, pp. 97-111, 2011.

MATTOS, Patrícia. Feminismo anticapitalista: articulando teoria e prática. *Estudos Feministas,* vol. 30, n.º 1, 2022. [recurso eletrônico]

MARTINEZ, Fabiana Jordão. Militantes e radicais da quarta onda: o feminismo na era digital. *Estudos Feministas,* vol. 29, n.º 3, p. 1-14, 2021.

MINELLA, Luzinete S.; GROSSI, Miriam P. Dossiê Publicações Feministas brasileiras: compartilhando experiências. *Estudos Feministas,* vol. 11, n.º 1, 2003.

MISKOLCI, Richard; CAMPANA, Maximiliano. Ideologia de gênero: notas para a genealogia de um pânico moral contemporâneo. *Sociedade e Estado,* vol.32, n.º 3, pp. 725-748, 2017.

MORAES, Aparecida F.; SORJ, Bila. *Gênero, violência e direitos na sociedade brasileira.* Rio de Janeiro: 7Letras, 2019.

MORAIS, Fernando. *Biografia Lula,* vol. 1. São Paulo: Companhia das Letras, 2021.

NAZARETH, Juliana de S. *Mulheres em movimento. Trajetórias de jovens nordestinas no Rio de Janeiro.* Tese de Doutorado. Programa EICOS, na Universidade Federal do Rio de Janeiro, 2010.

PAIVA, Angela R. Pedagogia alternativa nos movimentos sociais. *Desigualdade e Diversidade,* n.º 12, pp. 29-42, 2013.

PINTO, Céli R. Jardim. *Uma história do feminismo no Brasil.* São Paulo: Fundação Perseu Abramo, 2003.

PITANGUY, Jacqueline. In: HOLLANDA, Heloisa Buarque de. *Explosão feminista.* São Paulo: Companhia das Letras, 2018.

ROMEIRO, Julieta. A Lei Maria da Penha e os desafios da institucionalização da "violência conjugal" no Brasil. In: MORAES, Aparecida; SORJ, Bila. *Gênero, violência e direitos na sociedade brasileira.* Rio de Janeiro: 7Letras, 2009.

SCHUMAHER, Schuma. In: HOLLANDA, Heloisa Buarque de. *Explosão feminista.* São Paulo: Companhia das Letras, 2018.

SCOTT, Joan W. Gênero: uma categoria útil de análise histórica. *Educação & Realidade,* vol. 20, n.º 2, pp. 71-99, 1995.

SORJ, Bila. Parte 4: As veteranas ou um sinal de alerta sobre uma memória não escrita. In: HOLLANDA, Heloisa Buarque de. *Explosão feminista.* São Paulo: Companhia das Letras, 2018.

TOURAINE, Alain. *O mundo das mulheres.* Petrópolis: Vozes, 2007.

VARGAS, Virginia. Carta hacia el VII Encuentro Feminista Latinoamericano y del Caribe. Chile, 1996. In: MAULEÓN, Cecília (org.). *Encuentros, (des)encuentros y busquedas: el movimento feminista en América Latina.* Lima: Ediciones Flora Tristán, 1998.

Tecnologias e ação coletiva: usos e apropriações das tecnologias digitais de informação e comunicação por cinco coletivos na cidade de São Paulo

Claudio Luis de Camargo Penteado
Caio Becsi Valiengo
Marilia Jahnel de Oliveira

Introdução

Com o rápido avanço do desenvolvimento tecnológico das últimas décadas, especialmente no campo das tecnologias digitais de informação e comunicação (TDICs), muito se tem debatido sobre o atual estágio histórico do capitalismo contemporâneo, que tem sido adjetivado de diferentes formas, como capitalismo imaterial (Gorz, 2005), cognitivo (Lazzarato, 2014), informacional (Castells, 1999), de plataforma (Srnicek, 2017), de vigilância (Zuboff, 2021). Com suas diferenças, o ponto central destas teses é que os processos de trabalho e as próprias relações sociais têm se tornado cada vez mais dependentes de inovações tecnológicas, assim como seus produtos cada vez mais imateriais, como serviços, conhecimento etc., influenciando em diversos campos da atuação humana.

Assistimos à disseminação de termos como *big data*, internet das coisas, inteligência artificial, *machine learning*, *blockchain*, criptomoedas, automação e revolução industrial 4.0, web 3.0, aplicativos, plataformas, dentre outros. Emergem metáforas como sociedade em rede, economia do compartilhamento, sociedade da vigilância, entre outros termos empregados para designar o atual estágio de desenvolvimento do capitalismo e social, com forte influência das TDICs. Fato é que as novas tecnologias impactam profundamente nossas formas de produção, nossas maneiras de nos relacionarmos entre nós e com o mundo, como também o surgimento de novas formas organizacionais, de exploração do capital e da relação entre sociedade e Estado, e até mesmo entre a comunicação interpessoal, reverberando também no campo da ação coletiva.

Os efeitos dessas mudanças sobre as práticas sociais têm sido orientados pelo que Morozov (2018) chama de "epistemologia do Vale do Silício", ou seja, o entendimento de que a solução de todos os problemas do mundo se resume a produzir mais computação e/ou processar mais dados, sustentando uma visão determinista tecnológica. Essas soluções geram aplicativos de contagem de calorias, mapeamento do trânsito ou previsões meteorológicas, como também produzem maior apropriação de dados pessoais que integram nevralgicamente os modelos de negócios das grandes corporações de tecnologia, cada vez mais individualista, intrusiva e customizada. Mas, se essas soluções são capazes de gerar "praticidade" para os usuários, e principalmente dividendos para acionistas, elas não necessariamente produzem respostas eficazes para problemas coletivos e públicos complexos, decorrentes de causas institucionais e estruturais profundas, e pelo contrário, podem gerar novos problemas para as dinâmicas sociais do contemporâneo.

Num primeiro momento de sua curta história, as novas tecnologias digitais dialogavam com o que, em 1995, Richard Barbrook e Andy Cameron (2017) chamaram de "ideologia californiana", uma visão de mundo que mesclava o hiperindividualismo neoliberal com uma visão coletivista hippie, que se encontravam na crença inabalável dos efeitos necessariamente positivos das tecnologias digitais. Esta mistura contraditória de perspectivas contou ativamente com uma cultura do "faça você mesmo", que originaria a ética hacker (Himanen, 2004) e fomentaria um entendimento otimista das novas possibilidades técnicas, que superariam os mecanismos de controle e vigilância estatais e romperiam com os monopólios narrativos dos veículos de mídia tradicionais. Essas poderosas ferramentas, que estariam ao alcance de qualquer pessoa, criariam o que Castells (2013) chamou de "autocomunicação de massa", baseada em redes horizontais, interativas, localizadas na internet, construindo uma esfera pública conectada, mais dinâmica e autocontrolada pelos fluxos das riquezas das redes (cf. Benkler, 2008).

Algumas décadas depois, a ideologia californiana segue hegemônica, porém a sensação generalizada de otimismo inicial se esvai. O sonho utópico da aldeia global jamais se concretizou, e vivemos hoje "em um domínio feudal, nitidamente partilhado entre as empresas de tecnologia e os serviços de inteligência". (Morozov, 2018: 15). Por meio de um modelo de negócios baseado no extrativismo de dados, corporações como Google, Facebook, Microsoft e Amazon se tornaram poderes dominantes. Os governos, umbilicalmente conectados com estas corporações, montaram aparatos de vigilância e espionagem com alcance inédito na história humana. Como diz Winner (2020), as atividades abertas, artísticas, culturais e cívicas na rede ainda podem ser encontradas em pequenos nichos, mas são insignificantes quando comparadas com as vastas e profundamente enraizadas instituições que hoje governam grande parte do que acontece na vida cotidiana das pessoas comuns com seu poder computacional.

Estas intensas mudanças no capitalismo global têm gerado crises e convulsões nos sistemas democráticos em todo o planeta e novos repertórios de resistência têm sido construídos por movimentos sociais, ativistas e indivíduos organizados em rede. Por conta disso, nas últimas décadas, o campo de pesquisa sobre ação coletiva e movimentos sociais têm se deparado com inúmeros desafios analíticos, tendo em vista as transformações ocorridas nos processos de luta política, tanto em nível local como global.

Grande marca desse momento histórico no campo da ação coletiva é o ciclo de protestos de 2010, que se inicia globalmente com a Primavera Árabe no Oriente Médio e no Norte da África, segue com os movimentos de indignação em toda a Europa e com os movimentos Occupy nos Estados Unidos, e no Brasil destaca-se com as Jornadas de Junho de 2013, com os protestos contra grandes eventos como as Olimpíadas e a Copa do Mundo e com as manifestações contra e a favor do golpe midiático-parlamentar contra a presidenta eleita Dilma Rousseff. Nesta efervescência social, também é importante considerar o movimento dos Secundaristas de ocupação das escolas e a chamada Primavera Feminista, iniciados em 2015. O ciclo de protestos de 2010 pode ser entendido como parte de um fenômeno histórico mais amplo de reação à crise global do capitalismo, com expressões tanto de emancipação social quanto de reações populistas autoritárias (Jappe, 2020), que perdura até hoje e cujos significados políticos e analíticos ainda estão em disputa.

Nesse contexto, novas formas de ação coletiva passaram a ganhar destaque, dentre elas, os "coletivos". Embora a denominação "coletivo" não seja uma novidade no campo da ação coletiva, eles têm despertado especial atenção de pesquisadores e pesquisadoras na última década, pois há uma pluralidade de grupos que assim se autodenominam. Além disso, os coletivos acionam práticas organizativas e de atuação que os afastam de outras ações coletivas, tais como partidos, sindicatos e determinados movimentos sociais, e, com isso, desvelam reflexões sobre formas de organização e atuação política coletiva contemporâneas.

O presente texto tem como objetivo refletir sobre a centralidade das tecnologias digitais de informação e comunicação para atuação política dos grupos (auto)denominados coletivos. Para isso, apresentaremos um panorama das interações entre movimentos sociais e as TDCIs e discorreremos brevemente sobre como a pesquisa acadêmica tem caracterizado conceitualmente os coletivos, localizando-os na produção do campo da ação coletiva. Ainda, como forma de identificar e exemplificar os usos e as formas de apropriação das TDICs, serão analisadas as práticas de cinco coletivos que atuam na cidade de São Paulo. Buscamos refletir como as tecnologias digitais auxiliam em suas práticas políticas e repertórios de ação, quanto são definidoras para sua constituição e organização e se há um emprego mais instrumental dessas ferramentas ou uma apropriação crítica dessas tecnologias, tendo em vista sua dimensão tecnopolítica e o processo de plataformização da sociedade.

Tecnologias digitais e ação coletiva: um campo de estudo

A relação entre as TDICs, especialmente a Internet, com os processos políticos tem gerado intensos debates nos últimos 30 anos. Para dar conta da compreensão destas questões, há um campo específico para seu estudo no Brasil, como afirmam Silveira, Braga e Penteado (2014: 6):

> [...] postulando que há, sim, um campo específico de estudos sobre a internet nas Ciências Sociais contemporâneas, e que esse novo campo de reflexão tem uma natureza intrinsecamente interdisciplinar, abrangendo contribuições de vários ramos das Ciências Sociais no sentido estrito do termo (Antropologia, Ciência Política e Sociologia) mas também de disciplinas coirmãs tais como comunicação social, administração pública, para não falar das ciências da computação e da informática, dentre outras.

No campo da ação coletiva e do ativismo digital, Joyce (2010) apresenta duas estratégias para se analisar o fenômeno: a primeira considera os elementos ativistas como fenômenos principais e tentam compreender práticas de mobilização digitais por meio de arcabouços teóricos e analíticos criados para compreender práticas de mobilização offline. Para a autora, aqueles que seguem esta linha entendem que as tecnologias digitais podem alterar as práticas existentes de ativismo. A segunda estratégia considera o elemento digital como fenômeno principal e se utiliza de teorias e enquadramentos analíticos que tentam explicar o ambiente digital e os aplicam às práticas ativistas. Aqueles que seguem esta linha acreditam que as qualidades únicas do ambiente digital estão transformando uma série de práticas sociais, sendo que o ativismo e as práticas de mobilização são apenas um aspecto deste fenômeno.

Ao analisar o valor do ativismo digital e da importância da influência das tecnologias digitais nos processos de ação coletiva, a mesma autora identifica três visões básicas sobre o papel das tecnologias nos processos políticos: as visões otimistas, as pessimistas e as persistentes. Os otimistas e os pessimistas ocupam posições diametralmente opostas sobre os potenciais das tecnologias digitais em mudar a distribuição de poder político – os primeiros acreditam que o ativismo digital irá alterar as hierarquias políticas existentes e podem ajudar na construção de um futuro mais igualitário, enquanto os segundos acreditam que as tecnologias oferecem novas formas de controle, vigilância e perseguição. Os persistentes acreditam que pouca coisa irá mudar na distribuição de poder e que a mudança do ativismo convencional para o ativismo digital é apenas de grau, mas não de natureza.

Nielsen (2010) é um dos persistentes que afirma não existirem evidências suficientes que indicam que as tecnologias digitais irão romper de forma radical, para o bem ou para o mal, com o passado, mas sim, que deveríamos buscar entender como as novas ferramentas se combinam com velhas práticas de maneira modular e, somente às vezes, de formas inovadoras. Independentemente da visão, a relação entre as mudanças tecnológicas e os processos políticos é sempre ambígua. Olhando para a história da internet, Scholz (2010: 25) mostra como cada avanço trouxe consigo ambiguidades de uso, pois se a grande maioria das tecnologias digitais não foram criadas com propósito ativista, é inegável seu uso realizado por movimentos sociais e ativistas (Murdoch, 2010, Joyce, 2010).

Um exemplo disso é a Arpanet, precursora da Internet, que foi ao ar em 1969. Apesar de ter sido financiada pela Agência de Projetos de Pesquisa Avançada (ARPA) do Departamento de Defesa dos Estados Unidos, as mensagens trocadas neste sistema, que seria um antecessor do e-mail, não estavam restritas à discussão de pesquisas científicas (seu objetivo central), mas serviu também para distribuir mensagens contra a Guerra do Vietnã, permitiu debates sobre o escândalo de Watergate, temas centrais na política dos Estados Unidos no período. Porém, a mesma Arpanet se tornou uma das principais ferramentas utilizadas pelo Pentágono para investigar ativistas políticos. Já refletindo a ambiguidade e a flexibilidade das tecnologias digitais, se por um lado ela permitiu debates relevantes (ainda que para um público muito restrito), também fortaleceu os mecanismos de controle sobre movimentos sociais e cidadãos. Como diz Scholz (2010: 17-18), "desde seu surgimento, a Internet ajudou tanto a controlar como a empoderar cidadãos".

Há uma diversidade de visões sobre o papel das tecnologias e suas possibilidades emancipatórias ou de controle que variam de acordo com o momento histórico (do otimismo da cultura hacker ao pessimismo da manipulação algorítmica e das *fake news*) como também pelos olhares de cada analista, conforme as diversas tipologias possíveis descritas acima. Esta ambiguidade permeia todos os debates sobre as relações entre as tecnologias digitais e as práticas e processos de movimentos sociais.

A multiplicidade de sujeitos políticos contemporâneos, com suas especificidades no campo da ação coletiva, tem demandado de pesquisadores novos olhares e chaves interpretativas para o entendimento dos fenômenos das últimas décadas. Tomem-se como exemplos os debates sobre ação coletiva e ação conectiva (Bennet, Segerberg, 2012; Bennet, Segerberg e Walker, 2014), a construção de novos tipos de liderança e formatos organizativos (Gerbaudo, 2014) e a qualidade e alcance de novos tipos de ativismos mediados tecnologicamente (Gladwell, 2010; Morozov, 2011; Scholz, 2010).

Bennet e Segerberg (2012) se tornaram uma referência importante em seu esforço de pontuar analiticamente as diferenças entre a ação coletiva convencional e a ação coletiva digitalmente mediada, batizada pelos autores de "ação conectiva", cujas diferenças se encontram em suas lógicas organizacionais, principalmente no papel da comunicação como um princípio organizacional. Se nos movimentos sociais e nas ações de protestos pautados na lógica da ação coletiva é possível identificar rapidamente organizações, lideranças e identidades coletivas, o mesmo não aconteceria na ação conectiva. Neste caso, os indivíduos mobilizados em rede estariam desprovidos de elementos considerados centrais para a conceitualização como ação coletiva dentro da abordagem da Mobilização Política. (Teixeira, Zanini e Meneses, 2017: 2)

Diferentemente da ação coletiva convencional, que normalmente demandaria de seus participantes tomadas de decisões mais difíceis e a adoção de identidades sociais e coletivas mais "trabalhosas", que por sua vez exigem mais instrução, pressão, socialização e um maior nível de formalização e utilização de recursos, as redes de ação conectiva são conjuntos de processos mais individualizados e organizados tecnologicamente que resultam em ações sem a necessidade da criação de identidades coletivas ou de níveis e esforços organizacionais muito grandes para responder a determinadas oportunidades políticas. Elas podem variar em termos de estabilidade, escala e coerência. (Bennet e Segerberg, 2012: 750)

Um primeiro contraponto a esta formulação é que, mesmo nos fenômenos considerados como ação conectiva pelos autores, ainda seria possível identificar claros elementos identitários nessas ações aparentemente individualizadas e fluidas. Teixeira, Zanini e Meneses (2017: 7), ao analisar a atuação de grupos e ativistas feministas na Internet, afirmam que ainda que se caracterizem como fenômenos coletivos mais fluidos, estes não deixam de ter fortes impactos sobre a vida social, e que analisar os processos neles ocorridos como ações individualizadas daria origem a uma teorização insuficiente dos processos dos movimentos sociais contemporâneos.

As tecnologias digitais são centrais nos processos da ação conectiva, pois possibilitam a personalização da comunicação de determinada causa ou agenda política para diferentes pessoas, o que permitiria formações de larga escala. Em vez de focar em plataformas específicas, como Twitter e Facebook, uma vez que elas mudam, surgem e desaparecem ao longo do tempo, os autores preferem chamar de "tecnologias de costura de redes" estas plataformas e dispositivos (Bennet, Segerberg e Walker, 2014: 238).

Estas tecnologias de costura permitiriam comunicações personalizadas que se baseiam em dois elementos: (a) conteúdo político no formato de ideias (*frames*) facilmente personalizáveis, como no exemplo do "somos o 99%" do Ocuppy Wall Street ou do "não nos representam" dos Indignados espanhóis, e (b) a existência de tecnologias de comunicação pessoais que permitem o compartilhamento desse conteúdo político, de forma que o próprio processo de comunicação gera novas personalizações conforme as pessoas compartilham informações com seus amigos e conhecidos (Bennet e Segerberg, 2012: 744-745).

Apesar das diferenças, os autores alertam que as fronteiras entre ação coletiva e ação conectiva muitas vezes se sobrepõem. No entanto, ainda é possível diferenciá-los a partir de seus princípios organizacionais (Bennet e Segerberg, 2012: 754). Uma das questões norteadoras dos autores é: como ações conectivas de larga escala conseguem manter algum tipo de organização coerente? Quais os mecanismos associativistas que criam e suportam este tipo de organização? Para responder estas perguntas, os autores produziram um enquadramento analítico que busca examinar processos organizacionais básicos da ação conectiva, com foco em ações comunicativas (Bennet, Segerberg e Walker, 2014: 234).

Ao analisar a produção de teses e dissertações do campo de movimentos sociais e ação coletiva nos últimos 20 anos nas universidades brasileiras, Valiengo (2022) identifica três grandes tendências sobre o uso de tecnologias por parte dos movimentos sociais: apropriação, gênese e produção/transformação.

A primeira olha para as tecnologias a partir de sua "apropriação" por parte dos movimentos sociais. Em sua grande maioria, analisam movimentos sociais "tradicionais", ou que surgem a partir de demandas analógicas, ou por antecederem as mudanças tecnológicas mais recentes em sua origem, ou por não possuírem no ciberespaço sua gênese ou principal forma de atuação. Trabalhos que seguem essa linha buscam entender como os movimentos sociais se apropriam das tecnologias digitais como ferramentas e aparatos técnicos que geram novas oportunidades de comunicação, sem necessariamente se preocuparem com os debates tecnopolíticos envolvidos nesses usos. Essas análises costumam ser instrumentais, buscando entender se, e como, os movimentos sociais estão utilizando as tecnologias digitais como parte de seus repertórios de organização e mobilização. Como exemplo, podemos pensar em trabalhos que buscam entender como um movimento campesino, como o MST, está incorporando em suas práticas políticas o uso das redes sociais digitais. Nesses trabalhos, as tecnologias são entendidas como meio para atingir objetivos políticos.

A segunda tendência busca analisar movimentos sociais cujas "gêneses" estão diretamente conectadas com o ciberespaço, ou seja, são movimentos que surgem a partir das novas tecnologias digitais, com atuações exclusivamente online ou híbridas. São estudos que buscam entender movimentos entendidos majoritariamente como ciberativistas, bem como práticas de mobilização coletiva e protesto que surgem no ambiente virtual, especialmente nas redes sociais digitais. Apesar de serem nativos digitais, estes movimentos sociais não estão preocupados com a política das tecnologias, nem produzem ou transformam substancialmente as tecnologias digitais, apenas fazem um uso mais intensivo e especializado que os movimentos sociais tradicionais da primeira categoria. Muitos deles dialogam com questões filosóficas da ética hacker, e muitas vezes possuem estéticas e performances hackers, ou seja, são percebidos externamente como tais, mas na prática apenas fazem uso das tecnologias existentes. O exemplo mais famoso talvez seja do grupo Anonymous, que ficaram conhecidos ao utilizarem a máscara de Guy Fawkes, da história em quadrinhos *V de Vingança*, e que se tornaram um ícone estético do ciclo de protestos dos anos 2010. Apesar de terem produzido ataques a sites governamentais ou de corporações, sua principal atuação é parecida com outros grupos midiativistas que utilizam as redes sociais digitais para transmitirem suas visões políticas. Nesses trabalhos, as tecnologias também são entendidas como meio para atingir objetivos políticos.

Por fim, a terceira tendência busca analisar movimentos sociais que de fato "produzem e transformam" as tecnologias digitais, preocupados essencialmente com a política das tecnologias. São em sua maioria grupos e coletivos hackers que surgem a partir das novas tecnologias, como os da categoria anterior, mas não exclusivamente, pois também existem movimentos tradicionais que, num primeiro momento, se apropriam das tecnologias digitais, mas posteriormente as transformam e as remixam a partir de necessidades locais. São grupos motivados pela ética hacker, preocupados com as questões políticas da tecnologia, que promovem o uso e a disseminação de software livre, hardware livre, segurança e criptografia na internet, dentre outros. Como exemplo, podemos pensar em coletivos como o Ônibus Hacker, que surge a partir do contexto das tecnologias digitais e propõe atuar como laboratório de vivências e experimentações tecnológicas, ou como a Casa dos Meninos, que surge na década de 1960 a partir de demandas locais da Zona Sul de São Paulo, mas incorpora num primeiro momento, depois produz e transforma novas tecnologias a partir de suas necessidades específicas. Nesses trabalhos, as tecnologias são entendidas como meio, mas também como o próprio objetivo político a ser alcançado.

Considerando este histórico de interações entre as TDICs e ações coletivas, este capítulo se propõe a considerar as especificidades dos coletivos, como um fenômeno complexo e contemporâneo, na análise de como as tecnologias podem funcionar como instrumentos de organização (cf. Bennett e Segerberg, 2012), assim como espaços para a formulação de identidades coletivas (Gerbaudo, 2021) e dispositivos de mobilização política. Como será aprofundado adiante, em geral, os coletivos têm uma estrutura menos formal e mais fluida, diferente dos movimentos sociais tradicionais, sindicatos e partidos.

Sobre os coletivos

No Brasil, os coletivos ganharam relevância, principalmente, em estudos que analisam a participação política de jovens e em análises sobre a conjuntura brasileira dos últimos anos, mais especificamente entre os anos de 2013 a 2016, em relação às grandes manifestações de rua vinculadas à intensa atuação nas redes sociais de internet, que ocorreram neste período no Brasil (Gohn, 2016, 2017, 2018; Maia, 2013; Peralva, 2017; Santos, 2017; Perez, 2017, 2019; Perez e Souza, 2017). Um panorama sobre a produção acadêmica que faz referência direta aos coletivos verificou se há esforço de conceituação desse termo e quais aspectos são apontados para caracterizá-los e defini-los. Com o intuito de compreender como o termo "coletivo" é utilizado em publicações acadêmicas de diversas áreas de pesquisa, através do estudo realizado foi possível perceber que a definição dessa forma de ação coletiva está em construção e que há um esforço para caracterizá-la (Oliveira, 2019).

A diversidade dos coletivos dificulta a elaboração de uma definição conceitual que abarque a multiplicidade dos grupos que se reconhecem enquanto tais e problematiza a capacidade explicativa dos marcos analíticos utilizados diante da complexidade do fenômeno. Ao considerarmos as ações coletivas e os movimentos sociais como fenômenos históricos decorrentes de lutas sociais que se transformam com as mudanças estruturais e conjunturais da sociedade, eles são objetos de estudo permanente (Gohn, 2014). As reconfigurações das práticas sociais exigem constante reformulação das categorias analíticas e o esforço dos olhares acadêmicos.

A produção de estudos sobre ação coletiva dos últimos 30 anos se destaca pela alta volatilidade das interpretações deste campo. Para Bringuel (2015), essa oscilação "impede a construção permanente de acúmulos coletivos orientados por questões teóricas comuns (que podem e devem ser respondidas de maneira diferenciada)" (Bringel, 2015: 47-48). Tendo em vista esse cenário, coloca-se mais um ponto de atenção aos pesquisadores e pesquisadoras dos coletivos, conforme segue.

> A emergência de novos processos só é possível através da reformulação do pensamento e da criação de novas ideias que permitem capturar aspectos novos no mundo, sendo assim, em que medida a mudança da perspectiva analítica é responsável por produzir efeito de novidade sobre fenômenos preexistentes? (Gurza Lavalle et al., 2004 apud Bringel, 2015: 60)

Os estudos sobre o fenômeno dos coletivos contemplam diversas áreas de pesquisa e mobilizam diferentes abordagens teóricas. A partir da análise de um apanhado dessas produções é possível compreender como o termo "coletivo" é trabalhado em publicações acadêmicas. Em geral, o termo coletivo é utilizado como um sinônimo para "agrupamentos de pessoas" e os trabalhos, em sua maioria, têm como objeto de análise coletivos com atuações culturais e artísticas. De modo geral, as produções não contemplam uma problematização sobre a definição do termo ou sua conceituação. Apenas os estudos de Gohn e Medeiros (2015), Aderaldo (2016), Santos (2017), Leblanc (2017) e Hori (2017) apresentam definições do termo "coletivo". Interessante notar que, a despeito das abordagens teóricas que orientam as pesquisas, há convergência entre as definições empregadas por estes pesquisadores, indicando a informalidade, a horizontalidade e a fluidez como algumas das características dos coletivos (Oliveira, 2019).

Importante notar que a horizontalidade e o fazer colaborativo aparecem como aspectos interligados na medida em que o primeiro não se refere apenas à possível ausência de liderança, mas também à atribuição igualitária de importância aos afazeres realizados e respeito à disponibilidade de tempo e aos saberes dos integrantes, implicando desafios operacionais na execução das tarefas que muitas vezes ficam paralisadas por falta de alguém que as realize ou coordene sua realização. Enquanto grupos de ação coletiva que buscam construir possibilidades de atuação e participação política mais inclusivas e plurais, a construção da horizontalidade e da colaboração está associada à autodenominação "coletivo".

Através deste panorama das produções sobre o tema também é possível identificar que alguns estudos apontam para o uso das redes sociais e mídias digitais como um fator relevante para a constituição dos coletivos (Maia, 2013; Gohn, 2017), mas é preciso ressalvar se esse aspecto pode ser considerado um diferencial dos grupos autodenominados "coletivos", já que as interfaces das ações coletivas com as TDICs estão inseridas num contexto mais amplo dos processos de digitalização e plataformização da sociedade (Van Dijck et al., 2018) e do domínio do fluxo das informações pelas grandes empresas de tecnologias digitais (Morozov, 2018). O uso das TDICs atravessa as práticas organizativas e de atuação dos coletivos de diversas maneiras, como será apresentado ao longo deste texto.

Diante disso, este capítulo busca contribuir com o mapeamento da diversidade do campo da ação coletiva e agregar elementos ao fenômeno da proliferação dos coletivos, buscando ampliar e aprofundar o conhecimento sobre a constituição e os modos de fazer desses grupos que, embora múltiplos, autodenominam-se da mesma maneira. Tal esforço estará focado em pensar os usos das TDICs, especialmente a Internet e as mídias sociais, que estão inseridas no repertório de ações, nas formas de organização e na comunicação interna dos coletivos; qual uso é feito para a comunicação externa e a inserção em disputas políticas mais amplas; e se há um emprego mais instrumental dessas ferramentas ou uma apropriação crítica dessas tecnologias.

Centralidade das TDICs para atuação política dos coletivos

Com o objetivo de compreender e identificar os usos e formas de apropriação das TDICs por coletivos, ao longo de 2019, foram realizadas entrevistas semiestruturadas com cinco coletivos que atuam na região metropolitana de São Paulo. A capital paulista se configura como um importante espaço para a atuação dos coletivos. Além de ser a maior cidade brasileira, São Paulo reúne em torno de si uma enorme mancha urbana formando a região metropolitana de São Paulo, com cerca de 21,9 milhões de habitantes e agregando 30 municípios. Nesse emaranhado urbano emerge uma grande diversidade de problemas e formas de ação coletiva, criando um campo de atuação para diversos coletivos. Com o propósito de capturar a multiplicidade dos coletivos que atuam na região, buscou-se contemplar a pluralidade de áreas de atuação na seleção dos grupos entrevistados. Considerando os coletivos localizados no campo democrático e de busca pela justiça social, buscaram-se abranger coletivos cujos projetos políticos dialogassem com os temas (áreas de atuação) relevantes no debate público dos últimos anos.

Os coletivos e os respectivos temas de atuação são: 1) Coletivo 20 de novembro – coletivo universitário que aborda a questão racial, pautando o debate identitário face à implementação de cotas raciais e/ou de outros mecanismos que ampliaram a entrada de negros e negras no ensino superior; 2) Sycorax – coletivo feminista, em reconhecimento à

"Primavera das mulheres ou feminista" e seus desdobramentos; 3) Coletivo Digital – cultura digital, em referência ao papel atribuído às tecnologias de informação e comunicação, especialmente a internet e as redes sociais, nas disputas políticas recentes; 4) Organismo Parque Augusta – direito à cidade, tema transversal das manifestações de junho de 2013, que engloba a demanda por acesso e qualidade dos serviços públicos e por processos participativos na gestão das cidades e no orçamento público; e 5) casadalapa – intervenção urbana, tendo em vista que, já na década de 1990, grupos que debatiam a arte pública e os processos de autoria colaborativa autodenominaram-se "coletivos", sendo possível relacioná-los com a formação dos coletivos contemporâneos (Bassani, 2016).

Esses grupos atuam tanto nos espaços públicos da cidade como em ambientes mais restritos, como o universitário. As práticas políticas acontecem nas redes e nas ruas, de formas complementares, utilizando-se de repertórios variados, como ocupação do espaço público, intervenções artísticas, disputas jurídicas, compartilhamento e divulgação de conhecimento, produção de conteúdo, muitas vezes com diálogo direto ou indireto com a política institucional, seja via editais públicos, seja via financiamento advindo de instituições do terceiro setor, em maior ou menor intensidade.

As entrevistas com os coletivos permitem identificar como o uso das TDICs atravessam as práticas organizativas e as respectivas atuações de diversas maneiras. Em relação às práticas internas de organização e de comunicação dos grupos, as mídias digitais são indispensáveis para os processos de comunicação entre integrantes dos coletivos, sendo o WhatsApp e o Telegram as ferramentas mais utilizadas. Ao possibilitarem um contato instantâneo e simultâneo entre as pessoas que formam o coletivo, as redes sociais são utilizadas como ferramentas para agendar encontros, produzir conteúdo, encaminhar e deliberar questões conjuntamente. Entretanto, a utilização de aplicativos de troca de mensagens como principal ferramenta de comunicação interna dos integrantes dos coletivos gera reflexões e problematizações por parte de seus membros. Muitos acreditam que a interlocução fica prejudicada devido aos ruídos na comunicação, gerando conflitos internos e disputas desnecessárias, e preferem encontros presenciais para garantir uma construção mais colaborativa, propositiva e menos conflituosa.

A respeito da centralidade das mídias digitais nos processos de comunicação interna dos integrantes dos coletivos, que é um ponto em comum na forma de organização dos coletivos, durante as conversas destacaram-se as problematizações em relação ao uso das plataformas de comunicação.

As integrantes do Sycorax, por exemplo, comunicam-se pelo WhatsApp, mas avaliam que a comunicação fica atrapalhada e preferem os encontros presenciais. O principal meio de comunicação entre os membros do Coletivo 20 de novembro é o WhatsApp, inclusive para fazer encaminhamentos, já que as reuniões presenciais são agendadas apenas conforme demanda e muitas vezes eles ficam um bom tempo sem se reunir. Os encontros presenciais acontecem mais entre os membros das comissões internas do coletivo, organizadas por temas e frentes de ação. Eles afirmam que os encontros das comissões garantem mais dinamismo, melhores encaminhamentos e que mais pessoas sentem-se encorajadas para opinar e contribuir quando estão num grupo menor. No entanto, essa avaliação positiva das reuniões não implica encontros mais frequentes.

Nos primeiros anos do coletivo Organismo Parque Augusta, o Facebook foi ferramenta de mobilização central para expandir e repercutir a questão do parque. Outras mídias digitais foram usadas como práticas organizativas do coletivo, como a comunicação e a articulação das ações pelo Telegram e a elaboração de textos coletivos através de ferramentas de compartilhamento. Inicialmente, as mídias digitais foram muito importantes, porém, há a constatação de que a maior parte das brigas entre os integrantes do coletivo originou-se nas redes sociais, tendo adquirido um caráter também sabotador. Nas palavras do entrevistado: "Há um papel tóxico das redes para comunicação":

> Essa coisa de ser um eterno... não é uma roda... não tem fim. Às vezes as pessoas estão falando a mesma coisa e estão brigando. Às vezes são formas de comunicação muito nocivas e violentas. Há implicações coletivas e no corpo. É um debate importante que precisa ser feito. (Entrevistado Guto, 2019)

Além das ferramentas digitais dominarem as formas de comunicação interna, as redes sociais dos coletivos são centrais para a divulgação das atividades, seja com o objetivo de mobilização das pessoas para participarem das ações que serão realizadas ou com o intuito de registrar e divulgar o que tem sido feito.

A possibilidade de divulgação de conteúdos nas redes e, consequentemente, a circulação de seus valores e objetivos reafirmam que as mídias digitais se configuram como espaços de disputa política. Os coletivos analisados destacam que a internet auxilia a prática política, pois facilita contato com outros coletivos para a elaboração de atividades em parceria, colabora na divulgação dos eventos, de informações relevantes para a temática e de conteúdos por eles produzidos, além de ser uma boa ferramenta para divulgar o grupo para possíveis interessados e ampliar o número de integrantes, além da própria comunicação entre os membros.

Complementando a comunicação externa e a inserção em disputas políticas, as redes sociais dos coletivos, comumente, são usadas para a divulgação de ações de parceiros. Essa é uma prática que funciona como uma rede de troca de mobilização entre os coletivos que desenvolvem atividades em conjunto ou entre os quais há sintonia dos objetivos políticos, gerando fortalecimento mútuo. Um dos principais usos estratégicos das TDICs pelos coletivos diz respeito ao fomento e à circulação de conhecimentos, experiências e conteúdos temáticos que dialogam diretamente com seus campos de atuação. A lógica colaborativa das redes ressoa com uma visão compartilhada dos fazeres dos grupos que está diretamente relacionada à autodenominação "coletivo". Para os grupos que se entendem no campo político anticapitalista, soma-se uma camada conceitual dessa prática, pois a organização colaborativa permite exercitar formas que sejam opostas à lógica individualista e competitiva do capitalismo.

O Sycorax destaca-se pelo uso mais estratégico da internet para circular a primeira obra traduzida antes mesmo de ser publicada por uma editora. E, ainda, para o segundo livro, que foi traduzido já com um contrato com a editora Elefante, há um acordo para que o arquivo fique disponível na internet, após determinado tempo de publicação para fomentar a circulação do conteúdo traduzido. Essa é uma prática de atuação do coletivo que está diretamente vinculada ao entendimento do Sycorax em reivindicar o processo tradutório como uma ferramenta de militância política e com o objetivo de divulgar conteúdo que contribua com a luta feminista.

> [...] O que envolve pensar maneiras de circulação das obras que questionem a lógica capitalista de propriedade intelectual. A disponibilização gratuita dos livros que traduzimos é condição fundamental de nossas ações. Esperamos que assim os textos alcem voos pelo Brasil afora, ampliando o acesso a teorias e práticas que fortaleçam nossas lutas cotidianas.

Além desse aspecto da disseminação de conteúdo através da internet, o coletivo Sycorax utiliza ferramentas digitais de compartilhamento de textos para os processos coletivos e colaborativos de tradução que se somam aos encontros presenciais. Essa prática colaborativa e compartilhada dos fazeres do grupo está diretamente relacionada à autodenominação "coletivo". A escolha pelo termo "coletivo" representa o modo de trabalho entre as integrantes e permite registrar que não é um fazer individualizado. "Coletivo porque representa o trabalho que a gente faz, que não é um trabalho individual. Nesse sentido de coletividade e no sentido político do que a gente faz" (Entrevistada Giovana, 2019).

De modo mais geral, os conteúdos produzidos pelos coletivos entrevistados são divulgados na internet e, com isso, os valores e objetivos circulam pela rede, reafirmando que as mídias digitais configuram-se como espaços de disputa política, sendo um aspecto das práticas de atuação dos grupos. Entretanto, os coletivos entrevistados não atribuem centralidade às tecnologias de informação e comunicação para atuação política e para concretizar seus objetivos políticos.

As ações offline tiveram mais destaque nas conversas. Mesmo o coletivo Sycorax, que atribui bastante importância à internet para a circulação do conteúdo traduzido, destacou a importância das oficinas presenciais sobre trabalho reprodutivo como instrumento de divulgação das reflexões de

Silvia Federici e como espaço para trazer problematizações a esta reflexão a partir das realidades das mulheres e das especificidades do Brasil.

O Coletivo 20 de novembro prioriza as ações de debate em sala de aula e em outros espaços da FGV ao incluir questionamentos sobre a questão racial no cotidiano da instituição, além de cuidar do acolhimento dos novos alunos negros. As ações do coletivo casadalapa são voltadas para a intervenção artística no espaço público com o objetivo de "desproibir" a cidade, e a atuação do Organismo Parque Augusta sempre foram plurais, enfraqueciam-se ou fortaleciam-se conforme os caminhos traçados pelo coletivo.

Mesmo o Coletivo Digital, que tem sua origem vinculada ao debate da inclusão digital e do software livre voltado para o uso público, nos últimos anos tem focado suas ações na manutenção de um espaço de "fazeção de cultura".

> A gente considera o que a gente faz um ativismo porque hoje defender cultura e ter espaço para fazer cultura é cada vez mais importante, e nós estamos na briga ferrenha para manter e conseguir multiplicar os espaços públicos de fazeção de cultura, que não existem, que estão sendo detonados pela falta de políticas públicas e por avanços de posições políticas que estão no governo contrárias a atividades culturais que não sejam sob controle. (Entrevistada Beá, 2019)

No entanto, mesmo com o enfoque cultural, o Coletivo Digital não deixa de atuar com a questão digital, já que na sede tudo se faz com software livre. Além da aposta no uso das linguagens culturais enquanto estratégia de disputa, a própria existência da sede como um espaço cultural e o modo de funcionamento da casa são entendidos como uma atuação política.

Mesmo sem ser destacadas diretamente pelos coletivos, podemos observar que em suas falas as tecnologias digitais aparecem como um elemento central na comunicação externa e interna dos coletivos. Devido ao uso mais instrumental, apenas como suporte de comunicação, o uso das TDCIs caracteriza as práticas organizativas dos coletivos abordados, no entanto, não é considerado um diferencial desses grupos enquanto um aspecto específico que os caracteriza enquanto coletivo. Da mesma forma, as mídias sociais são uma ferramenta de suporte para as ações, como possibilidade de mobilização, divulgação e registro, mas não há centralidade desta tecnologia na constituição dos projetos políticos, apontando para um uso mais instrumental.

Dessa forma, as entrevistas permitem afirmar que as TDICs funcionam apenas como ferramenta de suporte cotidiano para as suas ações. Não há centralidade do debate político sobre as tecnologias na constituição de seus projetos políticos e nas suas práticas de atuação, tampouco consistem como um diferencial nas práticas organizativas desses grupos. O uso das TDICs pelos coletivos é atravessado pela digitalização da sociedade com o domínio das plataformas e ferramentas de comunicação digital, notadamente com o WhatsApp, Instagram, Youtube e Facebook, sendo este um elemento estrutural da atual configuração social.

Considerando as três tendências no uso da tecnologia de "apropriação", "gênese" e "produção/transformação" (Valiengo, 2022), podemos afirmar que os coletivos analisados apropriam-se das tecnologias digitais como ferramentas e aparatos técnicos que geram novas oportunidades de comunicação, sem necessariamente se preocuparem com os debates tecnopolíticos envolvidos nesses usos (colonialismo de dados, governamentalidade algorítmica, plataformização da sociedade, vigilância e controle), inserindo as tecnologias digitais como parte de seus repertórios de organização, comunicação interna e mobilização.

Conclusão

Este século é marcado pelo fenômeno cultural das redes digitais, as quais adquiriram relevância e tornaram-se um fenômeno político (Silveira, Penteado e Braga, 2014). A presença das tecnologias de comunicação na atuação das ações coletivas não deve ser entendida como fator causal das ações e mobilizações. Os conflitos, contradições e desigualdades sociais inerentes ao capitalismo, aprofundados com o capitalismo neoliberal, devem ser considerados fatores decisivos para o desencadeamento da organização de ações coletivas que possam manifestar e expressar a insatisfação de grupos e indivíduos.

> Se é verdade que não devemos cair no extremo de um "determinismo tecnológico" segundo o qual as inovações que ocorrem no sistema econômico e nos meios de comunicação geram automaticamente novas modalidades de ação coletiva e de comportamentos humanos, sem a mediação das escolhas estratégicas dos atores sociais, também não devemos cair no outro extremo de deixar de levar em conta os impactos de tais inovações tecnológicas nas formas de sociabilidade contemporâneas. (Silveira, Penteado e Braga, 2014)

Considerando que os coletivos estão inseridos neste contexto de reação à crise global do capitalismo, com expressões tanto de emancipação social quanto de reações populistas autoritárias e que, portanto, também são atravessados por demais aspectos dessa conjuntura, é importante essa análise refletir se a centralidade das TDICs na configuração atual da sociedade contribui para a difusão e a proliferação de coletivos. Em uma sociedade digitalizada (Lupton, 2016), o uso das tecnologias digitais nas práticas e dinâmicas aparece em quase todas as formas de ação coletiva contemporânea, contudo os coletivos, por suas características mais fluidas e menos burocráticas, ficam mais dependentes das plataformas e de suas ferramentas tanto para comunicação e organização interna quanto para divulgação das ações e interação em disputas políticas dos temas aos quais se dedicam.

Como vimos, nos coletivos analisados, a relação com as tecnologias digitais são de apropriação, de forma que as comunicações internas ocorrem mediadas principalmente através das tecnologias digitais, interações e parcerias entre os coletivos ocorrem através das redes sociais, bem como as divulgações das ações que os inserem em disputas políticas sobre os temas de atuação. Dessa forma, é possível afirmar que a existência e a atuação desses grupos estão bastante vinculadas às TDCIs, criando condições para a proliferação de "bolhas" temáticas nas plataformas digitais. Por outro lado, alguns coletivos entrevistados priorizaram as ações nos espaços públicos como estratégia de aumentar o alcance da pauta, no caso do Organismo Parque Augusta, e para o coletivo casadalapa as ruas são primordialmente o local de atuação e de intervenção; para este coletivo, a disputa política ocorre nas ruas da cidade.

Diante da nova dinâmica social imposta pela crise sanitária da Covid-19, a digitalização da sociedade foi intensificada e a dependência das TDICs e das Big Techs no cotidiano ficou mais visível. Embora as entrevistas com os coletivos tenham sido realizadas em um momento pré-pandemia, vale pontuar e, que, nos últimos anos, as TDCIs foram ainda mais centrais, em muitos casos, as únicas possibilidades, para atuação e a continuidade destes coletivos e das demais ações coletivas em geral.

Mesmo que não analisados especificamente neste texto, importante pontuar que existem coletivos que transformam e produzem das tecnologias digitais, se utilizando de forma crítica e criativa das tecnologias digitais, como o caso do coletivo Kilombagem, no desenvolvimento de aplicações de código aberto e valorização de elementos da cultura quilombola (da Silva, 2018) e das redes coletivas de mulheres que visam a tensionar os modelos de tecnologias que reproduzem desigualdade de gênero (e não binária) (Oliveira et al., 2020).

Reconhecendo a multiplicidade dos coletivos e o enfoque específico que apresentamos no texto, que trabalhou com coletivos localizados em São Paulo, que possui uma realidade de conexão muito diferente de outras regiões brasileiras, identificamos que as TDICs assumem um papel mais instrumental estando presente nas práticas e dinâmicas internas comuns da sociabilidade contemporânea, e que em alguns casos podem ser problematizadas por seus aspectos tecnopolíticos. Contudo ainda há aspectos e temáticas que precisam ser explorados no campo, principalmente pela intensificação da digitalização da sociedade e pela expansão dos coletivos.

Referências

ADERALDO, Guilhermo. Entre imagens e imaginários: estética e política nas intervenções visuais/audiovisuais de coletivos culturais paulistanos. In: KOWARICK, L.; FRÚGOLI, H. (orgs.). *Pluralidade urbana em São Paulo*. São Paulo: Editora 34, 2016. pp. 55-79.

BARBROOK, Richard; CAMERON, Andy. *A ideologia californiana. Educação e Tecnologia: abordagens críticas*. Rio de Janeiro: Seses/Unesa, 2017. pp. 124-141.

BASSANI, Jorge. Série Coletivos Culturais. 2016. Disponível em: http://www.itaucultural.org.br/jorge-bassani-serie-coletivos-culturais. Acesso em 18/7/2020.

BENKLER, Yochai. *The wealth of networks*. Yale University Press, 2008.

BENNETT, Lance; SEGERBERG, Alexandra. The Logic of Connective Action. *Information, Communication & Society*, vol. 5, n.º 15, pp. 739-768, 2012. Disponível em: https://doi.org/10.1080/1369118X.2012.670661. Acesso em 12/10/2020.

_____; _____; WALKERS, Shawn. Organization in the crowd: peer production in large-scale networked protests. *Information, Communication & Society*, vol. 17, n.º 2, pp. 232-260, 2014. Disponível em: https://doi.org/10.1080/1369118X.2013.870379. Acesso em 12/10/2020.

BRINGEL, Breno. *Sentidos e tendências do levante brasileiro de 2013*. Núcleo de Estudos de Teoria Social e América Latina (NETSAL), Iesp/Uerj, pp. 16-29, 2013. Disponível em: https://www.academia.edu/10068329/_2013_As_Jornadas_de_Junho_em_perspectiva_global. Acesso em 10/4/2020.

_____. Repertórios de Ação e Repertórios de interpretação: trinta anos de estudos sobre os movimentos sociais no Brasil. In: SCHERER-WARREN, I.; LUCHMANN, L. (orgs.). *Movimentos sociais e engajamento político*. UFSC, 2015. pp. 43-76.

BRITO, Priscilla. Primavera feminista: a internet e as manifestações de mulheres em 2015 no Rio de Janeiro. *Seminário Internacional Fazendo Gênero*, 11. Florianópolis, 2017. Disponível em: http://www.en.wwc2017.eventos.dype.com.br/resources/anais/1499450296_ARQUIVO_PrimaveraFeminista-ainterneteasmanifestacoesdemulheresem2015noRiodeJaneiro-FazendoGenero.pdf. Acesso em 10/5/2020.

CASTELLS, Manuel. *O poder da identidade*. São Paulo: Paz e Terra, 1999.

_____. Redes de indignação e esperança: movimentos sociais na era da Internet. Rio de Janeiro: Zahar, 2013.

DUTRA, Zeila. A Primavera das Mulheres: ciberfeminismo e os movimentos feministas. *Revista Feminismos*, vol. 6, n.º 2, maio-ago., pp. 19-31, 2018. Disponível em https://portalseer.ufba.br/index.php/feminismos/article/view/30384. Acesso em 10/5/2020.

DA SILVA, Renata Nascimento. Quilombos virtuais: as novas expressões de resistência, ativismo e empoderamento negro nas redes sociais. *Intercom–Sociedade Brasileira de Estudos Interdisciplinares da Comu-*

nicação, 41º. Congresso Brasileiro de Ciências da Comunicação, Joinville-SC, 2018.

FUNKE, Peter; WOLFSON, Todd. From Global Justice to Occupy and Podemos: mapping three stages of contemporary activism. *TripleC: Communication, Capitalism & Critique*, n.º 15 (2), pp. 393-405, 2017. Disponível em: https://doi.org/10.31269/triplec.v15i2.887. Acesso em 12/10/2020.

GERBAUDO, Paolo. Redes e ruas: mídias sociais e ativismo contemporâneo. Trad. Dafne Melo. São Paulo: Funilaria, 2021.

_____. The persistence of collectivity in digital protest. *Information, Communication & Society*, vol. 17, n.º 2, pp. 264-268, 2014. Disponível em: https://doi.org/10.1080/1369118X.2013.868504. Acesso em 12/10/2020.

GLADWELL, Malcom. Small Change: Why the Revolution Will Not be Tweeted. *New Yorker*, 4 de outubro, 2010. Disponível em: https://www.newyorker.com/magazine/2010/10/04/small-change-malcolm-gladwell. Acesso em 26/10/2020.

GOHN, Maria da Glória. *Teoria dos movimentos sociais: paradigmas e clássicos contemporâneos*. São Paulo: Edições Loyola, 2014.

_____. Movimentos Sociais e Movimentos de Coletivos em São Paulo: o papel da política, dos mediadores e da media nas mobilizações, manifestações e protestos nas ruas na atualidade. *10º Encontro Associação Brasileira de Ciência Política* (ABCP), Belo Horizonte, MG, 2016. Disponível em: https://cienciapolitica.org.br/eventos/10o-encontro-abcp/anais?page=23. Acesso em 10/5/2020.

_____. *Manifestações e protestos no Brasil: correntes e contracorrentes na atualidade*. São Paulo: Cortez, 2017.

_____. Jovens na política na atualidade – uma nova cultura de participação. *Caderno CRH*, vol. 31, n.º 82, pp. 117-133, Salvador, 2018. Disponível em http://www.scielo.br/scielo.php?script=sci_arttext&pid=S0103-49792018000100117. Acesso em 10/5/2020.

GORZ, André. *O imaterial: conhecimento, valor e capital*. São Paulo: Annablume, 2005.

HIMANEN, Pekka. The hacker ethic as the culture of the information age. In: CASTELLS, Manuel. (ed.). *The Network Society*, 2004.

HORI, P. *Os coletivos urbanos da cidade de São Paulo: ações e reações*. XVII Enanpur, São Paulo, 2017. Disponível em http://anpur.org.br/xviienanpur/principal/publicacoes/XVII.ENANPUR_Anais/ST_

Sessoes_Tematicas/ST%206/ST%206.11/ST%206.11-15.pdf. Acesso em 22/9/2018.

JAPPE, Anselm. A obediência morreu? *Margem Esquerda – Ensaios Marxistas,* n.º 34, pp. 29-34, São Paulo: Boitempo, 2020.

JOYCE, Mary. *Digital Activism Decoded: The new mechanics of change.* Nova York. Idebate Press, 2010.

LAZZARATO, Mauricio. *Signos, máquinas, subjetividades.* São Paulo; Helsinque: n-1 Edições; Edições Sesc São Paulo, 2014.

LEBLANC, E. *A Prefeitura Municipal de São Paulo e os coletivos urbanos: a construção de interfaces socioestatais.* Dissertação em Administração Pública e Governo. Fundação Getúlio Vargas, 2017. 92 p.

LUPTON, Deborah. *Digital sociology.* New York: Routledge, 2014.

MAIA, Gretha. A juventude e os coletivos: como se articulam as novas formas de expressão política. *Revista eletrônica do curso de direito da UFSM,* vol. 8, n.º 1, pp. 58-73, 2013. Disponível em https://periodicos.ufsm.br/revistadireito/article/view/8630. Acesso em 10/5/2020.

MOROZOV, Evgeny. *The Net Delusion: the dark side of Internet freedom.* Nova York: Public Affairs, 2011.

_____. *Big Tech: a ascensão dos dados e a morte da política.* São Paulo: Ubu Editora, 2018.

MURDOCH, Steven. Destructive Activism: The Double-Edged Sword of Digital Tactics. In: JOYCE, Mary (ed.). *Digital Activism Decoded: The New Mechanics of Change.* Nova York: Idebate Press, 2010. p. 137-148.

NIELSEN, Rasmus. Digital Politics as Usual. In. *Digital Activism Decoded: The new mechanics of change.* Nova York. Idebate Press, 2010. pp. 181-196.

OLIVEIRA, Marilia. *Coletivos na cidade de São Paulo: práticas organizativas, práticas de atuação e identidades coletivas.* Dissertação de Mestrado em Ciências Humanas e Sociais. PCHS, UFABC, São Bernardo do Campo, 2019. 115 p.

PERALVA, Angelina; FIGEAC, Julien; PATON, Nathalie; NOGUEIRA, Rachel. O legado de 2013: coletivos de ativistas e a agenda política brasileira. *41º Encontro Anual da ANPOCS,* GT 8, Caxambu, MG, 2017. Disponível em https://www.anpocs.com/index.php/papers-40-encontro-2/gt-30/gt08-26/10660-o-legado-de-2013-coletivos-de-ativistas-e-a-agenda-politica-brasileira/file. Acesso em 10/5/2020.

PEREZ, Olívia. Surgimento e atuação dos coletivos que discutem clivagens sociais. *II Encontro Internacional Participação, Democracia e Políticas Públicas*, UFES, Vitória, ES, 2017. Disponível em: https://www.researchgate.net/publication/318099286_Surgimento_e_atuacao_dos_Coletivos_que_discutem_clivagens_sociais. Acesso em 10/5/2020.

_____. Relações entre coletivos com as Jornadas de Junho. *Opinião Pública*, vol. 25, n.º 3, pp. 577-596, Campinas, 2019. Disponível em: https://doi.org/10.1590/1807-01912019253577. Acesso em 10/5/2020.

_____; SOUZA, Bruno. Velhos, novos ou novíssimos movimentos sociais? As pautas e práticas dos coletivos. *41º Encontro Anual da ANPOCS*, GT 11, Caxambu, MG, 2017. Disponível em http://anpocs.com/index.php/encontros/papers/41-encontro-anual-da-anpocs/gt-30/gt11-15/10696-velhos-novos-ou-novissimos-movimentos-sociais-as-pautas-e-praticas-dos-coletivos. Acesso em 10/5/2020.

RIBEIRO, Letícia; O'DWYER, Brena; HEILBORN, Maria. Dilemas do feminismo e a possibilidade de radicalização da democracia em meio às diferenças: o caso da marcha das vadias no Rio de Janeiro, *Civitas*. Revista de Ciências Sociais, vol. 18, n.º 1, pp. 83-99, 2018. Disponível em https://doi.org/10.15448/1984-7289.2018.1.27560. Acesso em 10/5/2020.

SAMPAIO, Rafael; BRAGATTO, Rachel; NICOLAS, Maria. Internet e política em análise: levantamento sobre o perfil dos estudos brasileiros apresentados entre 2000 e 2011. *36º Encontro Anual da ANPOCS*, GT 1, 2012.

SANTOS, Francine. *Resistências ativas e resistências reativas: um estudo sobre os coletivos que contestam as práticas violentas da polícia no Estado de São Paulo.* Dissertação de Mestrado em Ciências Humanas e Sociais. PCHS, UFABC, São Bernardo do Campo, 2017. 149 p.

SCHOLZ, Trebor. Infrastructure: Its Transformations and Effect on Digital Activism. In: JOYCE, M. C. (org.). *Digital Activism Decoded: The new mechanics of change.* Nova York: Idebate Press, 2010. pp. 17-32.

SILVEIRA, Sérgio Amadeu; BRAGA, Sérgio; PENTEADO, Cláudio. *Cultura, Política e Ativismo nas Redes Digitais.* São Paulo: Fundação Perseu Abramo, 2014.

SRNICEK, Nick. *Platform capitalism.* John Wiley & Sons, 2017.

TEIXEIRA, Ana; ZANINI, Débora; MENESES, Larissa. O fazer político nas mídias sociais: aproximações teóricas sobre ação coletiva em rede. *41º Encontro Anual da ANPOCS*, GT 2, Caxambu, MG, 2017. Disponível em: https://www.anpocs.com/index.php/papers-40-encontro-2/gt-30/gt02-25/11055-o-fazer-politico-nas-midias-sociais--aproximacoes-teoricas-sobre-acao-coletiva-em-rede-1/file. Acesso em 10/5/2020.

VALIENGO,Caio. *Queremos saber: o campo de estudos de movimentos sociais e tecnologia*. Tese de Doutorado em Ciências Humanas e Sociais. Universidade Federal do ABC (UFABC), São Bernado, 2022.

VAN DIJCK, José; POELL, Thomas; DE WAAL, Martijn. *The platform society: Public values in a connective world*. Oxford University Press, 2018.

WINNER, Langdon. *The whale and the reactor: A Search for Limits in an Age of High Technology*. 2ª ed. Chicago: University of Chicago Press, 2020.

ZUBOFF, Shoshana. *A era do capitalismo de vigilância*. Rio de Janeiro: Intrínseca, 2021.

Democracia da experiência: "ocupar para existir", uma política feminista e decolonial

Flávia Faria

A reunião e mobilização nacional #OcupaPolítica, Pé na Porta e Amor pela Democracia realizada pela primeira vez em Belo Horizonte, em dezembro de 2017, contribuiu enormemente para a construção de coletivos de ocupação política que dela participam. Grande parte das atividades foram realizadas na Ocupação Carolina Maria de Jesus (OCMJ), de 8 a 10 de dezembro de 2017, reunindo centenas de participantes de 18 estados brasileiros em mesas-redondas, ateliês, rodas de conversa, exercícios lúdicos, com vistas a apoiar pré-candidaturas militantes para as eleições estaduais de 2018. A frase "precisamos ocupar a política" ecoa em todos os espaços da OCMJ. "Ocupar a política" refere-se à participação de corpos dissidentes em espaços historicamente ocupados por homens brancos, heteronormativos e com posições econômicas privilegiadas. No caso de Belo Horizonte, engajada em diferentes lutas, as Somos Muitas pela Cidade que Queremos surgiu em 2015 para defender um outro modelo de cidade e de política. Priorizando a defesa do espaço público, a legalização do aborto, o direito à moradia e o reconhecimento de identidades não heteronormativas, as Somos Muitas integra e co-organiza a mobilização #OcupaPolítica.

O que significa "ocupar a política"? Qual papel é atribuído ao coletivo e qual o sentido de uma *democracia da experiência*? Este capítulo busca compreender a reivindicação por "ocupação da política" e conceituar o que denomino *democracia da experiência*. Para isso, retomarei aspectos e momentos da minha pesquisa etnográfica realizada de agosto de 2017 a julho de 2019 em Belo Horizonte e em São Paulo junto a coletivos que integram a mobilização #OcupaPolítica.

A reivindicação por ocupar decorre da exclusão historicamente imposta a determinados grupos sociais dos espaços políticos e de tomada de decisão. A ação de ocupar e, além disso, de forçar essa ocupação (pé na porta da democracia) exige a conquista de espaços que não seriam distribuídos voluntariamente pelas forças hegemônicas. Como nos mostram diversos estudos sobre a relação entre gênero, raça e política no Brasil (Guimarães, 2001, 2002; Fernandes, 2008; Campos e Machado, 2015, 2020; Rios, 2018; Meneguello et al., 2012)"plainCitation":"(Antonio Sérgio Alfredo Guimarães 2001; Antônio Sérgio A. Guimarães 2002; Fernandes 2008; Campos et Machado 2015; Rios 2018; Campos e Machado 2020; Meneguello et al. 2012), os espaços de tomada de decisão política são ocupados majoritariamente por determinados grupos sociais. Durante as primeiras atividades da #OcupaPolítica, uma das muitas militantes negras presentes defende que ocupar a política significa romper com a subjugação racista das pessoas não brancas. Ela afirma: "(...) a escravidão nos obrigou a (...) nós mulheres e homens negros (...) a pedir licença para entrar em determinados espaços. A ideia de ocupação de espaço está muito ligada com uma concepção emancipatória de direito (...), porque a gente luta para tentar retomar essa democracia que está tão fraturada, tão em risco na sociedade brasileira". Amanda defende que a luta pela real democracia é concomitante ao processo de ocupação dos espaços de poder por corpos que historicamente estiveram afastados de tais espaços. Nessa mesma roda de diálogo, realizada durante o segundo dia da reunião nacional da #OcupaPolítica em Belo Horizonte, uma militante indígena e membro das Somos Muitas, reitera que a luta por justiça social atua como o motor do movimento: "temos que ocupar para existir".

Dessa forma, ao reivindicarem a ocupação da política, tais militantes explicam que não basta comprometer-se com a renovação, entendida por eleger novos mandatos e novo.a.s candidato.a.s. Não basta tampouco lutar pelos direitos sociais, pelo direito à cidade e pela cidadania plena, também é preciso pensar formas de inverter a ordem, ou seja, de ocupar os espaços decisórios, assembleias e instituições para romper com seus códigos normativos opressores, racistas, machistas, homofóbicos. Para a militante do Rio de Janeiro, é preciso almejar os espaços de poder para formar alianças feministas e decoloniais dentro das instituições:

> Temos que voltar à questão colonial (...), a gente se acostumou a estar no segundo lugar, eu achava que a gente devia sair desse lugar dos movimentos e ir ocupar os partidos, ocupar os cargos, ocupar o governo (...) eu realmente acredito que se a gente estivesse lá, não estaria desse jeito. Tem gente que acha que não, que acha que não é pra estar nos cargos, na Presidência da República, que não precisa disso, que isso é vaidade do poder. (...) [mas] é o momento de nós nos candidatarmos, formar uma bancada feminista, de artistas, professores, ativistas, antirracista, a gente precisa ocupar o Congresso nacional, gente!

É importante precisar que a reunião-mobilização #OcupaPolítica foi formada por diversos coletivos e movimentos que apoiam candidaturas de militantes de grupos sociais historicamente afastados dos espaços políticos. Durante a iniciativa Subverta – Coletivo ecossocialista e libertário que aconteceu em abril de 2019 na Universidade de São Paulo –, três ativistas indígenas dos estados de Pernambuco, Amazonas e Maranhão foram convidados para falar sobre a filosofia do "bem viver" diante das ameaças aos direitos e territórios dos povos originários. Dois deles lançaram uma candidatura eleitoral no âmbito da #OcupaPolítica, e ao responderem a uma questão sobre os motivos de sua candidatura, retomam a ideia de "ocupar para existir":

> "A gente entra na política por necessidade. A gente quer nosso direito à igualdade mas também de ser diferente. (...) Eu decidi me candidatar porque é dentro das instituições que as decisões acontecem. Tem gente que me diz que eu devo ficar no território [indígena], mas como eu poderia garantir nossos direitos se é na ALESP [Assembleia Legislativa do Estado de São Paulo] onde se assinam as leis que nos dão direitos ou não ao território?", questiona a candidata eleita em 2018.

A ocupação política por corpos indígenas evoca a luta pela existência de seus seres, territórios e modo de vida. A decisão de ingressar na política institucional responde à necessidade de garantir seus direitos e ter suas demandas representadas por indígenas eleito.a.s. Uma das candidatas presentes problematiza a representação: "Nós entendemos que precisamos inserir um dos nossos dentro das instituições políticas. Não é suficiente ter representantes que apoiam nossa luta. O deputado que nos apoia mas que não é um dos nossos não vai sentir nunca a nossa dor quando nossos territórios sagrados são destruídos", afirma.

Nesse mesmo sentido, outra voz toma a palavra energicamente:

> "Se queremos falar em bem viver, precisamos falar de garantia de direitos. Para ter o bem viver, o modo de vida dos povos indígenas, precisamos garantir nossos territórios.

> Nós não podemos viver sem nossos territórios, sem os rios, sem as árvores, a floresta, a diversidade de fauna e de flora, é aqui que nós vivemos em total respeito com a mãe terra e nossos ancestrais. Mas como falar de bem viver se nós não temos voz? É muito complicado falar disso enquanto nossos direitos são retirados. Precisamos que nós, povos indígenas, tenhamos uma voz dentro dos espaços políticos de tomada de decisão! Nós devemos ocupar tudo, a assembleia e o Congresso!", afirma a candidata eleita.

No estado de São Paulo, a primeira deputada estadual indígena foi eleita em 2018 e iniciou o seu mandato na Assembleia Legislativa em março de 2019 no mandato coletivo da Mandata Ativista, cuja campanha eleitoral também foi lançada no âmbito da #OcupaPolítica. Para as candidatas eleitas, ocupar as instituições significa tornar visíveis seus corpos e sua situação de isolamento como grupo social historicamente oprimido. Nesse sentido, ocupar esses espaços políticos insere e legitima tais lutas sociais no âmago das instituições e da criação de políticas públicas.

Voltemos rapidamente à questão da sub-representação política segundo os critérios de gênero e raça. Se compararmos a taxa de sub-representação em nível nacional com a composição da população brasileira, veremos imagens "inversamente" proporcionais. Em relação ao gênero, na parte superior do Gráfico 1, a linha laranja indica que, em 2018, 85% dos cargos políticos legislativos no brasil são ocupados por homens enquanto a barra vermelha indica que a população brasileira é majoritariamente composta por mulheres (51%). De maneira inversa, na parte inferior, vemos a linha azul indicar que apenas 15% dos cargos legislativos (em nível nacional) são ocupados por mulheres enquanto a barra azul nos mostra que os homens compõem 48% da população. Maioria na população e esmagadoramente minoria na política legislativa do país, as mulheres são imensamente sub-representadas.

De maneira semelhante, quando adicionamos o critério racial, na parte superior do gráfico à direita, a linha vermelha indica que, em 2018, 75% dos eleitos são pessoas brancas e a barra roxa nos mostra que as pessoas autodeclaradas pardas ou negras no Brasil representam 56% da população. A parte inferior revela, inversamente, que esta parcela majoritária da população ocupa apenas 25% dos cargos legislativos em 2018.

Gráfico 1 – População *versus* representantes eleitos[1]

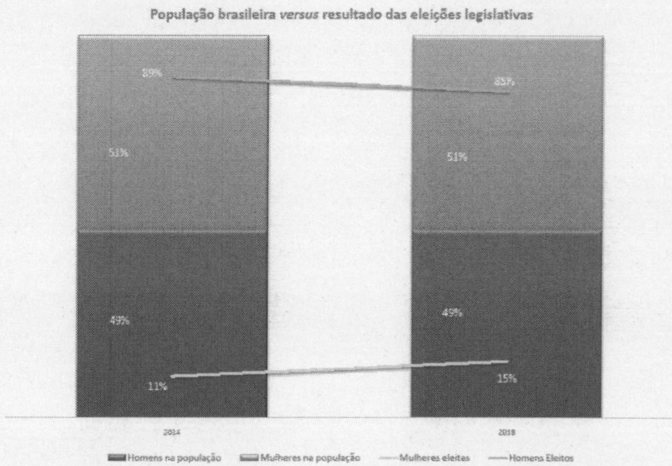

[1] Gráficos produzidos por Flávia de Faria com base em dados do IBGE de 2014 e 2018 para a população brasileira assim como a análise encontrada em: https://g1.globo.com/economia/noticia/2020/05/06/com-alta-crescente-de-autodeclarados-pretos-e-pardos-populacao-branca-tem-queda-de--3percent-em-8-anos-diz-ibge.ghtml, acesso em 20/4/2022. Também foram consultados os dados do Tribunal Superior Eleitoral referentes ao perfil dos eleitos das Câmaras Municipais, Assembleias Legislativas, Câmara Federal e deputados do Senado, em 2014 e em 2018.

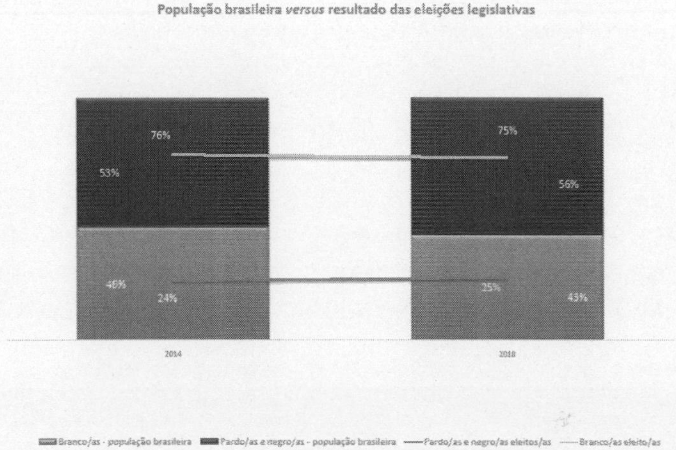

Os números mostram uma falha representativa em um país onde a maioria da população constitui-se de mulheres e pessoas não brancas. As relações sociais de gênero e de raça são fortemente problematizadas por coletivos de ocupação política, que priorizam uma abordagem interseccional das opressões cotidianas. Durante a aula aberta sobre violência policial organizada pela Mandata Ativista, em abril de 2019, uma das então deputadas eleitas criticava o modelo de segurança pública brasileiro, referindo-se à lógica do "genocídio da população negra". Realizada em São Paulo, na Casa 1 – Centro de Cultura e Acolhimento LGBTQ+ –, este evento foi concebido como uma manifestação contra a ação violenta do Estado contra pessoas negras que vivem em periferias, incluindo em especial a população LGBTQ+.

> "A polícia nos mata todos os dias. Nas periferias eles matam qualquer um, basta ser negro e pobre para viver no risco. Somos identificados como suspeitos e bandidos porque somos negros, porque andamos em moto ou porque

usamos boné. Nosso modelo de segurança pública é genocida desde sempre, e só piora desde a eleição desse governo racista, homofóbico e misógino [em referência ao governo nacional de Jair Bolsonaro]. Essa política não conhece os direitos humanos nem o respeito pela pessoa humana", afirma a deputada eleita.

Duas mulheres negras, periféricas e transgênero foram eleitas pela primeira vez, também em 2018, para a Assembleia Legislativa do Estado de São Paulo. Uma delas compôs a mesma Mandata Ativista mencionada anteriormente. Durante a aula aberta sobre violência policial, a então codeputada destaca a necessidade de transformar o modelo de segurança pública que reproduz preconceitos e condições desiguais de proteção na mesma sociedade. Um modelo que, segundo a codeputada, legitima o Estado a tirar a vida de negros, pobres, prostitutas, travestis e pessoas não cis nas periferias e no centro de São Paulo.

Efetivamente, a crítica ao modelo de segurança pública e às instituições ocupa um lugar privilegiado no que identificamos, seguindo a definição de Angela Alonso (2017), como "repertório autonomista"[2] de coletivos políticos. O repertorio autonomista é caracterizado, entre outros elementos, pela crítica antissistema, que também apareceu em minha pesquisa de campo em várias ocasiões. Entretanto, no caso da #OcupaPolitica, esta crítica não se identifica com a ação antipolítica nem se posiciona contra o público (bens, serviços, espaços). Ao contrário, as Somos Muitas visam a

[2] Repertório de ação inspirado em movimentos libertários, anarquistas e culturais, amplamente utilizado por ações de movimentos antiglobalização e anticapitalistas. Como já vimos, ele evoca espaços de autogestão, de organização descentralizada dos participantes que tende à horizontalidade e à rejeição de lideranças que tomam a frente dos movimentos.

apropriar-se da política de forma a intensificar as políticas afirmativas do Estado, de defesa dos serviços públicos (direito à educação, saúde e previdência pública), de proteção dos bens e de livre utilização de espaços públicos. A crítica às instituições – que não é sinônimo de crítica antipolítica – aparece também nas palavras da deputada do estado de São Paulo, eleita em 2018 com o apoio da #OcupaPolítica:

> É importante que nos consigamos reestruturar o modelo de Estado, de instituições e de banalização da vida. (...) Como romper com essa lógica? Precisamos pensar onde nós vamos nos infiltrar! Chega de banalizar a vida de pretos e pobres, de LGBTs, de indígenas. (...) Chegou a hora de mudar de estratégia militante e ativista. (...) Temos que pensar em como ocupar os espaços decisórios deste país. Convido vocês a refletir sobre uma mudança em nossa própria estratégia de militância e ativismo. Elegeram pela primeira vez mulher transgênero [para a ALESP] e agora posso escrever leis e debater com o secretário de Segurança Pública (...). Convido a encontrarmos brechas como eu encontrei e refazer esse modelo perverso.

Nesse sentido, a decisão de participar das eleições e ocupar um cargo na Assembleia Legislativa representa uma maneira de inverter os papéis, dando visibilidade performática aos corpos dissidentes e às vidas historicamente marginalizadas. A inversão simbólica é concretizada pelo direito de aparecer nos espaços políticos – o que Butler (2018), em sua releitura de Hannah Arendt, chamou de "espaços de aparecimento" ao abordar a performatividade da política. A ocupação da política por corpos dissidentes busca mais do que renovação: ela se inscreve na performatividade da política e na luta por justiça social, por distribuição, por reconhecimento e por participação através, entre outros, da criação de políticas públicas. Retomaremos posteriormente a ideia de inversão simbólica e concreta de papéis sociais.

O discurso "ocupar a política para garantir a existência" de certos grupos sociais aparece também no Seminário Aberto Pedagogia e Política, organizado pelo UneAfro em São Paulo. Centenas de pessoas foram ao Teatro Oficina, em outubro de 2018, para se manifestar contra as candidaturas consideradas racistas apresentadas durante as eleições deste mesmo ano. Durante o seminário, uma ativista negra das Somos Muitas tomou a palavra para defender a necessidade de garantia de uma condição mínima de vida aos povos negros e periféricos: "Há apenas 130 anos, o Brasil me reconhece como ser humano [referência à Abolição da escravatura que data de 1888] e há apenas dez anos temos acesso a estabelecimentos de ensino superior [referência ao sistema de cotas para a população negra]. Eu sou fruto do PROUNI". A então pré-candidata ao cargo de deputada estadual por Minas Gerais, também no âmbito da #OcupaPolítica, defende as políticas afirmativas das quais ela mesmo foi beneficiária. Dessa forma, vemos que a crítica antissistema observada no meu campo de pesquisa celebra as políticas afirmativas e ataca o sistema no que ele revela de patriarcado, capitalista, racista e heteronormativo. Por isso, corpos dissidentes revelam a necessidade de "ocupar para existir". O aparecimento de tais corpos e a participação dessas pessoas nos espaços de poder se fazem, em particular, a partir da criação de outro modelo de construção política, que chamo de *democracia da experiência*.

A democracia da experiência

A *democracia da experiência* se faz a partir de um duplo compromisso: por um lado, com um projeto sociopolítico dissidente, quer dizer, feminista, decolonial e anti-heteronormativo. Por outro lado, com um modo de fazer que reivindica a ocupação (simbólica) como repertório de ação que inverte a ordem da divisão racial e sexual do trabalho. Dito isso, é fundamental precisar que a *democracia da experiência* denuncia os mecanismos de dominação interseccional, problematizando o *habitus* masculino, branco e heteronormativo da política e de seus espaços. A eleição de corpos invisibilizados inverte os papéis e as relações de poder, inserindo no âmago dos espaços de decisão corpos historicamente marginalizados, quer dizer, que estiveram durante séculos à margem do processo político e oprimidos por códigos normativos hegemônicos. A inversão simbólica (Certeau, 1994) se concretiza com a tomada dos espaços de poder e das plenárias institucionais, com a experiência da participação e da legitimidade de tais corpos no centro do processo político e decisório. A inversão emerge de uma ação que é encarnada pela presença de corpos dissidentes em espaços hegemônicos.

Primeiramente, no que diz respeito ao compromisso com o projeto sociopolítico dissidente, a partir de uma perspectiva interseccional que leva em conta a existência de múltiplas opressões oriundas do poder instituído e de seus códigos hegemônicos (Castoriadis, 2006), a *democracia da experiência* complexifica a concepção de justiça social ao reivindicar não apenas políticas distributivas mas também demandas por reconhecimento, por dignidade e pela desnaturalização de papéis sociais culturalmente criados para distinguir o feminino do masculino e legitimar, por exemplo, a divisão racial e sexual do trabalho (Ortner, 1979; Fraser, 2011; Hirata, 2016; Vergès, 2020). Para além de redistribuição e de reconhecimento, trata-se também, no caso da ocupação política, de incluir na luta por justiça social, a participação em espaços de poder incluindo as instituições políticas. Em outros termos, a luta por justiça social defendida pela *democracia da experiência* inclui redistribuição, reconhecimento e participação, quer dizer, a necessidade de "ocupar a política" institucional, conforme o sentido exposto anteriormente.

Se voltarmos às reflexões da filósofa Nancy Fraser (2011) em seu livro *O que é a justiça social? Redistribuição e reconhecimento*, o que chamo aqui de *democracia da experiência* se inscreve no campo da ampliação desta concepção bidimensional (redistribuição e reconhecimento), mobilizando também a ocupação dos espaços de poder como elemento *sine qua non* da luta por justiça social. Dessa forma, "ocupar para existir" é um fenômeno significativo pois concretiza a inversão dos papéis sociais assim como dos códigos normativos do poder instituído, que atribuí legitimidade política a corpos masculinos, brancos e heteronormativos. A *democracia da experiência* emerge tão somente quando corpos historicamente colocados à margem das decisões políticas experimentam ocupar tais espaços de poder e afrontam, em seu quotidiano, o *modus operandi* cultural e estrutural do patriarcado, do capitalismo, do racismo e da heteronormatividade.[3] Ao mesmo tempo, o projeto sociopolítico dissidente visa a reduzir a sub-representação política de mulheres, de pessoas não brancas e não heteronormativas.

Segundo Fraser (2006), o reconhecimento é uma dimensão da justiça social pois representa uma condição para a

[3] O que poderia ser identificado, se retomamos as palavras da feminista argentina Lugones (2020), como sendo o *modus operandi* do sistema-mundo capitalista moderno de gênero.

paridade de participação – este princípio que define a justiça social para a filósofa. A partir desta premissa, e diferentemente do que apontavam algumas correntes da teoria do reconhecimento (ver Taylor, 2000; Honneth, 2004; Honneth, 2015), sua negação não pode ser considerada apenas como uma falta de respeito ou como um obstáculo para a autoestima ou para a construção identitária daqueles que são desprezados, mas se apresenta como um fator que impede a paridade de participação e, portanto, como um fator de injustiça social. De acordo com tal premissa, consideramos que a paridade de participação está intimamente imbricada com o processo eleitoral, o que me leva a inserir a ocupação de espaços de tomada de decisão por corpos historicamente excluídos como sendo também uma condição para a justiça social.

Sabemos que a justiça social é uma questão trabalhada por diferentes correntes teóricas, bem como por muitos movimentos sociais. Abordar a justiça social a partir das experiências de coletivos de ocupação política exige uma visão complexa na qual coexistem as demandas de redistribuição, de reconhecimento e de ocupação dos espaços públicos. "Ocupar a política para existir" significa inverter a ordem dos "lugares sociais" preestabelecidos. Em outras palavras, garantir que corpos dissidentes acessem lugares sociais diferentes daqueles que lhes foram historicamente atribuídos. Como explica Lélia Gonzalez (1984), o Brasil opera uma divisão racial do espaço:

> O lugar natural do grupo branco dominante são moradias saudáveis, situadas nos mais belos recantos da cidade ou do campo e devidamente protegidas por diferentes formas de policiamento (...). Já o lugar natural do negro é o oposto, evidentemente: da senzala às favelas, cortiços, invasões, alagados e conjuntos habitacionais. (...) Além disso, aqui

> também se tem a presença policial; só que não é para proteger, mas para reprimir, violentar e amedrontar. É por aí que se entende por que o outro lugar natural do negro sejam as prisões. (Gonzalez, 1984: 232)

Da mesma forma, Gonzalez explica que o lugar social atribuído às mulheres negras no Brasil é determinado pelo duplo fenômeno do racismo e do sexismo. Trata-se, segundo a autora, do lugar social ocupado pela mulata exposta à sexualização de seu corpo e da doméstica exposta à relação de servidão com o patrão. Assim, a paridade de participação depende tanto da destruição do que tornou possível a existência destes lugares sociais quanto da presença provocadora destes corpos em espaços onde sua legitimidade ainda é contestada.

Trinta anos depois da obra de Lélia Gonzalez (1984), seguem alguns trechos de falas de quatro mulheres negras engajadas na #OcupaPolítica:

> Imagine uma menina negra crescendo com pais analfabetos... imagine essa menina crescendo em uma sociedade onde seu único espaço profissional era o de faxineira. Comecei esta carreira aos 12 anos (...). (julho de 2018)

> Minha mãe era faxineira e aos 6 anos eu me metia na casa dos patrões dela quando estava com fome. Eu tinha certeza de que era um incômodo lá, embora eles sempre me colocassem para cuidar de seus filhos brancos. Cresci com esse sentimento de inadequação. (outubro de 2019)

> Se não tivesse havido toda uma luta contra a estrutura de opressão para que eu pudesse seguir um curso universitário e mudar meu destino, eu não estaria aqui. (Deputada filha de uma faxineira, junho 2020)

> A morte veio até mim de muitas maneiras; eu estive em lugares invadidos e também nas esquinas de ruas onde outras colegas foram mortas. (...), tenho 27 anos e já vi muita gente morrer. Então eu sou uma sobrevivente. (...) Dormi na rua, fui a cafetinas e me prostituí durante toda a minha adolescência. (Deputada filha de faxineira, novembro de 2020)[4]

A convergência da opressão *vis-à-vis* da raça, da classe e do gênero configura as relações subsequentes que as mulheres afro-brasileiras têm sofrido desde o regime de escravidão no Brasil. Se entendemos a injustiça social como exercício e mecanismo de opressões interseccionais, devemos considerar reparações que também partem de uma perspectiva interseccional no que diz respeito à raça, à classe, ao gênero e à sexualidade, sem hierarquizar tais mecanismos de opressão. Uma hierarquia de dominação é observada quando as diferentes reivindicações disputam um lugar privilegiado entre si, classificando as mais relevantes. De fato, a opressão, quando analisada a partir de uma única perspectiva, como a da luta de classes, por exemplo, designa uma unidade maior que subestima ou mesmo invisibiliza as várias outras dimensões do sistema-mundo capitalista moderno de gênero (Lugones, 2020). Nesse mesmo sentido, para Kimberlé Crenshaw:[5] "as práticas políticas que desafiam

---

[4] Entrevista para Vanessa Oliveira, 13 de novembro de 2020, *ElasticaOficial*, disponível em: https://elasticaoficial.com.br/especiais/erika-hilton-vereadora-negra-trans/. Acesso em 24/12/2020.

[5] Kimberlé Crenshaw é uma feminista negra norte-americana conhecida por ter utilizado pela primeira vez o termo "interseccionalidade". Ver o artigo de Crenshaw (1989), "Demarginalizing the Intersection of Race and Sex: A Black Feminist Critique of Antidiscrimination Doctrine, Feminist Theory and Antiracist Politics", University of Chicago Legal Forum.

apenas certas práticas de subordinação, mantendo as hierarquias, não apenas marginalizam as pessoas sujeitas a múltiplos sistemas de dominação, mas muitas vezes levam a dicotomizar os discursos sobre raça e gênero." (citado por Bilge, 2015: 13).

Em segundo lugar, como mencionado anteriormente, a *democracia da experiência* é uma ação prefigurativa: ela se faz no processo, nas relações e nas práticas quotidianas. Os primeiros encontros da #OcupaPolítica revelam uma organização descentralizada e um funcionamento participativo que reproduz aspectos do repertório autonomista (ver Faria, 2020b). No entanto, observa-se também uma hibridação com características do repertório socialista tradicional (organização de greves, manifestações de massa e funcionamento por meio da distribuição e hierarquização de funções etc.). Tal hibridização de culturas ativistas caracteriza a *democracia da experiência*. Trata-se de um entrelaçamento entre a busca de relações horizontais com o interesse eleitoral e o exercício de um mandato legislativo. Essa hibridização é construída, por um lado, por um modo de fazer que envolve a invenção de modelos coletivos de gestão do mandato compartilhado e, por outro, por conflitos e disputas internas do coletivo: suas contradições e seus limites. A seguir, focaremos no primeiro elemento mencionado: o modo de fazer política coletivamente.

Na prática, se retomamos uma reflexão já existente sobre o teor da horizontalidade em movimentos sociais e coletivos, para Dowbor e Szwako (2013: 48), identificar-se como horizontal significa opor-se "(...) à separação base/líderes por meio da instauração, por exemplo, de grupos de trabalho e de resoluções tomadas por consenso, em vez de votações, na maior parte de suas deliberações". Ao mesmo tempo, para Singer (2018), a horizontalidade se expressa pela rejeição coletiva da escolha de um indivíduo como líder oficial do movimento. Esse funcionamento, que rejeita tanto a hierarquia interna quanto as relações centralizadas, "demonstrou uma prática diferente daquela a que estamos afeitos, em que os representantes se mantêm distantes dos representados (...)", afirma Singer (2018: 118) ao analisar o Movimento Passe Livre.

É verdade que movimentos sociais e repertórios de ação observados no período pós-2010 têm sido amplamente interpretados por palavras como "horizontalidade", "autonomia" e "participação" – conceitos tais que compõem o que Alonso (2017) entende por repertório autonomista. Penso particularmente em eventos como os Movimentos de praça (que se destacam a partir de 2011, em Madri), as Marchas das Vadias (com início em 2011), as Jornadas de Junho (puxadas em 2013 inicialmente pelo MPL), as ocupações de escolas por estudantes secundaristas (de 2015 e 2016) e as Manifestações #EleNão (com início em 2018). Qual é o sentido de "coletivo" na gramática política celebrada pela ocupação de espaços públicos? Como o fenômeno do coletivo interage com o processo político?

Somos Muitas: uma campanha coletiva para as eleições municipais

Em Belo Horizonte, a campanha coletiva das Somos Muitas, em 2016, inovou completamente o modelo eleitoral ao criar o conceito "vote em uma de nossas candidatas, vote em todas", sempre utilizando o plural feminino. Nesse sentido, durante a campanha eleitoral das Somos Muitas, as candidatas ao mesmo cargo não pediram o voto para si, mas para sua correligionária:

> Sou Aurea Carolina, candidata a vereadora, se não quiser votar em mim, vote na Polly. Eu sou a Polly do Amaral, a Cristal também tem boas propostas, votem nela! Eu sou a Cristal e acho que se você votar na Marimar vai votar muito bem. Eu sou Marimar, faço campanha pelo Ed Marte e acho que você deveria votar na Nana. Eu sou Nana Oliveira e queria que vocês votassem no Fred. Eu sou Fred Buriti e peço que votem na Cida. Eu sou Cida Falabella, se você não vota em mim, vote no Dário! Eu sou o Dário, se eu não votar em mim, votarei na Bella. Eu sou Bella Gonçalves, mas se você votar na Avelin, vai ser maravilhoso! Eu sou Avelin Buniaca Kambiwa e acredito que Dú Pente será um grande vereador. Eu sou Dú Pente, candidato ao cargo de vereador, e estou aqui para pedir seu voto para Aurea. (Trecho do vídeo da campanha eleitoral do Somos Muitas em 2016)

Figura 1 – Material da campanha eleitoral das Somos Muitas para a Câmara Municipal de Belo Horizonte, em 2016.

As Somos Muitas otimizou a impressão de panfletos válidos para todos os candidatos, produzindo um único material de divulgação tanto para o candidato individual quanto para o coletivo, de forma que as despesas fossem divididas entre supostos adversários eleitorais. A campanha foi custeada por um financiamento coletivo organizado pelos candidatos e por outros membros das Somos Muitas, o que significa que quem se mobilizou para divulgar a campanha de um dos candidatos, ajudou consequentemente todos os candidatos apoiados.

Em 2016 e em 2018, as SomosMuitas apoiou 24 candidatos dos quais 50% são pessoas não brancos e 67% são mulheres. Além disso, as lutas LGBTQ+ representam 24% do engajamento militante das candidaturas apoiadas e a idade média dos candidatos é de 38 anos. O coletivo realizou uma campanha com os candidatos que disputavam o mesmo cargo e que, se eleitos, fariam parte de um projeto de criação de um mandato compartilhado: a Gabinetona, que foi inaugurada na Câmara Municipal de Belo Horizonte a partir da posse dos mandatos eleitos em 2016. As vereadoras eleitas decidiram retirar a parede que separava seus gabinetes de forma a partilhar um espaço mais amplo para acolher outras candidaturas apoiadas pelo coletivo durante o exercício do mandato. Assim, criou-se a ideia de covereadora:

> "A covereança não é um processo formal, mas, sim, mais um dos experimentos políticos que o mandato aberto propõe. Há muito pouca inovação na maioria dos gabinetes, que são fechados e onde o vereador é uma autoridade. A gente está com um processo totalmente diferente disso", explica Bella Gonçalves,[6] militante e candidata apoiada pelas Somos Muitas em 2016, integrante da Gabinetona.

---

[6] Entrevista com a equipe da Gabinetona. Artigo "Almoço coletivo, covereadora, chá de casa nova... Afinal, o que é Gabinetona?", *Bhaz*, publicado em 17 de março de 2017, disponível em: https://bhaz.com.br/o-que-e-gabinetona/#gref. Acesso em 20/3/2017.

Dessa forma, a criatividade nas campanhas e mandatos eleitorais constrói o sentido de coletividade a despeito do personalismo, característica tão cara à lógica da política institucional. Essa forma de participar do processo político pode ser atribuída a um legado do ativismo urbano em Belo Horizonte, que mobiliza aspectos do repertório autonomista. As Somos Muitxs pela Cidade que Queremos nasceu do encontro de múltiplos movimentos que reivindicavam o direito de uso dos espaços da cidade – como, por exemplo, a Praia da Estação, os movimentos dos ambulantes, de indígenas comerciantes da feira hippie e de ativistas que integraram a COPAC (ver Migliano, 2012; Dowbor e Szwako, 2013).

De acordo com vários de meus interlocutores, que se conheceram durante eventos como a Praia da Estação e o COPAC, a primeira reunião das Somos Muitas aconteceu em abril de 2015 na própria Praça da Estação. Encontros, reuniões e assembleias foram organizados de forma descentralizada em espaços públicos, com a distribuição da palavra e acesso sempre aberto a quem desejasse participar. A autogestão sendo, portanto, celebrada como forma de organização que rejeita a atribuição de cargos e funções perenes. Durante a minha pesquisa de campo em Belo Horizonte, em visita à Gabinetona, um dos integrantes do mandato compartilhado me contou a respeito da origem de seu vínculo com as Somos Muitas:

> Fui a uma reunião das Muitas mas não conhecia ninguém, estava lá porque me interessava por política. Um mês depois, participei do GT Planejamento e então, quando começamos a pensar em campanhas eleitorais, me envolvi totalmente. Gerenciei com mais três pessoas, todas voluntárias, o GT Financeiro das 12 candidaturas. Não foi tão

complicado porque tudo foi decidido em conjunto no coletivo: despesas, partilha, financiamento, materiais para distribuir etc. (janeiro de 2018)

Ele me explica que nunca quis ser cocandidato, mas queria participar da política de forma concreta. A reunião mencionada em sua fala aconteceu na Praça da Estação de Belo Horizonte. Meu interlocutor conta que em seus primeiros meses, as Somos Muitas funcionou por meio de Grupos de Trabalho abertos a quem desejasse se engajar na construção do coletivo e das candidaturas. A autogestão e a organização por Grupos de Trabalho são elementos conhecidos do repertório autonomista. Segundo a análise de Cornelius Castoriadis (1988, 1968) sobre os movimentos de maio de 1968 na França, o funcionamento por GTs abertos representa uma forma de abertura e horizontalidade na organização e divisão de tarefas sem, no entanto, passar por uma hierarquia de funções e cargos de trabalho. Nesse sentido, para integrantes das Somos Muitas:

> Não somos um movimento, não somos uma estrutura organizada. Estamos em processo, em movimento para implantar o encontro de corpos e forças. Começamos com a ocupação dos espaços públicos da cidade, a Praia da Estação, os carnavais de rua, os movimentos de ocupação urbana e sindical. As Muitas surgem desse imperativo de ocupar e forçar a porta de espaços que nos são negados. (dezembro de 2017)

> A Gabinetona é um coletivo popular, não estamos fazendo uma nova política, mas outra política. Reinventamos práticas a partir de nossos encontros abertos (...). As Somos Muitas nasceu dessa abertura para encontros de movimentos, coletivos, bairros. Queremos criar uma rede de

comunicação permanente para "performatizar" a política, para lançar luz sobre as lutas invisíveis e trazer pautas para a cidade. (dezembro de 2017)

Assim, pode-se dizer que as Somos Muitas focou-se mais no processo do que no resultado, daí a atenção dada aos espaços abertos das assembleias, à distribuição do discurso, à construção coletiva das campanhas eleitorais. A ideia de privilegiar o processo e também um elemento conhecido do repertório autonomista. No artigo intitulado "Da institucionalização da participação à emergência do autonomismo" Falchetti (2017: 18) afirma: "importam menos as estruturas fixadas e mais as experiências criadoras, de modo que os movimentos estariam existindo mais na construção coletiva que circula por meio dos atores e práticas, do que nas organizações que formalizam". O foco no processo enfatiza a ação prefigurativa, ou seja, "o entendimento de que as lutas não podem reproduzir internamente as hierarquias que tentam combater. Os movimentos, assim, precisam ser um retrato da sociedade que querem construir" (Pinheiro-Machado, 2019: 21). Nesse sentido, a ação não representa apenas o meio para alcançar um resultado, mas é em si sua própria finalidade, ou seja, o processo é em si o *telos* da ação. Assim, o conceito de *democracia da experiência* permite concentrar na vivência (e não no resultado) as experimentações democráticas.

Considerações finais

O sentido atribuído aqui ao termo "coletivo" sugere a rejeição de uma política do personalismo na qual elegemos e confiamos em um único candidato, em um líder ou em um salvador. No coletivo, a participação importa mais do que a delegação e a solidariedade mais do que a competição. Observa-se uma forma de organização rizomática ou distribuída, cujo centro não está em lugar algum e "a multiplicidade que ela constitui não está mais subordinada a uma (...)" (Deleuze e Guattari, 1980: 631). Essa noção de organização distribuída se opõe, portanto, à centralização e ao personalismo. Como explica Singer a respeito do funcionamento do Movimento Passe Livre (2018: 118): a recusa de brilhar individualmente inaugura uma outra ética interna ao movimento. Essa ética é a força motriz da campanha "votou em uma, votou em todas" e tem sido também observada em outros diversos coletivos contemporâneos (Mesquita, 2008; Maia, 2013; Amador e Castro, 2016; Perez e Silva Filho, 2017; Faria, 2020a; Marques e Marx, 2020; Facchini, Carmo e Lima, 2020). A *democracia da experiência* toma esse impulso, mas visando à apropriação de espaços de poder político.

Como mostramos neste capítulo, *democracia da experiência* é uma alternativa que passa pela experiência vivida e pela ação que não é representada: a ocupação política por corpos historicamente afastados destes espaços de decisão. Não há *democracia da experiência* com a eleição de mandatos coletivos majoritariamente compostos por homens e por pessoas brancas e heteronormativas, por exemplo. Há duas dimensões intrínsecas ao que nomeio como *democracia da experiência:* o projeto sociopolítico feminista, decolonial e anti-heteronormativo e o modo de fazer que privilegia a ideia de ocupação como forma de inversão dos papéis e dos lugares sociais culturalmente concebidos.

No que diz respeito ao projeto sociopolítico dissidente, a *democracia da experiência* está comprometida com a construção de justiça social ao reivindicar políticas distributivas, bem como demandas de reconhecimento e de participação nos espaços públicos. No que diz respeito ao modo de fazer, notamos a existência de uma forma de organização e funcionamento que retoma elementos do repertório autonomista (ausência de líderes, distribuição da palavra, assembleias abertas etc.) misturado, entretanto, ao repertório socialista tradicional. Isso produz a hibridização de culturas ativistas que caracteriza o processo de ocupação da política, ou seja, um entrelaçamento entre a busca de relações horizontais e o envolvimento com espaços e corpos de poder. Em outras palavras, observo a coexistência de aspectos da cultura ativista que Geoffrey Pleyers (2018) nomeou como "alterativismo" (prevalência da autonomia, da participação e da horizontalidade) com elementos tradicionais da disputa por poder inerente ao processo político. Mostramos que essa hibridização é atravessada por um modo de fazer política que envolve a invenção de modelos coletivos de candidatura e de mandato que, entretanto, não estão livres de contradições internas.

Referências

ALONSO, Angela. A política das ruas: protestos em São Paulo de Dilma a Temer. *Novos estudos Cebrap Especial*, São Paulo, jun., 2017.

AMADOR, Arthur Calheiros; CASTRO, Eliane Dias de. O Coletivo (com) Preguiça: encontros, fluxos, pausas e artes. *Interface – Comunicação, Saúde, Educação*, vol. 20, nº 56, pp. 267-280, mar., 2016.

BILGE, Sirma. Le Blanchiment de l'intersectionnalité. *Recherches féministes*, 2015.

BUTLER, Judith. *Corpos em aliança e a política das ruas: notas sobre uma teoria performativa de assembleia*. Trad. Fernanda Siqueira Miguens. Rio de Janeiro: Civilização Brasileira, 2018.

CAMPOS, Luiz Augusto; MACHADO, Carlos. *Raça e eleições no Brasil*. Porto Alegre: Zouk, 2020.

_____. A cor dos eleitos: determinantes da sub-representação política dos não brancos no Brasil. *Revista Brasileira de Ciência Política*, nº 16, pp. 121-151, abr., 2015.

CASTORIADIS, Cornelius. *L' institution imaginaire de la société*. Nachdr. Coll. Points Essais. Paris: Éd. du Seuil, 2006 [1975].

_____. Os movimentos dos Anos Sessenta. In: *Maio de 68: a brecha*. São Paulo: Autonomia Literária, 2018 [1988].

_____. A revolução antecipada. In: *Maio de 68: a brecha*. São Paulo: Autonomia Literária, 2018 [1968].

CERTEAU, Michel de. *La prise de parole et autres écrits politiques*. Coll. Points Série essais. Paris: Éd. du Seuil, 1994.

CRENSHAW, Kimberlé. Demarginalizing the Intersection of Race and Sex: A Black Feminist Critique of Antidiscrimination Doctrine, Feminist Theory and Antiracist Politics. *University of Chicago Legal Forum*, 1989.

DELEUZE, Gilles; GUATTARI, Félix. *Mille plateaux*. Coll. Collection "Critique". Paris: Éditions de minuit, 1980.

DOWBOR, Monika; SZWAKO, José. Respeitável público...: performance e organização dos movimentos antes dos protestos de 2013. *Novos estudos CEBRAP*, nº 97, pp. 43-55, nov., 2013.

FACCHINI, Regina; CARMO, Íris Nery do; LIMA, Stephanie Pereira. Movimentos feminista, negro e LGBTI no Brasil: sujeitos, teias e enquadramentos. *Educação & Sociedade*, vol. 41, 2020.

FALCHETTI, Cristhiane. Da institucionalização da participação à emergência do autonomismo: tendências recentes da ação coletiva no Brasil. *LASA* – Congress of the Latin American Studies Association, Lima, 2017.

FARIA, Flavia de. Expérimentation démocratique et participation politique au Brésil. In: NEVEU, Catherine (org.). *Expérimentations démocratiques*. Coll. Espaces politiques. Villeneuve D'Ascq Cedex: Presses Universitaires du Septentrion, 2022.

_____. Epistemologia emancipatória de coletivos políticos. *Simbiótica*, vol. 7, nº 3, pp. 33-48, jul.-dez., 2020a.

_____. Ativismo, instituição e repertório autonomista: uma etnografia sobre coletivos políticos. *Revista Brasileira de Sociologia – RBS*, vol. 8, nº 20, pp. 177-198, out., 2020b.

FERNANDES, Florestan. *A integração do negro na sociedade de classes*. São Paulo: Globo, 2008 [1965].

FRASER, Nancy. *Qu'est-ce que la justice sociale?: reconnaissance et redistribution*. Paris: Éditions la découverte, 2011.

_____. La justicia social en la era de la política de la identidad: Redistribución, reconocimiento y participación. In: *¿Redistribución o reconocimiento?: Un debate político-filosófico.* Madri: Ediciones Morata, 2006.

GONZALEZ, Lélia. Racismo e sexismo na cultura brasileira. *Revista Ciências Sociais Hoje,* Anpocs, pp. 223-244, 1984.

GUIMARÃES, Antônio Sérgio A. *Classes, raças e democracia.* São Paulo: UFSP, Fundação de Apoio à Universidade de São Paulo: Editora 34, 2002.

_____. A questão racial na política brasileira (os últimos quinze anos). *Tempo Social,* vol. 13, nº 2, nov., 2001.

HIRATA, Helena. Mulheres brasileiras: relações de classe, de "raça" e de gênero no mundo do trabalho. *Confins,* nº 26, fev., 2016.

HONNETH, Axel. *La lutte pour la reconnaissance.* Trad. Pierre Rusch. Paris: Gallimard, 2015.

_____. La théorie de la reconnaissance: une esquisse. *Revue du MAUSS,* vol. 23, nº 1, 2004.

LUGONES, María. Colonialidade e gênero. In: HOLLANDA, Heloísa Buarque de (org.). *Pensamento feminista hoje: perspectivas decoloniais.* Rio de Janeiro: Bazar do Tempo, 2020.

MAIA, Gretha Leite. A juventude e os coletivos: como se articulam novas formas de expressão política. *Revista Eletrônica do Curso de Direito da UFSM,* vol. 8, nº 1, jul., 2013.

MARQUES, Marcelo de Souza; MARX, Vanessa. Os coletivos em cena: algumas contribuições para o debate. *Simbiótica,* vol. 7, nº 3, pp. 8-32, jul.-dez., 2020.

MENEGUELLO, Rachel; SPECK, Bruno Wilhelm; SACCHET, Teresa; MANO, Maíra Kubik; SANTOS, Fernando Henrique dos; GORSKI, Caroline. *Mulheres e negros na política: estudo exploratório sobre o desempenho eleitoral em quatro estados brasileiros.* Campinas: Centro de Estudos de Opinião Pública, Universidade Estadual de Campinas, 2012.

MESQUITA, Marcos Ribeiro. Cultura e política: a experiência dos coletivos de cultura no movimento estudantil. *Revista Crítica de Ciências Sociais,* nº 81, pp. 179-207, jun., 2008.

MIGLIANO, Milene. Praia da Estação como ação política, relato de experiências, envolvimentos e encontros. *Ensaios Corpocidade 3*, UFBA, Salvador, 2012.

ORTNER, Sherry B. Está a Mulher para o Homem assim como a Natureza para a Cultura? In: ROSALDO, Michelle Zimbalist; LAMPHERE, Louise (orgs.). *A mulher, a cultura e a sociedade*. Rio de Janeiro: Paz e Terra, 1979. pp. 95-120.

PEREZ, Olívia; SILVA FILHO, Alberto Luís. Coletivos: um balanço da literatura sobre as novas formas de mobilização da sociedade civil. *Latitude*, vol. 11, nº 1, pp. 255-294, out., 2017.

PINHEIRO-MACHADO, Rosana. *Amanhã vai ser maior: o que aconteceu com o Brasil e possíveis rotas de fuga para a crise atual*. São Paulo: Planeta do Brasil, 2019.

PLEYERS, Geoffrey. *Movimientos sociales en el siglo XXI: perspectivas y herramientas analíticas*. Coll. Colección Democracias en movimiento. Buenos Aires: CLACSO, 2018.

RIOS, Flavia. Antirracismo, movimentos sociais e Estado (1985-2016). In: *Movimentos sociais e institucionalização: políticas sociais, raça e gênero no Brasil pós-transição*. Rio de Janeiro: Eduerj, 2018.

SINGER, André. *O lulismo em crise: um quebra-cabeça do período Dilma (2011-2016)*. São Paulo: Companhia das Letras, 2018.

TAYLOR, Charles. *Argumentos filosóficos*. Trad. Adail Ubirajara Sobral. São Paulo: Edições Loyola, 2000 [1995].

VERGÈS, Françoise. *Um feminismo decolonial*. São Paulo: Ubu Editora, 2020.

Partidos-movimento: uma nova forma de interação entre partidos políticos e movimentos sociais no século XXI

Theófilo Rodrigues

> *O partido-movimento é o Partido*
> *que contém em si o seu contrário.*
> Boaventura de Sousa Santos (2021)

Uma nova forma política emerge nesse início do século XXI em países da Europa Ocidental e da América. Da conjunção de elementos de movimento social e de partidos políticos surge nos últimos anos aquilo que a literatura especializada convencionou chamar de partidos-movimento (Kitschelt, 2006; Iglesias, 2015; Wallerstein, 2015; Santos, 2021, 2016a e 2016b; Moraes, 2016; Antentas, 2017; della Porta et al., 2017). Bernie Sanders nos Estados Unidos, Jeremy Corbyn na Inglaterra, Mélenchon na França, Podemos na Espanha, Syriza na Grécia, Bloco de Esquerda em Portugal, Morena no México, Die Linke na Alemanha e Frente Ampla no Chile representam apenas alguns dentre muitos exemplos que poderiam encaixar-se nessa categoria.

Por diversas razões, os estudos sobre a interação entre partidos e movimentos sociais não têm sido muito frequentes na literatura especializada. Em geral, as pesquisas sobre movimentos sociais têm priorizado o espaço da sociedade civil, deixando de lado a entrada desses movimentos na sociedade política. Com os partidos ocorre o mesmo, mas com sinal invertido: os espaços privilegiados dos estudos partidários têm sido as instituições políticas, como se os partidos não possuíssem raízes nos conflitos sociais (Rodrigues, 2021).

Esses estudos não têm sido frequentes, mas não são inexistentes. Em um interessante esforço de classificação, McAdam e Tarrow (2010) destacaram seis tipos de relações entre movimentos e partidos: (1) Movimentos introduzem novas formas de ação coletiva que influenciam as campanhas eleitorais; (2) Movimentos participam de coalizões eleitorais ou, em casos extremos, transformam-se eles próprios em partidos próprios; (3) Movimentos se engajam na mobilização eleitoral de forma proativa; (4) Movimentos engajam-se na mobilização eleitoral de forma reativa; (5) Movimentos polarizam internamente os partidos políticos; e (6) Mudanças nos regimes eleitorais têm um impacto de longo prazo na mobilização e na desmobilização.

Grosso modo, os partidos-movimento dialogam de uma forma ou de outra com algumas dessas seis relações apresentadas por McAdam e Tarrow. Nos últimos anos, algumas tentativas de compreensão desse fenômeno avançaram na literatura. Para Kitschelt (2006), por exemplo, partidos-movimento são coalizões de ativistas políticos que emanam de movimentos sociais e que tentam aplicar as práticas organizacionais e estratégicas dos movimentos sociais na arena de competição partidária. Essa definição parece correta. Mas Kitschelt (2006) extrapola ao dizer que partidos-movimento fazem pouco investimento em uma estrutura formal e que não possuem um quadro de profissionais remunerados e uma infraestrutura física de comunicação. Essa percepção de Kitschelt até pode ser adequada para alguns partidos-movimento, mas certamente não é para todos.

Com uma leitura mais ampla, e talvez por isso mais apropriada, Donatella della Porta et al. (2017: 7, tradução nossa) definem partidos-movimento como "uma espécie de híbrido entre partidos políticos e movimentos sociais pois, em diferentes graus, eles têm membros sobrepostos, coorganizam várias formas de ação coletiva, financiam-se mutuamente e abordam questões semelhantes". Como organizações híbridas, dizem os autores, os partidos-movimento "participam em campanhas de protesto, mas também atuam em arenas eleitorais" (2017: 7, tradução nossa). Num esforço de maior precisão sobre essa nova forma organizativa, Antentas (2017) sugere que partidos-movimento são organizações partidárias com pelo menos quatro significados simultâneos: (1) o partido como um movimento, ou seja, com características de movimento; (2) o partido em movimento, que se apresenta orientado para a ação e em transformação permanente; (3) o partido como parte do movimento, logo, parte das lutas sociais; (4) e, por fim, devedor do movimento, na medida em que é inspirado por um evento fundacional. Ainda sobre a forma que diferencia o partido-movimento das organizações tradicionais, Boaventua de Sousa Santos destaca uma contradição dialética. "Para ser um pilar fundamental da democracia representativa, o partido-movimento deve ser construído por processos não representativos e antes participativos e deliberativos", sustenta Santos (2021). Para o sociólogo português, "a participação/deliberação respeita todos os domínios do partido-movimento, da organização interna à definição do programa político, da escolha de candidatos às eleições à aprovação de linhas de ação na conjuntura".

Contudo, a novidade não está apenas na forma, mas também no conteúdo. Esses partidos-movimento orientam-se programaticamente de modo semelhante ao que Ernesto Laclau e Chantal Mouffe (2015) definiram como uma "democracia radical" e Nancy Fraser (2006) articulou como reconhecimento e redistribuição. Em graus distintos, esses partidos-movimento buscam articular as velhas demandas econômicas da social-democracia – reajuste salarial, criação de empregos, previdência etc. – com as reivindicações identitárias dos novos movimentos sociais tais como respeito às diferenças raciais e de gênero. Ou seja, pretendem unir "redistribuição" e "reconhecimento", como sugere Nancy Fraser. Fraser (2006: 231) advoga a favor da tese de que "a justiça hoje exige tanto redistribuição como reconhecimento". De acordo com a autora, no final do século XX a "luta por reconhecimento" tornou-se a forma paradigmática do conflito político, ou seja, temas relacionados ao reconhecimento das diferenças identitárias assumiram protagonismo no amplo leque de reivindicações dos novos movimentos sociais. No entanto, diz Fraser, seria um equívoco analisar essa mudança de repertório como consequência do fim das desigualdades econômicas e dos interesses de classes. O que Fraser busca desenvolver é, portanto, "uma teoria crítica do reconhecimento, que identifique e assuma a defesa somente daquelas versões da política cultural da diferença que possam ser combinadas coerentemente com a política social da igualdade" (Fraser, 2006: 231).

Esse programa delineado por Fraser tem uma clara relação com aquele que já havia sido proposto por Ernesto Laclau e Chantal Mouffe em *Hegemonia e estratégia socialista*, livro de 1985. Em recente entrevista para o jornal *Le Figaro*, Mouffe explicou que, naquela ocasião, os dois perceberam que "tanto a esquerda social-democrata quanto a esquerda marxista tradicional pareciam incapazes de compreender a especificidade dos novos movimentos sociais que se desenvolveram desde maio de 1968" (Mouffe, 2017, tradução nossa). Referiam-se ao feminismo, ao movimento ambientalista, às lutas antirracistas e contra a discriminação dos homossexuais, por exemplo. A hipótese de Laclau e Mouffe era a de que o problema ali seria teórico. A velha esquerda orientada por um certo tipo de marxismo ortodoxo não conseguiria escapar de um essencialismo de classe no qual o proletariado teria uma ontologia privilegiada. Mais do que isso, essa esquerda não conseguiria escapar da ideia de que a política seria subjugada à economia, em outras palavras, de que a política não teria autonomia, que seria um epifenômeno das relações sociais de produção. O que os dois observaram foi a não existência de um sujeito político constituído *a priori*, e sim que os atores políticos são construídos em cada conjuntura por múltiplas determinações. Se a hipótese estivesse correta, não existiria uma determinação da economia em última instância, nem uma classe universal portadora do projeto da esquerda. Um projeto político para o século XXI requereria, portanto, para além dos interesses de uma determinada classe, a mobilização de outras demandas democráticas. "Defendemos que as lutas contra o sexismo, o racismo, a discriminação sexual e em defesa do meio ambiente precisam ser articuladas às dos trabalhadores num novo projeto hegemônico de esquerda", sintetizaram os autores (Laclau e Mouffe, 2015: 47). A esse projeto, Laclau e Mouffe deram o nome de "democracia radical". Embora nem sempre associadas, as semelhanças entre as propostas de Fraser e Laclau e Mouffe parecem óbvias. Aliás, os próprios autores de *Hegemonia e estratégia socialista* estabeleceram indiretamente essa relação com Fraser no prefácio à segunda edição da obra: "Numa terminologia recentemente em voga, insistimos que a esquerda precisava enfrentar questões tanto de 'redistribuição' como de 'reconhecimento'. É isto que queremos dizer por 'democracia radical e plural'" (Laclau e Mouffe, 2015: 47).

Laclau faleceu em 2014, o que não permitiu que pudesse assistir à ascensão de muitos dos partidos-movimento. Mas, em 2013, já registrava essa aproximação: "há sintomas de que essas dimensões estão presentes em certos movimentos, como eu mencionava no caso do Syriza na Grécia, com Alexis Tsipras. Na França, está o movimento de Jean-Luc Mélenchon (...), que entende muito bem (...) a que estou me referindo" (Laclau, 2015: 25). Diga-se de passagem, Yanis Varoufakis, ex-ministro das Finanças do governo do *Syriza*, na Grécia, foi aluno de Laclau, bem como a cientista política e governadora de Atenas pelo partido, Rena Dourou (Hancox, 2015; Judis, 2016: 179).

Mas é no partido espanhol Podemos que a apropriação do pensamento político de Laclau e Mouffe pode ser melhor identificada. Os dois principais dirigentes do partido, Pablo Iglesias e Iñigo Errejón, citam constantemente a obra dos autores de *Hegemonia e estratégia socialista*. A tese de doutorado de Errejón sobre o partido de Evo Morales na Bolívia, *La lucha por la hegemonía del MAS en Bolivia (2006-2009): un análisis discursivo*, teve Mouffe e Laclau como referencial teórico central. Aliás, foi o próprio Errejón quem redigiu o obituário de Laclau publicado na Espanha. Ali, vemos um emocionado Errejón ressaltar a falta que Laclau faz para a América Latina e o Sul da Europa, pois saberia "como transformar o descontentamento e o sofrimento das maiorias em novas hegemonias populares" (Errejón, 2014, tradução nossa). Essa afinidade eletiva teve como ponto alto a publicação a quatro mãos de *Construir pueblo: hegemonía y radicalización de la democracia*, livro que consiste em um profícuo diálogo entre Mouffe e Errejón acerca da influência da Teoria do Discurso no Podemos (Errejón e Mouffe, 2015). A reverência de Pablo Iglesias, ex-secretário geral do

Podemos, não é diferente. Em 2015, Iglesias publicou artigo na conceituada *New Left Review*, onde buscou apresentar o partido que acabara de fundar. E o artigo abre exatamente com uma citação de Laclau (Iglesias, 2015). Ressalte-se ainda a participação de Mouffe no programa de entrevistas online de Iglesias, *Otra Vuelta de Tuerka*, em 2015.

Nos Estados Unidos não é diferente. Nancy Fraser assinalou como o senador Bernie Sanders aliou redistribuição e reconhecimento em sua disputa pela candidatura presidencial nas primárias do Partido Democrata em 2016. Não que o Partido Democrata seja um partido-movimento, mas sim a práxis que Sanders intenta lhe inserir. De acordo com Fraser (2016a), Sanders "está essencialmente lançando um forte discurso de classe que é esmagadoramente focado em redistribuição. Também apoia todas as boas lutas progressivas de reconhecimento (...)". Fraser (2016b) chegou até mesmo a apropriar-se da formulação de Laclau ao dizer que na campanha de Sanders a palavra socialismo cumpriria o papel de um "significante vazio". Chantal Mouffe percebeu o mesmo na candidatura de Sanders:

> Parece-me que é isso que Sanders tentou fazer. Os adversários não são os imigrantes, mas Wall Street e os interesses financeiros. (...) Mas não se trata apenas das exigências da classe trabalhadora. Trata-se também de estabelecer o que chamo de "cadeia de equivalência" entre diferentes setores: demandas das feministas, direitos civis e outros movimentos. (Mouffe, 2016, tradução nossa)

Como vimos até aqui, tanto autores quanto atores concordam que há uma relação entre a teoria política e as experiências desses partidos-movimento. Mas como se dá essa construção?

No caso dos EUA, a campanha de Bernie Sanders, nas primárias do Partido Democrata em 2016, conquistou, no campo da redistribuição econômica, o apoio de importantes federações sindicais como a dos correios, dos enfermeiros, da comunicação, dos transportes, dos profissionais de saúde, dos estivadores e dos eletricistas. Ao longo de toda a sua campanha, Sanders constituiu uma fronteira interna entre a elite do país, caracterizada como o 1%, e os trabalhadores, os demais 99%. A marca dessa elite a ser combatida era Wall Street e o mercado financeiro. Sanders também soube articular, por exemplo, movimentos e organizações pela igualdade racial como o Black Lives Matter e a NAACP, e os jovens que participaram do Occupy Wall Street, estabelecendo como polo antagônico o mercado financeiro. Entre as feministas, Sanders teve mais dificuldade já que sua adversária, Hillary Clinton, possuía certo histórico nessa pauta. Essa divisão foi muito criticada por Nancy Fraser (2017), para quem o movimento das mulheres deveria afastar-se daquilo que ela definiu como um "neoliberalismo progressista" e aliar-se ao projeto de Sanders, que representaria mais claramente a união entre redistribuição e reconhecimento. Naomi Klein (2017a: 140) sugere que Sanders poderia ter se esforçado com mais afinco na inclusão do movimento feminista em seu discurso: "ele teria vencido se tivesse persuadido mais mulheres de meia-idade e mais velhas de que entendia como os direitos reprodutivos são importantes e ainda precários, que compreendia completamente a urgência de conter a epidemia de violência contra as mulheres". Como se sabe, o senador foi derrotado nas prévias por Hillary Clinton, candidata preferencial do *establishment* democrata. Mouffe (2016, tradução nossa) também lamentou a derrota de Sanders: "É realmente uma pena que Sanders não tenha recebido a indicação. Ele teria tido uma chance muito melhor contra Trump e teria reunido mais pessoas através do puro entusiasmo por uma alternativa de mudança".

Na Inglaterra, a mobilização em torno de Jeremy Corbyn para liderar o Partido Trabalhista foi semelhante, mas com algumas nuances. Aquilo que nos EUA foi o Occupy Wall Street, em Londres talvez tenha sido o movimento conhecido como Assembleia do Povo. Esse protesto reuniu milhares de jovens nas ruas de Londres para denunciar a austeridade fiscal proposta pelo governo conservador. E desse movimento emergiu a liderança de Corbyn. Mas não apenas. Também o movimento pacifista Stop the War representou uma importante demanda democrática articulada em torno da campanha do líder trabalhista. Criada na Inglaterra em 2001, logo após o ataque de 11 de setembro nos EUA, a coalizão Stop the War apresentou-se contrariamente à guerra contra o terror que posteriormente atingiria o Afeganistão e o Iraque. A participação da Inglaterra nos ataques foi condenada pelo movimento que teve sempre o suporte de Corbyn. Assim como Sanders, no mundo sindical a campanha de Corbyn também recebeu forte apoio, em particular de dois dos principais sindicatos britânicos: o maior sindicato do país, Unite, e o Unison, sindicato dos serviços públicos. Aliás, sobre as semelhanças entre essas duas campanhas é sintomática a anedota contada por Corbyn em entrevista para Naomi Klein:

> – Bernie me ligou no dia seguinte à eleição. Eu estava meio dormindo, assistindo a alguma coisa na TV. E Bernie me ligou para dizer: "Parabéns pela campanha. Fiquei interessado nas suas ideias. De onde você as tirou?" E eu disse: "Então, foi de você, na verdade." (Klein, 2017b)

Há ainda uma outra característica que une as duas experiências. Nem o Partido Democrata, nem o Partido Trabalhista, constituem exatamente um partido-movimento. No entanto, a práxis dessas duas lideranças, Sanders e Corbyn, no interior dessas legendas, foi claramente uma tentativa de alterar qualitativamente suas estruturas organizativas, no médio prazo, em direção aos partidos-movimento.

Com o Podemos, na Espanha, o processo foi um pouco mais claro acerca do significado de um partido-movimento. O partido nasceu em 2014 da experiência política de jovens que participaram do movimento social que agitou a Espanha em 2011: os indignados, ou 15-M. Aqui há uma aproximação com o Occupy Wall Street dos EUA. Contudo, no mundo da redistribuição, a relação com os sindicatos não foi exatamente a mais tranquila. A narrativa do partido sempre foi de críticas às burocracias sindicais da UGT – central sindical próxima do PSOE – e das Comisiones Obreras, CC.OO – central sindical mais próxima dos comunistas. Foi nesse sentido que o partido fomentou, em fins de 2014, a criação de uma nova central sindical com o nome de Somos, para onde transferiram-se muitos sindicalistas anteriormente filiados às Comisiones Obreras (Manetto e Gómez, 2014). Não obstante esse curto tempo de vida, o Podemos cresceu rapidamente e candidatas com seu apoio, Manuela Carmena e Ada Colau, venceram em 2015 as importantes prefeituras de Madri e Barcelona respectivamente. Ao comentar essa experiência espanhola, Klein (2017a: 223) diz que essas candidatas "com raízes profundas nos movimentos sociais venceram as disputas municipais em Barcelona e Madri, e começaram a introduzir políticas concretas para acolher refugiados, combater a falta de moradia e a poluição ao mesmo tempo". Mas o mais interessante na prática articulatória do Podemos é a sua defesa da plurinacionalidade. Como se sabe, a Espanha enfrenta uma crise interna histórica com o desejo da rica região da Catalunha de ser independente. Todos os principais partidos políticos do país, PP e PSOE, fundamentalmente, são contrários a essa independência e sequer aceitam que a região faça uma consulta popular sobre o tema. O discurso do Podemos é diferente. Embora seja contrário à independência da Catalunha, o partido entende ser um direito da região realizar consultas populares. A alternativa proposta pelo Podemos é a de realização de uma Assembleia Constituinte que possa reorganizar o sistema político, de modo que a Espanha adote a plurinacionalidade, ou seja, um único Estado que respeite as mais diversas nações em seu interior. Outro elemento relevante está na forma como delimita a fronteira nós *versus* eles. Os dirigentes do partido não reivindicam a polarização esquerda *versus* direita. Ao menos em seu discurso, o Podemos articula os de baixo, ou seja, o povo, contra os de cima, por eles chamados de "a casta" (Errejón e Mouffe, 2015). Em 2020, o Podemos chegou ao governo ao apoiar Pedro Sanchez do PSOE como primeiro-ministro. O principal líder do Podemos, Pablo Iglesias, tronou-se vice-primeiro-ministro espanhol.

Outro caminho foi o seguido pelo Bloco de Esquerda em Portugal, que desde 2015 apoia, ao lado do Partido Comunista Português, PCP, e do Partido Socialista, PS, o governo do primeiro-ministro socialista, Antônio Costa. O partido nasceu em 1999 da fusão de três organizações: a União Democrática Popular; o Partido Socialista Revolucionário; e a Política XXI. Além dessas forças políticas, movimentos sociais também vieram se incorporar ao Bloco e trouxeram consigo agendas identitárias que fazem parte da recorrente narrativa do partido. Basta observar que em 2000 o partido apresentou o projeto de lei que classifica como crime a violência contra as mulheres (Souza, 2016: 102). Já em 2015, o partido apresentou dois outros polêmicos projetos na Assembleia da República, que também representam bem esse perfil: a possibilidade legal de adoção de crianças por casais do mesmo sexo, pauta do público LGBT; e a retirada dos obstáculos para a interrupção voluntária da gravidez, agenda feminista. Outro momento de destaque revelador da importância das demandas feministas para o Bloco foi a indicação que o partido fez de Clara Sottomayor para assumir a vaga no Tribunal Constitucional, a mais alta corte do Judiciário português. Sottomayor é uma juíza feminista que combate a violência sexual e defende a adoção de crianças por casais homosexuais (Rodrigues, 2016). Essa agenda se reflete na representatividade interna do partido. Sua liderança está nas mãos de Catarina Martins e outras tantas mulheres ocupam importantes cargos dirigentes, como a eurodeputada Marisa Matias e a deputada Mariana Mortágua. Boaventura de Sousa Santos (2016b: 9) expressa assim seu entusiasmo com essa participação feminina expressiva: o Bloco "tem em sua liderança as três jovens políticas de esquerda mais brilhantes da Europa". No diapasão proposto por Laclau, Mouffe e Fraser, o Bloco insiste "na lógica de conexão das várias formas de dominação (capitalismo – sexismo – homofobia – racismo), colocando os Direitos Humanos como agenda fundamental", diz o dirigente do partido, João Teixeira Lopes (2016: 122). No campo da redistribuição, não há exatamente uma central sindical do Bloco. Os militantes do partido atuam na CGTP, central sindical influenciada majoritariamente pelos comunistas do PCP. Trata-se de uma decisão deliberada do Bloco distanciar-se da prática de "tutela sobre sindicatos e movimentos" que acusa o PCP de ter (Souza, 2016: 103).

Na França, o partido-movimento liderado por Jean-Luc Mélenchon, La France Insoumise, articula um discurso fortemente identificado com a agenda da redistribuição. Conforme Klein (2017a: 223), Mélenchon fez uma campanha presidencial, em 2017, "com uma agenda antilivre comércio, a favor da paz e da redistribuição radical de renda e começou a atrair multidões de até setenta mil pessoas para seus comícios, mais do que qualquer outro candidato". Nessa chave, sua proposta *lokomotiv* é a redução da jornada semanal de trabalho de 35 para 30 horas. Mas esse discurso busca mobilizar diretamente os trabalhadores, sem a intermediação de centrais sindicais. A CGT, uma das maiores centrais sindicais do país, mantém uma afinidade programática com Mélenchon, no entanto, sua aproximação política é com o Partido Comunista Francês, PCF, e não com La France Insoumise. A prática articulatória do discurso tem semelhança maior com a do Podemos em pelo menos um aspecto. Assim como o partido espanhol aposta em uma Assembleia Constituinte promotora do Estado plurinacional, na França, Mélenchon aposta em um processo constituinte capaz de fundar um novo sistema político mais participativo, baseado em uma democracia direta, aquilo que denomina como a VI República.

Na Alemanha, o partido que melhor assumiu a identidade de um partido-movimento foi o Die Linke, ou, A Esquerda. Fundado em 2005, o partido é na verdade uma reconfiguração do velho partido comunista que dirigiu a Alemanha Oriental por cerca de 40 anos, no período entre o fim da Segunda Guerra e a queda do Muro de Berlim. Após realizar um *aggiornamento* programático, o partido disputou as eleições de 2005 e passou a figurar como terceiro ou quarto maior partido do país desde então. Sua herança comunista o faz manter uma forte agenda de redistribuição: internamente, critica o neoliberalismo proposto pelo governo de Ângela Merkel; externamente, critica a influência da Alemanha na Troika e nas políticas de austeridade impostas aos países mais pobres da Europa. Soma-se a isso a agenda ambiental, que também aparece com protagonismo entre as principais reivindicações do partido, o que lhe confere um caráter de "democracia radical" em sua articulação da cadeia de equivalências.

Na Grécia, essa articulação entre diferentes demandas esteve presente na gênese do Syriza. Enquanto uma grande aliança, esse movimento teve início em 2001, mas somente em 2012 fundou-se como um partido político. Entre os movimentos que participaram desse projeto estavam desde a esquerda mais radicalizada, com a pauta da redistribuição econômica, até partidos ambientalistas. Essa flexibilidade, distinta daquela apresentada pela esquerda tradicional grega, é explicada pelo filósofo e dirigente político grego, Stathis Kouvélakis (2015): "O Syriza tem uma cultura unitária, uma abertura aos movimentos sociais, está em sintonia com as mudanças sociais e as novas experiências que surgem, o que não é o caso do Partido Comunista, que permaneceu fora dessa dinâmica". Um ponto merece ser destacado, qual seja, o fato de o Syriza constituir o único caso europeu estudado de um partido que chegou ao poder como protagonista: Aléxis Tsípras tornou-se primeiro-ministro do país em 2015 pelo Syriza.

Mas não foi só com o Syriza que os partidos-movimento chegaram ao poder. Na América Latina, duas experiências recentes tiveram o mesmo sucesso. No caso chileno, foi a

Frente Ampla o partido-movimento que elegeu o jovem Gabriel Boric como presidente do país em 2021. A Frente Ampla tem sua gênese no contexto social efervescente de 2011, quando a Confederação de Estudantes do Chile convocou uma série de protestos contra o governo conservador e neoliberal de Sebastián Piñera e pela reforma educacional no país. Mas não se tratava apenas de uma agenda corporativa. Como notou Céli Pinto (2012), o movimento estudantil chileno tinha uma preocupação mais profunda com a democratização da democracia, com a radicalização da democracia. Entre as principais lideranças do movimento estavam Gabriel Boric, presidente da Federação de Estudantes da Universidade do Chile, e Giorgio Jackson, presidente da Federação de Estudantes da Universidade Católica do Chile. Com o fim dos protestos, muitos daqueles jovens líderes estudantis perceberam a necessidade de uma ação política mais ampla. Assim, surgiu em janeiro de 2012 o partido Revolução Democrática (RD) liderado por Giorgio Jackson. A entrada em cena da RD na disputa eleitoral foi em 2013 com a eleição de Jackson como deputado. Em paralelo, Gabriel Boric atuava em um coletivo que não era um partido, a Esquerda Autônoma. Em 2013, a Esquerda Autônoma apresentou a candidatura independente de Boric como deputado e o jovem foi eleito. No início de 2016, a Esquerda Autônoma de Boric transitou em direção à criação de um novo partido político, o Movimento Autonomista. Ou seja, os protestos estudantis de 2011 tiveram como primeiro resultado político a eleição de suas principais lideranças como deputados por diferentes partidos em 2013. Foi nesse primeiro mandato no Parlamento, entre 2014 e 2017, que a Revolução Democrática de Jackson e o Movimento Autonomista de Boric, entre outros movimentos, começaram a discutir a possibilidade de construir um projeto político unificado que culminaria na chamada Frente Ampla. Desse debate surgiu a ideia de realizar prévias para a definição da candidatura presidencial na eleição de 2017. Beatriz Sanchez foi a vencedora das prévias e se tornou a candidata presidencial da Frente Ampla na eleição de 2017. Para uma primeira disputa presidencial, o resultado foi positivo para a Frente Ampla: Sanchez conquistou cerca de 20% dos votos e terminou a eleição em terceiro lugar. Piñera foi eleito presidente do Chile pela segunda vez. A Frente Ampla acumulou força e na eleição seguinte, em 2021, tornou-se imbatível. Com Boric como candidato presidencial, a Frente Ampla venceu a eleição de 2021. O inquieto movimento social de 2011 chegou ao poder dez anos depois.

No México, o partido-movimento também conquistou a presidência. Eleito presidente mexicano em julho de 2018, Andrés Manuel López Obrador chegou ao poder após construir um partido-movimento, o Morena, com uma forte campanha de denúncia da corrupção do sistema político mexicano e de combate ao neoliberalismo. O *Movimiento Regeneración Nacional*, Morena, foi criado como movimento social, em 2011, e fundado como partido político, em 2014. O movimento surgiu para apoiar a candidatura presidencial de López Obrador, candidato da centro-esquerda mexicana, na eleição de 2012. Na ocasião, López Obrador era filiado ao Partido da Revolução Democrática, PRD. Mas, após a derrota, López Obrador investiu na criação do novo partido, mais próximo dos movimentos sociais e em oposição ao sistema político tradicional. Em sua carta de princípios lemos, por exemplo, que o partido luta contra "a violencia contra as mulheres e contra qualquer forma de discriminação por razão de sexo, raça, origem étnica, religião, condição social, econômica, política ou cultural" (Martínez Gil, 2014: 212-213, tradução nossa). Em 2018, dessa vez com o partido Morena oficializado, Obrador foi eleito presidente do país. Como já foi dito, o Morena nasceu como movimento social e se transformou em partido político em seguida, como num processo típico de partido-movimento. Na Assembleia Nacional que constituiu o Morena em 2014, o próprio Obrador fez questão de assinalar que "as atividades dessa organização não serão exclusivamente como partido político, mas que manterá sua característica de movimento social, sendo solidária e estando em contato com outros movimentos sociais" (Bolivar Meza, 2014: 96, tradução nossa). Contudo, há uma particularidade que distingue esse partido-movimento da maior parte dos outros analisados: a forte dependência da liderança pessoal de Obrador. Não é por outra razão que o Morena é entendido pela literatura como "el partido del lopezobradorismo" (Bolivar Meza, 2014).

Em síntese, ficou demonstrado como algumas recentes experiências políticas da Europa e da América, identificadas como partidos-movimento, mantêm algum grau de semelhança programática e articulatória. Em todos esses casos, uma fronteira interna é delimitada contra uma determinada elite política e econômica. No caso estadunidense, a elite é o mercado financeiro de Wall Street denominado de "1%". No caso espanhol, essa elite é chamada de "a casta". Mas há outras polarizações. Na Espanha, em Portugal e na Grécia, a fronteira antagonística é também delimitada claramente contra a Troika – aliança formada pelo Banco Central Europeu, pelo Fundo Monetário Internacional e pela Comissão Europeia – acusada de ser a responsável pela aplicação de políticas econômicas de austeridade fiscal nesses países. Todos eles buscaram organizar a classe trabalhadora contra uma determinada elite, mas não apenas isso: para além dos tradicionais sindicatos de trabalhadores, esses partidos-movimento envolveram movimentos sociais, organizações de juventude, grupos feministas e pela igualdade racial e ambientalistas. Ou seja, demandas reprimidas, difusas na sociedade, mas que encontraram nos partidos-movimento seus porta-vozes.

Decerto, o fenômeno é ainda muito recente. A maior parte desses movimentos emergiu de 2011 para cá, momento que Zizek (2012) condensou na expressão "o ano em que sonhamos perigosamente". Mas é justamente sua precocidade histórica que justifica a importância investigativa nessa direção. Ademais, seria um equívoco, ou, no mínimo, uma imprudência, crer que um fenômeno que ocorre reiteradamente no contexto internacional esteja tão distante de ter correlação com a política no Brasil. Afinal, *de te fabula narratur*, diriam Marx e Horácio.

Referências

ANTENTAS, Josep Maria. Imaginación estratégica y partido. *Viento sur,* n.º 150, fev., 2017.

BOLIVAR MEZA, Rosendo. Morena: el partido del lopezobradorismo. *Polis,* vol. 10, n.º 2, pp. 71-103, México, 2014.

DELLA PORTA, Donatella; FERNÁNDEZ, Joseba; KOUKI, Hara; MOSCA, Lorenzo. *Movement parties against austerity*. Cambridge, UK; Malden, MA: Polity Press, 2017.

ERREJÓN, Íñigo. Ernesto Laclau, teórico de la hegemonia. *Público,* 14/4/2014. Disponível em: http://www.publico.es/actualidad/muere-ernesto-laclau-teorico-hegemonia.html. Acesso em 12/1/2018.

_____; MOUFFE, Chantal. *Construir pueblo: hegemonía y radicalización de la democracia.* Barcelona: Icaria, 2015.

FRASER, Nancy. From Redistribution to Recognition? Dilemmas of Justice in a "Post-Socialist" Age. *New Left Review,* I/212, jul.-ago., 1995.

_____. Da redistribuição ao reconhecimento? Dilemas da justiça numa era "pós-socialista". *Cadernos de Campo,* n.º 14/15, pp. 231-239, São Paulo, 2006.

_____. Entrevista com Nancy Fraser. *Lavrapalavra.* 23/9/016, 2016a. Disponível em: https://lavrapalavra.com/2016/09/23/entrevista--com-nancy-fraser/. Acesso em 11/1/2018.

_____. Uma feminista vê os EUA em mutação. *Outras Palavras,* 10/5/2016, 2016b. Disponível em: https://outraspalavras.net/posts/uma-feminista-ve-os-eua-em-mutacao/. Acesso em 10/1/2018.

_____. The end of progressive neoliberalismo. *Dissent Magazine,* 2/1/2017. Disponível em: https://www.dissentmagazine.org/online_articles/progressive-neoliberalism-reactionary-populism-nancy--fraser. Acesso em 12/1/2018.

HANCOX, Dan. Why Ernesto Laclau is the intellectual figurehead for Syriza and Podemos, *The Guardian,* 9/2/2015. Disponível em: https://www.theguardian.com/commentisfree/2015/feb/09/ernesto-laclau-intellectual-figurehead-syriza-podemos. Acesso em 12/1/2018.

IGLESIAS, Pablo. Entender Podemos. *New Left Review* 94, jul.-ago., 2015.

JUDIS, John. 2016. *The Populist Explosion: How the Great Recession Transformed American and European Politics.* New York: Columbia Global Reports, 2016.

KITSCHELT, Herbert. Movement parties. In: KATZ, R.; CROTTY, W. (eds.). *Handbook of Party Politics.* Londres: Sage, 2006. pp. 278-291.

KLEIN, Naomi. *Não basta dizer não: resistir à nova política de choque e conquistar o mundo do qual precisamos.* Rio de Janeiro: Betrand Brasil, 2017a.

_____. Entrevista: Naomi Klein e Jeremy Corbyn debatem o mundo que queremos. *The Intercept,* 18/7/2017, 2017b. Disponível em: https://theintercept.com/2017/07/18/video-naomi-klein-e-jeremy-corbyn--debatem-o-mundo-que-queremos/. Acesso em 12/1/2018.

KOUVÉLAKIS, Stathis. Grécia: a vitória do Syriza servirá como locomotiva para a esquerda radical na Europa. *Esquerda.net,* 2/1/2015. Disponível em: http://www.esquerda.net/artigo/grecia-vitoria-do-syriza-servira-como-locomotiva-para-esquerda-radical-na-europa/35312. Acesso em 12/1/2018.

LACLAU, Ernesto. Entre a equivalência e a diferença: notas sobre a trajetória teórico-política de Ernesto Laclau. In: LOPES, Alice Casimiro; MENDONÇA, Daniel. (orgs.). *A teoria do discurso de Ernesto Laclau: ensaios críticos e entrevistas.* São Paulo: Annablume, 2015. pp. 13-34.

_____; MOUFFE, Chantal. *Hegemonia e estratégica socialista: por uma política democrática radical.* São Paulo: Intermeios; Brasília: CNPq, 2015.

LOPES, João Teixeira. Para a refundação da esquerda. In: MORAES, Reginaldo. *Bloco de Esquerda e Podemos: dois experimentos de organização na nova esquerda europeia.* São Paulo: Editora Fundação Perseu Abramo, 2016. pp. 121-124.

MANETTO, F.; GÓMEZ, M. V. Somos, el sindicato de Podemos, busca um hueco entre las centrales. *El Pais,* 7/11/2014. Disponível em: https://politica.elpais.com/politica/2014/11/07/actualidad/1415389078_528615.html>. Acesso em 12/1/2018.

MARTINEZ GIL, José Pablo. Historia del partido Movimiento de Regeneración Nacional (Morena). *Revista de Derecho Estasiológico -"Ideología y militância"*, n.º 4, Universidad Nacional Autónoma de México, 2014.

MCADAM, Doug; TARROW, Sidney. Ballots and barricades: on the reciprocal relationship between elections and social movements. *Perspectives on Politics*, 8(2), pp. 529-542, 2010.

MORAES, Reginaldo. *Bloco de Esquerda e Podemos: dois experimentos de organização na nova esquerda europeia.* São Paulo: Editora Fundação Perseu Abramo, 2016.

MOUFFE, Chantal. America in Populist Times: An Interview With Chantal Mouffe. *The Nation.* 15/12/2016. Disponível em: https://www.thenation.com/article/america-in-populist-times-an-interview-with-chantal-mouffe/. Acesso em 9/1/2018.

_____. Chantal Mouffe, la philosophe qui inspire Mélenchon, se livre en exclusivité. *Le Figaro,* 11/4/2017. Disponível em : http://www.lefigaro.fr/vox/politique/2017/04/11/31001-20170411ARTFIG00090-entretien-exclusif-avec-chantal-mouffe-la-philosophe-qui-inspire-melenchon.php. Acesso em 12/1/2018.

PINTO, Céli. Movimentos sociais 2011: estamos frente a uma nova forma de fazer política? In: GOHN, Maria da Glória; BRINGEL, Breno. *Movimentos sociais na era global.* Petrópolis: Vozes, 2014.

RODRIGUES, Catarina Marques. Clara, a nova juíza feminista no Tribunal Constitucional indicada pelo Bloco. *Observador*, 20/7/2016. Disponível em: http://observador.pt/2016/07/20/clara-a-nova-juiza-feminista-no-tribunal-constitucional-indicada-pelo-bloco/. Acesso em 12/1/2018.

RODRIGUES, Theófilo. *Partidos, classes e sociedade civil no Brasil contemporâneo*. Curitiba: Appris, 2021.

SANTOS, Boaventura de Sousa. Crise da política e futuro da esquerda. *Outras Palavras*, 6.1.2016, 2016a. Disponível em: http://outraspalavras.net/posts/boaventura-acrise-da-politica-e-o-futuro-da-esquerda/. Acesso em 5/1/2018.

_____. *A difícil democracia: reinventar as esquerdas*. São Paulo: Boitempo, 2016b.

_____. Quinze teses sobre o partido-movimento. *Outras palavras*, 14/6/2021. Disponível em: https://outraspalavras.net/crise-civilizatoria/quinze-teses-sobre-o-partido-movimento/. Acesso em 9/1/2022.

SOUZA, Alda. Bloco de Esquerda em Portugal – nem Syriza, nem Podemos. In: MORAES, Reginaldo. *Bloco de Esquerda e Podemos: dois experimentos de organização na nova esquerda europeia*. São Paulo: Editora Fundação Perseu Abramo, 2016. pp. 99-114.

WALLERSTEIN, Immanuel. A hora dos partidos-movimentos. *Outras Palavras*, 15/6/2015. Disponível em: http://outraspalavras.net/posts/wallersteinlimites-e-esperancas-dos-partidos-movimentos/. Acesso em 3/1/2018.

ZIZEK, Slavoj. *O ano em que sonhamos perigosamente*. São Paulo: Boitempo, 2012.

Em torno da ideia de liderança: algumas contribuições para o debate sobre os coletivos contemporâneos

Marcelo de Souza Marques

Introdução

Nas décadas de 1970 e 1980, contexto do processo de democratização, o Brasil passou a presenciar a emergência de uma diversidade de experiências societárias coletivas, sobretudo urbanas (Sader, 1988). A partir das duas últimas décadas, uma onda de "novos sujeitos coletivos" parece estar redesenhando o cenário (associ)ativista ao evidenciar novos repertórios, isto é, padrões culturais e estruturais de organização e ação política socialmente construídos e que, estando disponíveis aos sujeitos, são mobilizados em diferentes momentos históricos e por diferentes sujeitos coletivos (Tarrow, 2009), bem como novas estruturas de mobilização, especialmente por meio da internet e suas tecnologias, marcadas por novas performances e significados ao discurso político-organizacional.

Para alguns analistas, essa emergência, seja dos grupos que têm se autodenominados como coletivos, seja das experiências refletidas teoricamente como "novíssimos movimentos sociais", é um fenômeno correlacionado ao ciclo de protestos que marcou o país entre os anos de 2013 e 2016 (Gohn, 2017, 2019; Augusto, Rosa e Rezende, 2016). Mesmo que não seja consensual a existência de relações causais diretas e/ou necessárias entre a criação e/ou a multiplicação dessas experiências organizacionais e o recente ciclo de protestos, foi naquele contexto, em especial, que ficou mais perceptível aos analistas a estruturação de novas estratégias, performances e padrões de mobilização e ação na sociedade civil. Além disso, é preciso ponderar o contexto estratégico-relacional que, direta ou indiretamente, potencializou a emergência dessas novas experiências societárias.

Atento a isso, nesta oportunidade abordarei um ponto específico que tem sido refletido nas recentes análises sobre essas novas experiências, sobretudo nos coletivos: a ausência de lideranças. A discussão proposta parte de uma abordagem discursiva que visa a compreender a construção de uma *posição diferencial* reivindicada pelos sujeitos no contexto estratégico-relacional de "crítica à política tradicional", para, a partir disso, refletir sobre a ideia de *liderança ausente*. Como abordarei, essa crítica destaca o descontentamento dos sujeitos com relação às organizações políticas tradicionais, como partidos políticos, sindicatos, Organizações Não Governamentais (ONGs) ou mesmo organizações de movimentos sociais. Na construção da ideia de coletivos, essas organizações têm sido apontadas como tradicionais, hierarquizadas e rigidamente formalizadas. Nessa demarcação dessa *posição diferencial*, a ideia de liderança surge com considerável destaque, uma vez que é comum o argumento de que "coletivos não têm lideranças". Fugindo de um olhar dicotômico, conseguimos perceber um movimento de desconstrução da ideia de liderança nessas experiências, o que não significa uma ausência radical. Como abordarei, a *liderança ausente* considera que um dos objetivos dos coletivos, do ponto de vista organizacional e das relações entre os ativistas, é construir uma estrutura comum, coletiva, destituída de hierarquia e da figura formal e central da liderança comumente presentes em outras organizações societárias e políticas tradicionais na busca por novas possibilidades organizacionais e de socialização.

A estruturação da "crítica à política tradicional"

A atenção ao contexto dos anos 2013 a 2016 é importante, porque foi naquele momento que se sedimentaram no debate político-organizacional as críticas aos repertórios de organizações históricas, como partidos políticos, sindicatos, ONGs e mesmo de organizações de movimentos sociais, percebidos pelos ativistas como estruturas hierarquizadas, altamente burocráticas e centradas na ideia de lideranças (Borelli et al., 2010; Gohn, 2019; Perez, 2019; Perez e Souza, 2017). Essas críticas fomentaram a busca por novas formas de organização e participação política, sobretudo entre os jovens.

Vale ressaltar que esse discurso não se limitou ao contexto nacional, tampouco aos anos de 2013 a 2016. Uma melhor compreensão da estruturação da "crítica à política tradicional" exige voltar para os anos 1990. Foi nessa década, alcançando o início dos anos 2000, que se observam, por exemplo, as manifestações contrárias à globalização econômica e à criação de grandes organismos internacionais, como o Tratado Norte-Americano de Livre Comércio (NAFTA), a Área de Livre Comércio das Américas (ALCA), o Banco Mundial (BM) e as ações do Fundo Monetário Internacional (FMI) e da Organização Mundial do Comércio (OMC). Entre diferentes protestos, podem ser destacados: o "Carnaval Contra o Capital", em Londres, ocorrido no dia 18 de junho de 1999 (evento organizado para o dia do encontro do G8, realizado na cidade de Colônia, Alemanha); a "Batalha de Seattle", manifestação ocorrida no dia 30 de novembro de 1999, na ocasião do encontro da OMC; ou ainda o "Outono de Praga", do dia 26 de setembro de 2000 (Mesquita, 2011: 29-43).

Como bem observa Mesquita (2011), a insurgência contra essas e outras iniciativas apresenta sentidos e repertórios que podem ser remetidos aos movimentos inspirados nos anarquistas e socialistas de séculos anteriores, tais como o Movimento Situacionista francês dos anos 1950, uma das fontes de inspiração dos estudantes do Maio de 1968 (Corrêa e Mhereb, 2018), o Autonomismo na França e na Itália, nos anos 1960 e 1970 (Schifres, 2008), ou mesmo as diferentes experiências populares e operárias nos séculos XVIII e XIX (Thompson, 1987), alcançando as iniciativas coletivas autônomas zapatistas, as quais deram origem à criação de diferentes redes internacionais, como o Encontro Internacional pela Humanidade e Contra o Neoliberalismo, organizado em 1996, na cidade de Chiapas, México, com uma segunda edição no ano seguinte, na cidade de Barcelona, Espanha, e novamente em 1999, em Belém, Brasil; e ainda, à articulação de ações simultâneas em diferentes países, como a Ação Global dos Povos, os Dias de Ação Global e o Fórum Social Mundial (cf. Mesquita, 2011: 31-34). Mais recentemente, surgiram novas experiências de redes, como o Fórum Social Mundial, bem como novos processos organizacionais e estruturas de mobilização em protestos como Occupy, nos EUA, os Indignados, na Espanha, e em países como Portugal, Grécia, Hong Kong e Chile.

Essas e outras manifestações e experiências movimentalistas, ao se multiplicarem e alcançarem diferentes contextos geográficos, políticos, econômicos e culturais, não evidenciaram apenas críticas a "antigos grupos políticos com suas regras formais e estruturas fixas" (Mesquita, 2011: 35), mas, também, novas táticas e discursos político-organizacionais. Esse discurso de "crítica à política tradicional", que no Brasil se sedimentou no contexto dos anos de 2013 a 2016, tem indicado a reinvindicação e a construção de novas experiências organizacionais, novos espaços de representação e de participação política da juventude a partir de uma demarcação discursiva diferencial em relação a outras experiências organizacionais e (associ)ativistas. Essa demarcação passou a evidenciar críticas às organizações e experiências políticas historicamente sedimentadas, como os partidos políticos, sindicatos e mesmo ONGs e organizações de movimentos sociais.

Entre outras críticas e projetos políticos, uma característica presente em todas essas reivindicações foi *a busca por novos repertórios organizacionais e de ação a partir de um discurso crítico às estruturas e organizações políticas percebidas como tradicionais, burocráticas, ineficientes, corruptas e cuja estrutura é organizada de forma hierarquizada e centrada em lideranças mais ou menos formais*. Estes são os elementos básicos que estruturam o que temos denominado de contexto de "crítica à política tradicional", cujo destaque, no Brasil, ocorreu a partir de 2013 (Marques e Marx, 2020).

Esse contexto é importante, portanto, porque ajuda a compreender a identificação discursiva dos sujeitos como *coletivos*, bem como a busca destes por "algo novo", por experiências organizacionais diferentes daquelas tidas como tradicionais. Vale também destacar que esse processo tem ocorrido em meio ao anseio por novas experiências de sociabilidade e socialização (cf. Desouza, 2012; Monaco, 2020; Trindade, 2021) e por novas lógicas de participação e ação política, discursivamente desconstruindo estruturas hierárquicas e rigidamente formalizadas (cf. Maia, 2013; Gohn, 2017; Perez e Silva Filho, 2017; Marques e Marx, 2020;

Thibes et al., 2020). É nesse processo que os sujeitos têm demarcado uma *posição diferencial* em relação a essas outras estruturas organizacionais e de ação política.

Posição diferencial

A partir da análise da recente literatura sobre diferentes experiências de coletivos, de entrevistas com ativistas e da observação direta dos coletivos culturais no contexto capixaba, tenho percebido elementos que permitem a reflexão sobre a demarcação discursiva dos sujeitos de uma *posição diferencial* na construção de sua própria experiência coletiva. A partir desse registro teórico-analítico, a ideia de "integrar um coletivo" e "ser ativista de coletivo", além de envolver a construção interna de novas solidariedades entre os sujeitos, construção de redes de afetos e de projetos políticos e profissionais comuns entre os membros, permite também uma correspondência com o "Outro". Contextual, relacional e estrategicamente inscrita, essa correspondência passa a exercer uma função de *exterior constitutivo*.

Como abordado em outros momentos (Marques, 2020, 2021), os exteriores constitutivos são importantes, pois ajudam a compreender que os processos de identificação de subjetividades não representam identidades determinadas, eles são relacionais. Nessa leitura, não há uma essência identitária que escape às relações, bem como não há nada que as determine aprioristicamente: todos os processos de identificação estão sempre já "contaminados" por um "algo além de si", por uma relação de externalidade que ao mesmo tempo a constitui internamente. O que está para "além de si", vale destacar, não é um mero acidente, ele é necessário, embora não essencial (Staten, 1984).

Essa leitura indica, portanto, que os processos de identificação dos sujeitos ocorrem a partir da construção discursiva de relações diferenciais voltadas para a demarcação de *posições diferenciais*. Ou seja, por meio da *diferença*. Como indica Hall (2000: 110), é a partir da relação com o "Outro", "da relação com aquilo que não é, com precisamente aquilo que falta, com aquilo que tem sido chamado de seu exterior constitutivo, que o significado 'positivo' de qualquer termo – e, assim, sua 'identidade' – pode ser construído". Portanto, não há identidades coletivas sem exteriores constitutivos.

Nessa construção discursiva dos "novos sujeitos coletivos", inserida no contexto de "crítica à política tradicional", o "Outro" passou a refletir as críticas comumente destacadas pelos coletivos e ressaltadas pelos recentes estudos, em relação tanto às estruturas quanto aos processos de decisões internas dos partidos políticos, de sindicatos, ONGs e mesmo às organizações de movimentos sociais mais estruturadas do ponto de vista organizacional-formal. Estas organizações passaram a ser compreendidas como burocracias hierarquizadas, experiências organizacionais pautadas na ideia de liderança formal e vertical, centralização das decisões internas, dentre outras características discursivamente distintivas. De uma forma mais geral, quer seja a partir dos discursos nativos dos ativistas, quer de algumas das recentes reflexões de analistas, os coletivos têm sido percebidos como novas formas de organização, mobilização e de ação pautadas em ideias de coletividade, trabalho colaborativo, compartilhamento horizontalizado de informação de poder (decisão política no interior do grupo) e criação de espaços e formas especiais de relações sociais entre os sujeitos na busca por alternativas às hierarquias e na desconstrução da ideia de liderança formal e representação vertical.

Embora esses ideais possam ser verificados em experiências (associ)ativistas anteriores (cf. Santos, 2022) – o que exige percebê-los, hoje, como processos de ressignificação de repertórios organizacionais, de ação e discursivos –, os coletivos apresentam novidades à medida que (re)ssurgem no debate político e acadêmico, ressignificando repertórios e logrando destacado protagonismo nas mobilizações e articulações de protestos públicos. Nesse processo, os coletivos têm mobilizado um "discursivo de novidade organizacional", de ação e interação política, conseguindo demarcar uma *posição diferencial* em relação a outras experiências de organizações civis contemporâneas. É nessa diferenciação que os coletivos têm ressaltado uma pluralidade de significados para a sua autodenominação, tais como trabalho colaborativo, horizontalidade, atuação em redes, desconstrução da ideia de liderança, construção de espaços de acolhimento, descentralização etc.

A novidade dos coletivos, portanto, deve ser compreendida a partir de uma perspectiva histórico-processual e relacional, o que nos leva a recusar o argumento do "novo" quando este é compreendido como um fenômeno singular, cuja emergência ocorreria de forma espontânea, um "novíssimo fenômeno sociológico", sem qualquer relação com outras experiências (associ)ativistas. Compreendo, dessa forma, que a análise dos coletivos não pode se limitar a sua objetualidade em si, pois se trata de um fenômeno complexo, que se constitui a partir de suas interações. A novidade encontra-se nas relações discursivas com os "Outros", na ressignificação de repertórios no processo de construção de suas formas de organização, mobilização e ação em contextos situados. Nesse processo, ocorrem diferentes desconstruções discursivas, como a ideia de "liderança". No entanto, como discutirei na sequência, isso não significa que os coletivos não tenham *funções* de lideranças.

Liderança ausente

Para demarcarem uma *posição diferencial*, cujos significados são percebidos mais claramente quando analisados a partir de sua inscrição na conjuntura de "crítica à política tradicional", estruturada, sobretudo, a partir das ondas de protestos de 2013, os sentidos mobilizados pelos sujeitos na construção da ideia de coletivos denotam: (i) uma estrutura organizacional moderna, sem hierarquias, destituída da figura central da "liderança política histórica"; e (ii) um tipo de agrupamento ou organização de caráter mais dinâmico, baseado em laços afetivos, ação horizontalizada, ação política direta, e a partir de um forte sentimento de autonomia dos sujeitos tanto em relação uns aos outros como em relação a outras organizações societárias e políticas, o que não necessariamente significa uma recusa da participação em espaços e a utilização de recursos e mecanismos institucionais para sua ação.

Embora a ideia de liderança seja um entre outros importantes elementos para os quais se deve olhar ao analisar os coletivos, ela tem ganho destaque especial da literatura, seja em relação à lógica organizacional, seja respeitante à lógica de socialização. Quando o analista se depara com um coletivo, possivelmente perceberá que é comum entre ativistas, e mesmo entre os analistas, o argumento de que os "coletivos não têm liderança". Todavia, é preciso olhar com mais atenção para esse argumento para além do seu peso como discurso nativo.

Desde os primeiros contatos com o universo dos coletivos culturais no contexto espírito-santense, entre os anos de

2015 e 2016, sempre que busquei por informações sobre algum coletivo, seja com ativistas, seja com atores estatais, era comum a indicação de um mesmo conjunto de ativistas – um indicativo de que talvez esses sujeitos poderiam possuir algum tipo de destaque no campo. A despeito do argumento de ausência de lideranças nos coletivos, passei a perceber esse indício como um indicativo de que esses sujeitos pudessem possuir algum tipo de proeminência cujos sentidos poderiam ser assimiláveis àqueles comumente atribuídos às organizações de movimentos sociais ou mesmo às organizações partidárias.

Isso, contudo, não significa que assumi como incorreta a premissa de que os coletivos representam uma *estrutura organizacional sem hierarquias e, portanto, destituídas da figura central da liderança formal e vertical*, até porque, ao serem questionados sobre as lideranças dos grupos, os sujeitos reafirmavam não possuí-las. A questão, como a tenho percebido, não é ausência radical de liderança e sim de (re)ssignificação do significante *liderança*.

Isso também parece ter sido percebido por Gohn (2019: 143) ao destacar os papéis dos "mediadores" e dos "editores" das ações coletivas no contexto dos anos de 2013 a 2016. Para a autora, os sujeitos que desempenham essas funções não devem ser compreendidos como liderança *stricto sensu*, mas como sujeitos que exercem alguma "referência": "não como liderança, mas como ativadores e pontos de referência. São muitos e não se concentra na figura de um líder principal". Mas do que isso, ela também percebe a ressignificação de repertórios dessas novas experiências coletivas ao "recuperarem" sentidos e pautas autonomistas: "Eles retomam o tema da utopia, de forma completamente diferente dos movimentos clássicos porque não há uma hierarquia e nem um sujeito central na história" (Gohn, 2019: 251). Ainda segundo a autora:

> [...] a partir de 2013 é preciso repensar as análises sobre a lógica de ação coletiva organizada em termos de um sentido único, que não existe. Passaram a ocorrer um novo ciclo e uma repolitização dos movimentos sociais sob novos paradigmas inspiradores das ações coletivas, muitos deles construídos a partir de ideais e utopias já bem antigos, como o socialismo libertário, o anarquismo, os autonomistas; e outros, com posições adversas, como os neoliberais ou o retorno do conservadorismo. Os movimentos clássicos sentem a pressão para se renovarem sob a égide da sociedade contemporânea com seus problemas, lutas políticas, desafios, novos recursos comunicacionais e tecnológicos, e se redesenham formando "frente". (Gohn, 2019: 257-8)

As questões apresentadas por Gohn reforçaram a inquietação sobre os "sujeitos proeminentes" do campo e o persistente discurso de "ausência de liderança". De fato, os elementos que surgiram durante a pesquisa com os coletivos culturais no contexto capixaba não indicam uma liderança nos mesmos termos tradicionais de lideranças de partidos de massa, lideranças de associações de moradores ou aquelas de certas organizações de movimentos sociais mais estruturadas e formalizadas. Ainda que seja possível perceber estruturas internas mais ou menos formais, como grupos de trabalho, diretorias e mesmo liderança-presidência, são experiências marcadas por processos coletivos e horizontalizados de tomada de decisões internas. Além disso, é preciso destacar as especificidades de determinados setores artístico-culturais, como a dança, o teatro e o audiovisual, que possuem divisões internas, como direção de elenco, direção de coreografia, diretor de filmagem, dentre outras.

A partir disso, passei a analisar quais os sentidos da ideia de *liderança* nos coletivos, pois, ao que tudo indicava, a recusa desse significante se baseava em certo conjunto de significados mobilizados pelos ativistas na representação discursiva da *liderança* a partir do que eles percebiam em outras organizações societárias, ainda mais considerando o contexto de "crítica à política tradicional". Assim, pude perceber que, quando recusavam a ideia de *liderança*, faziam referências, por exemplo, a ONGs, a sindicatos, a partidos políticos etc. Isso, contudo, não indica uma completa ausência da *função de liderança* nas estruturas organizacionais dos coletivos, ainda que esta tenha sido construída a partir de outros significados, como a horizontalidade, o trabalho colaborativo, a descentralização etc.

Com esse movimento teórico-analítico, foi possível perceber que a questão é menos a *ausência* de lideranças e mais a *desconstrução* discursiva de sentidos que se relacionam às ideias clássicas, sedimentadas, deste significante em outras experiências político-organizacionais. Nas duas narrativas a seguir é possível perceber a presença da *função de liderança*:

> Todo mundo fala muito em liderança, mas fala de liderança em negócios. Não pensa que a liderança vai além disso. Liderança ultrapassa todos esses limites aí. Então, quem que vai lá ver a casa em que a gente vai ficar? Quem deu a ideia? Quem propõe, põe? Sacou? É isso. Então, tem essa coisa [que] você também tem que se ligar [...]. A liderança vem da parte administrativa, pagar contas, toda essa parte administrativa [...]. O maior conflito de um coletivo, digamos assim, se você quiser ser organizado, um coletivo que quer se organizar, é definir quem faz o quê. (Entrevistado 3. Entrevista cedida em 27 de fevereiro de 2019)

> Não, alguma hierarquia com certeza vai ter, é uma hierarquia natural. Porque a hierarquia surge do modo seguinte: um coletivo de dez pessoas, pela minha experiência de atuação em coletivos, já participei em vários, eu noto que se não tiver um ou dois ali que puxam, que não necessariamente são os donos, o topo da hierarquia, mas se não tiver esses um ou dois aí que puxam mesmo a coisa, o coletivo vai esfriando [...]. Mas, pensando nesse modo como eu disse, sobre o coletivo que funciona, onde cada um faz as suas coisas e estão conectados de algum modo. Porque assim, desse modo, todo mundo pode fazer muita coisa sozinho, inclusive sem pedir autorização pro outro. Eu acho que isso é uma confiança do coletivo. O coletivo precisa ser formado desse modo, precisa ter confiança em quem faz parte do coletivo. (Entrevistado 5. Entrevista cedida em 1º de março de 2019)

Essa *desconstrução* é diferente do argumento de *inexistência* da função de liderança. Corroborando Donati (2015), uma compreensão mais adequada da ideia de *liderança* deve se atentar para a dimensão relacional das interações espaço-temporalmente inscrita entre os sujeitos (ativistas/grupo) e entre estes e os "Outros".

Os sentidos mobilizados pelos sujeitos não são os mesmos daqueles comuns às lideranças de estruturas organizacionais mais rígidas e centralizadas em um ou em poucos indivíduos, como um partido político, um sindicato e mesmo certas organizações de movimentos sociais com maior grau de formalização. A questão, como a compreendo, não é simplesmente uma ausência radical ou abolição da *função de liderança*, mas uma ressignificação dos sujeitos. Nessa ressignificação, a *liderança* deixa de ser algo delegado ou obtido por meio de processos institucionais, como eleições, ou sedimentado em atributos pessoais, tais como carisma, oratória, capital político etc. Os sentidos de *liderança* que tenho percebido nos coletivos indicam mais uma "referência contextual", uma liderança de caráter mais circunstancial, relacional e discursivamente desconstruída.

Pensar relacionalmente a *liderança* pode ser um alternativa teórica interessante na análise dessas formas de (associ) ativismo contemporâneo. Como destaca Donati (2015), a ideia clássica de *liderança* indica que não há líder sem seguidores. Nesses termos, o líder, mesmo em seu sentido mais tradicional e formal, não existe em si mesmo. Do ponto de vista relacional, o que existe "é uma relação de liderança que emerge de uma rede social". A estrutura da relação de liderança, portanto, indica que "certas condições ambientais são frequentemente necessárias" (Donati, 2015: 89). Ou seja, a compreensão da emergência do(a) líder deve considerar o contexto estratégico-relacional e não apenas as capacidades pessoais.

Além disso, é preciso destacar a dimensão reflexivo-estratégica dos sujeitos, uma vez que, concordando com Donati, compreendo que uma "pessoa não pode ser líder sem certas qualidades e sem certa reflexividade interna, que ela incute nas relações sociais com os seguidores" (p. 89). O argumento do autor está a indicar, portanto, que se faz necessário considerar tanto o contexto estratégico-relacional, que pode ser ou não favorável à emergência da *função de liderança*, quanto a reflexividade dos sujeitos em se apresentar com o intuito de exercê-la, ainda que relacional e circunstancialmente.

Embora os sujeitos reconheçam certas *funções de liderança*, inclusive como sendo necessárias à organização do grupo, parece claro que estão reflexivamente desconstruindo os sentidos presentes na relação típica "líder-seguidores" apontada por Donati. Também tenho percebido um caráter circunstancial-relacional na liderança nessas experiências organizacionais, não apenas como alternância estratégica ou pragmática entre os ativistas. Esse tipo de *função de liderança* parece encontrar relação com o momento de maior disponibilidade de determinados ativistas na dedicação ao grupo, tendo mais tempo para responder pelo coletivo, ou à direção da execução de uma ação ou projeto específico, ainda que a execução venha a ser coletiva. Isso é comum, por exemplo, nos casos em que um ativista tem um projeto nominal submetido e aprovado junto às políticas de captação de recursos via editais públicos, mas sua execução se processa coletivamente pelo grupo do qual faz parte ou mediante o convite a um coletivo parceiro: ele passa a exercer uma *função de liderança* contextual e estrategicamente inscrita.

Em suma, a questão pode estar na diferença semântica entre como os sujeitos – ativistas e analistas – têm entendido a ideia de *liderança*. Se, como analista, compreendo a *liderança* de forma rígida, centralizada em um ou poucos indivíduos a partir de uma ideia formal e hierarquizada entre "líder-seguidores", não a encontrarei nas experiências coletivas contemporâneas – o que não significa, necessariamente, uma total ausência de significados e *funções de liderança* nessas novas experiências organizacionais. Como tenho analisado os coletivos por uma perspectiva relacional, os percebo a partir de suas relações temporal e estrategicamente inscritas, o que exige refletir sobre a liderança *nas* e a partir *das* relações em curso, considerando, portanto, as críticas com relação a outras organizações societárias e políticas. É desta forma que percebo a desconstrução dos sujeitos da liderança, ainda que necessária à organização, como *liderança ausente*.

Na construção dessa liderança, os sujeitos estruturam aquilo que Desouza (2012) designa como "ideologia coletiva" ao analisar diferentes coletivos de mulheres na Índia. Trata-se de um discurso coletivo evocado a partir de um conjunto de valores diretamente relacionados ao fortalecimento da lealdade, horizontalidade, solidariedade e compromisso intrassujeitos e entre os sujeitos e o coletivo:

> (a) Um conjunto de valores fundamentais, identificados pelo grupo, que orienta as atividades da organização. Os valores centrais que também asseguram a manutenção da ideologia da organização.
>
> (b) A adoção de uma abordagem holística, em que os indivíduos que compõem a organização são considerados tão importantes quanto a própria organização, a qual ajuda a fortalecer o laço coletivo, propagar o espírito coletivo e possibilitar o funcionamento coletivo.
>
> (c) Na organização coletiva, o indivíduo e o grupo estão inter-relacionados e, como resultado, todo indivíduo é importante para o grupo. A *construção de equipes* [*Team building*], portanto, é um componente importante da organização coletiva. O foco nos exercícios de construção de equipe (I) ajuda na construção de laços entre os membros, (II) permite que os membros se familiarizem com o *background* e a ideologia de todos os membros, (III) confrontem opiniões diferentes, personalidades e outros conflitos interpessoais que possam surgir e (IV) permite que os membros localizem e articulem suas próprias necessidades dentro dos objetivos maiores da organização. (Desouza, 2012: 388, tradução minha, destaques meus)

Eis os pontos que temos percebido nesse processo contemporâneo de construção coletiva – que muitas vezes resultam de uma posição crítica às experiências associativas anteriormente vivenciadas pelos sujeitos: os ativistas tendem a valorizar o *compartilhamento de ideias* enquanto forma de descentralização da informação e de enriquecimento do aprendizado coletivo; buscam *reforçar os laços afetivos*, percebidos como importantes no processo de formalização das relações entre eles; sustentam a importância do *trabalho colaborativo* como uma maneira de potencializar a criação e o fortalecimento das decisões consensuais, ainda que apresentem divisões internas e um grau maior de formalização; defendem o *princípio da autonomia da ação* de seus membros, desde que não vá de encontro aos *princípios coletivos*; e, objetivando a construção de *espaços de vivência*, de *trabalhos destituídos de hierarquia* e da ideia forte da *liderança*, tendem a desconstruir os sentidos sedimentados de representação (formal) e de delegação (vertical) – justamente aqueles comumente impressos às ideias de "liderança" e "burocracia".

É nesse sentido que compreendo que a liderança deve ser analisada nas e a partir das relações em curso, tornando-se uma *liderança ausente*, ainda que necessária à organização. Dizer que é necessária, no entanto, difere do argumento da "Lei de ferro das oligarquias", de Michels (2001). A função de liderança é uma necessidade contingente, como destacam os próprios ativistas, no processo de organização e mobilização da ação e na construção de um padrão mínimo de estruturação do trabalho coletivo. No entanto, torna-se *ausente* (não necessária) diante da ação reflexivo-estratégica dos sujeitos no processo de desconstrução discursiva de organizações com alto grau de burocratização, hierarquização e centralização nos processos de tomada de decisões internas.

Referências

AUGUSTO, Acácio; ROSA, Pablo O.; RESENDE, Paulo. E. R. Capturas e resistências nas democracias liberais: uma mirada sobre a participação dos jovens nos novíssimos movimentos sociais. *Estudos de Sociologia*, vol. 21, n.º 40, pp. 21-37, Araraquara, 2016. Disponível em: https://periodicos.fclar.unesp.br/estudos/article/view/7581. Acesso em 16/10/2018.

BORELLI, Silva H. S.; ROCHA, Rose M.; OLIVERIA, Rita C. A.; RANGEL, Lucia H. V.; LARA, Marcos R. Jovens urbanos, ações estético-culturais e novas práticas políticas: estado da arte (1960-2000). In: ALVARADO, Sara V.; VOMMARO, Pablo A. (orgs). *Jóvenes, cultura y política en América Latina: algunos trayectos de sus relaciones, experiencias y lecturas 1960-2000*. Rosario: Homo Sapiens Ediciones, 2010. pp. 293-324.

CORRÊA, Erick; MHEREB, Maria T. (org.). *68 como incendiar um país*. São Paulo: Veneta, 2018.

DESOUZA, Shaila. The Strength of Collective Processes: An 'Outcome Analysis' of Women´s Collectives in India. *Indian Journal of Gender Studies*, vol. 19, n.º 3, pp. 373-392, 2012. Disponível em: https://doi.org/10.1177/097152151201900302. Acesso em 30/5/2019.

DONATI, Piorpaolo. Manifesto for a critical realist relational sociology. *International Review of Sociology*, vol. 25, n.º 1, pp. 86-109, 2015. Disponível em: https://doi.org/10.1080/03906701.2014.997967. Acesso em 11/7/2020.

GOHN, Maria da G. *Manifestações e protestos no Brasil: correntes e contracorrentes na atualidade*. São Paulo: Cortez, 2017.

_____. *Participação e democracia no Brasil: da década de 1960 aos impactos pós-junho de 2013*. Petrópolis: Vozes, 2019.

HALL, Stuart. Quem precisa da identidade? In: SILVA, Tomaz Tadeu da (org.). *Identidade e diferença: a perspectiva dos estudos culturais*. Petrópolis: Vozes, 2000. pp. 103-133.

MAIA, Gretha L. A juventude e os coletivos: como se articulam novas formas de expressão política. *Revista Eletrônica do Curso de Direito da UFSM*, vol. 8, n.º 1, pp. 58-73, Santa Maria, 2013. Disponível em: https://periodicos.ufsm.br/revistadireito/article/view/8630/pdf. Acesso em dez./2018.

MARQUES, Marcelo de S. Status ontológico da teoria do discurso (TD) em Laclau e Mouffe: diálogos, perspectivas teóricas e conceitos básicos. *Dados*, vol. 63, n.º 2, pp. 1-33, 2020. Disponível em: https://

www.scielo.br/j/dados/a/gYLk88YTWtV3qVBPVfVKvsM/?lang=pt. Acesso em 1/11/2021.

_____. As Paneleiras de Goiabeiras Velha e o "Outro" no processo de identificação dos sujeitos. *Revista Sul-Americana de Ciência Política*, vol. 7, n.º 1, pp. 79-104, Pelotas, 2021. Disponível em: https://periodicos.ufpel.edu.br/ojs2/index.php/rsulacp/article/view/20650/13278. Acesso em 31/8/2021.

_____; MARX, Vanessa. Os coletivos em cena: algumas contribuições para o debate. *Simbiótica,* vol. 7, n.º 3, pp. 8-32, Vitória (ES), 2020. Disponível em: https://doi.org/10.47456/simbitica.v7i3.33691. Acesso em fev./2021.

MESQUITA, André. *Insurgências poéticas. Arte ativista e ação coletiva.* São Paulo: Annablume, 2011.

MICHELS, Robert. *Para uma sociologia dos partidos políticos na democracia moderna.* Lisboa: Antígona, 2001.

MONACO, Helena M. Acolhimento como ativismo: ações de um coletivo bissexual na criação de espaços "monodissidentes". *Simbiótica*, vol. 7, n.º 3 pp. 228-51, Vitória (ES), 2020. Disponível em: https://doi.org/10.47456/simbitica.v7i3.33701. Acesso em 31/8/2021.

PEREZ, Olívia C. Relações entre coletivos com as Jornadas de Junho. *Opinião Pública,* vol. 25, n.º 3, pp. 577-596, Campinas, 2019. Disponível em: http://www.scielo.br/pdf/op/v25n3/1807-0191-op-25-3-0577.pdf. Acesso em mar./2020.

_____; SILVA FILHO, Alberto L. A. Coletivos: um balanço da literatura sobre as novas formas de mobilização da sociedade civil. *Latitude*, vol. 11, n.º 1, pp. 255-94, Maceió, 2017. Disponível em: http://www.seer.ufal.br/index.php/latitude/article/view/2812/pdf_1. Acesso em maio/2019.

_____; SOUZA, Bruno M. Velhos, novos ou novíssimos movimentos sociais? As pautas e práticas dos coletivos. Apresentado no 41º Encontro Anual da Anpocs. *Anais...*: ANPOCS, Caxambu, 2017. Disponível em: https://www.anpocs.com/index.php/papers-40-encontro-2/gt-30/gt11-15/10696-velhos-novos-ou-novissimos-movimentos-sociais-as-pautas-e-praticas-dos-coletivos/file. Acesso em maio/2020.

SADER, Eder. *Quando novos personagens entram em cena: experiência, falas e lutas dos trabalhadores da Grande São Paulo, 1970-80*. Rio de Janeiro: Paz e Terra, 1988.

SANTOS, Breno A. de O. O "Novo" em velhas práticas: uma análise sobre a noção de "Novíssimos" Movimentos Sociais e Coletivos. *Sim-*

biótica, vol. 9, n.º 1, pp. 20-37, 2022. Disponível em: https://doi.org/10.47456/simbitica.v9i1.38299. Acesso em dez./2022.

SCHIFRES, Sebastien. *Le mouviment autonome en Italie et en France (1973-1984).* Mémoire de master 2 de sociologie politique soutenu en octobre 2008 à l'université Paris VIII. Disponível em: http://sebastien.schifres.free.fr/master.pdf. Acesso em maio/2021.

STATEN, Henry. *Wittgenstein and Derrida*. Lincoln: University of Nebraska Press, 1984.

STEIN, Fernanda; MARIN, Elizara C. Coletivos culturais e ações com jogos na cidade de São Paulo. *Revista Brasileira de Ciências do Esporte*, vol. 41, n.º 4, pp. 444-450, Brasília, 2019. Disponível em: https://www.scielo.br/scielo.php?script=sci_arttext&pid=S0101-32892019000400444&lang=pt. Acesso em 24/5/2020.

TARROW, Sidney. *O poder em movimento. Movimentos sociais e confronto político.* Petrópolis: Vozes, 2009.

THIBES, Mariana Z.; PEREIRA, Natasha B.; SEGURADO, Rosemary, CHICARINO, Tathiana S. Movimentos sociais e coletivos no Brasil contemporâneo: horizontalidade, redes sociais e novas formas de representação política. *Simbiótica*, vol. 7, n.º 3, pp. 49-73, Vitória (ES), 2020. Disponível em: https://doi.org/10.47456/simbitica.v7i3.33695. Acesso em mar./2021.

THOMPSON; Edward P. *A formação da classe operária inglesa*. Rio de Janeiro: Paz e Terra, 1987.

TRINDADE, Luana Ribeiro da. *Fortalecendo os fios: a emergência dos coletivos de estudantes negros e negras em universidades da região sudeste.* Tese de Doutorado em Sociologia. Programa de Pós-Graduação em Sociologia, Centro de Educação e Ciências Humanas, Universidade Federal de São Carlos, São Carlos, 2021.

O conceito de liderança no universo dos coletivos: problematizando verticalidade e horizontalidade

Wagner Maia
Gabriel Banaggia

Este capítulo pretende investigar como as categorias de liderança e hierarquia são vistas no interior de dois tipos diferentes de coletivos. De um lado, coletivos de mulheres e coletivos negros, ambos enfatizando o combate à discriminação e na luta pelos direitos das minorias. Por outro lado, coletivos artísticos, em específico, os coletivos de fotografia e de poesia, em que as performances são de extrema importância para suas lutas (Lima Neto, 2018). São considerados três tipos diferentes de organizações que podem ser vislumbradas pelas falas dos participantes que compõem esses coletivos.[1]

O primeiro tipo são os coletivos fortemente estruturados, nos quais há liderança bem evidenciada e presente, hierarquias claramente divididas e funções bem determinadas para cada componente do coletivo. A segunda forma de organização se refere aos coletivos semiestruturados. Neste universo de coletivos se pode perceber como as hierarquias aparecem de formas mais sutis, as funções são ocupadas de maneiras mais efêmeras e a ideia de liderança já não aparece tão bem delimitada. Por fim, o terceiro tipo de organização

[1] As investigações a respeito dessas três formas de organização de coletivos foram obtidas ao longo da realização de uma pesquisa feita na PUC-Rio, coordenada pelo professor Fernando Lima Neto, intitulada "Sociedade civil e participação no Brasil contemporâneo: o fenômeno dos coletivos".

de coletivos são os sem pretensões a estruturações, eles privilegiam a ideia de horizontalidade, sem distribuição de funções, de liderança e cujos ativistas deliberadamente tentam rejeitar hierarquias.

Para a realização da análise, nos debruçaremos sobre a crescente literatura a respeito de coletivos. Apesar de este não ser um fenômeno exclusivo do século XXI (Queiroga, 2012; Santos, 2018; Costa, 2020), é a partir deste século que os chamados ativistas de coletivos encontraram maiores aberturas para o travamento de lutas e o estabelecimento de diálogos com diversos outros fenômenos contemporâneos, mais especificamente os movimentos sociais (Paim, 2009; Gohn, 2019). Além da literatura contemporânea a respeito dos coletivos, o capítulo irá mobilizar parte da obra de um autor clássico da antropologia, o francês Pierre Clastres, principalmente por meio da ideia-chave de um de seus textos mais conhecidos, denominado "A sociedade contra o Estado". Ao propormos esta ligação, buscaremos entender como as ideias de liderança, chefia, horizontalidade e verticalidade podem ser colocadas em xeque tendo por inspiração as experiências de alguns povos ameríndios.

Desta forma, as concepções de movimentos contracentralizadores nos ajudarão a encontrar formas diversas de se compreender a ação de lideranças nos diferentes coletivos em pesquisa, comparando-as por meio da noção de transversalidade. Mais do que nos restringirmos à classificação e ao cruzamento de diferentes tipos de coletivos e formas de organização, pretendemos nesta iniciativa analisar de que forma horizontalidade e verticalidade podem coexistir enquanto forças motrizes em diferentes graus e formas de convivências em experiências de diversos coletivos.

Um breve balanço na literatura sobre coletivos nos anos 2000

Os coletivos como fenômeno impactante para análises científicas na literatura das ciências sociais podem ser caracterizados como objeto recente que, embora possam ter características e ações anteriores ao século XXI, os mesmos se tornaram foco de estudos em inúmeras pesquisas, revistas, dissertações, teses e artigos neste novo milênio e em específico pós-segunda década dos anos 2000, (Queiroga, 2012, Santos, 2018, Costa, 2020). O breve balanço que faremos neste capítulo, visa a entender, sem esgotar as discussões sobre o tema, como os estudos sobre coletivos têm mudado ao longo destas duas décadas no que consistem em formas de organização, noções de horizontalidade, verticalidade, atuações e principalmente suas relações com outras entidades da sociedade civil e poderes estatais (Lima Neto, 2018). Esse primeiro passo é importante para nos alinharmos ao que estamos procurando entender nos diferentes tipos de estruturações existentes nas entrevistas empíricas que serão trabalhadas neste capítulo.

A primeira década dos anos 2000 de pesquisas com o tema coletivo foi bem incipiente, o que caracterizou dificuldades aos pesquisadores em definirem parâmetros de entendimento deste fenômeno como afirma Olívia Cristina Perez em seus artigos de 2017 e 2019. Mesma constatação foi encontrada por Fernando Lima Neto em seu artigo de 2018, por Claudia Paim em sua tese de doutorado de 2009 e por Maria da Glória Gohn, em seu livro de 2019, que foram neste mesmo caminho de entendimento. Nesta lista de intelectuais dedicados ao fenômeno dos coletivos, Claudia Paim é uma das primeiras referências acadêmicas quando procuramos dissertações e teses sobre coletivos, pois suas pesquisas de 2004 e 2009 servem até os dias atuais para delinearmos os primeiros passos do que entendemos por coletivos como atores sociais. Segundo Paim, os coletivos são "agrupamentos de artistas ou multidisciplinares que, sob um mesmo nome, atuam propositalmente de forma conjunta, criativa, autoconsciente e não hierárquica" (Paim, 2009: 11).

A importância deste trabalho de Paim (2009), se dá por no mínimo duas características fundamentais: uma primeira é que seu estudo aprofundado com coletivos de artes foi fundamental para sabermos como os atores se autodenominavam como tal e entendiam por coletivos. Ela buscou deixar os atores ativistas como protagonistas de suas próprias histórias falarem o que sentiam, como se socializavam e dividiam suas tarefas em seu próprio meio. Uma segunda importância se dá pela escassez de trabalhos relacionados ao tema coletivos na primeira década dos anos 2000, sendo seu trabalho um importante documento sociológico sobre o tema (Maia, 2013; Perez e Sousa, 2017; Perez, 2019).

Trabalhos mais recentes procuraram contribuir no entendimento do fenômeno dos coletivos. Principalmente pós-2010, em que houve um crescimento considerável nas pesquisas sobre o tema. Trabalhos como os de Barbosa (2010) procuraram entender através de coletivos performáticos, como eles criam ou se apossam de novos espaços através das redes sociais, problematizando, com isso, a ideia de arte focada nos espaços fechados de galerias e museus. Trabalhos outros como os de Adriana Almeida Camilo, dissertação de mestrado de 2010, que procurou investigar as lutas identitárias de mulheres bissexuais nos coletivos de mulheres no Distrito Federal. Seu foco, foi buscar uma abordagem política contida nas ações das jovens deste tipo de coletivo, que constroem significações no entorno de si mesmas, configurando uma ação política de desconstrução das diversas discriminações que elas sofrem na sociedade.

Os estudos mais recentes sobre os diversos coletivos no Brasil procuraram ir a fundo nas questões estruturais no interior dos diversos tipos de coletivos. Os pesquisadores Olívia Cristina Perez e Bruno Mello Sousa, já mencionados neste capítulo, ao constatarem um crescimento nos estudos sobre coletivos visando à autodenominação, mas, com deficiências em uma definição conceitual, fizeram uma pesquisa com diversos coletivos em Teresina e constataram que as velhas definições de horizontalidade, sem pretensões a lideranças, não possibilidade de funções dentro dos coletivos, podem ser relativizadas devido a outras características encontradas em diversos ativistas de coletivos que eles entrevistaram.

Ao constatarem ações de lideranças, hierarquias e verticalidades no interior dos coletivos, Perez e Sousa (2017) trouxeram outras formas de analisar coletivos que não somente a autodefinição e uma constante horizontalidade no interior dessas sociabilidades. Eles perceberam que o aprofundamento em seus estudos os levou a entender melhor as formas como esses atores lidavam com as ações construídas em seus ambientes de convivências. Fernando Lima Neto em artigo apresentado na Anpocs, em 2018, procurou estabelecer os sentidos de participação na formação de coletivos no Brasil, em específico no Rio de Janeiro. Ao passo que conseguiu estruturar três características fundamentais no seu entender, que concernem à diferenciação de cinco tipos de coletivos. Esses são, respectivamente, coletivos de arte, identitários, saúde, meio ambiente e parentais. Todos com características muito próprias e semelhanças bem definidas.

Desses cinco, nos apropriamos de dois tipos diferentes de coletivos para nossas análises neste capítulo.

Segundo Lima Neto, de forma geral os coletivos se diferenciam de outros fenômenos como movimentos sociais, ONGs, entre outros, por três características distintivas. Uma primeira característica é a de que os coletivos se autointitulam como organizações de participação sem pretensão à representação. Por conseguinte, eles também fazem da mobilização de suas biografias internas, legitimação da presença no grupo em que estão inseridos. Por fim e não menos importante, possuem ausência de vínculos formais ou duradouros com outras instituições do Estado, mercado ou sociedade civil (Lima Neto, 2018). Esse passo importante, nos deu possibilidade de adentrar em características outras que não só as ideias de horizontalidade e autodenominação propostas por Claudia Paim em sua tese de 2009.

As pesquisas mais recentes, inclusive as que têm sido feitas na pandemia da Covid-19, têm demonstrado que os diversos coletivos contidos em países como Brasil, se apresentam de maneiras diversas e formas próprias de sociabilidades. Marcelo de Souza Marques e Vanessa Marx escreveram um artigo em conjunto contido em um dossiê para a revista *Simbiose* que saiu em 2020, bastante interessante sobre o tema coletivos. Deixa-se em evidência que já há um claro progresso nos estudos sobre o tema, quando uma revista dedica uma publicação inteiramente aos estudos sobre coletivos no país. Retornando aos estudos de Marques e Marx (2020), eles se questionaram se estávamos diante de novos atores nas arenas de debates ou se havia uma reorganização de velhos temas estudados pelas ciências sociais, como os movimentos sociais e se os coletivos pertenciam as esses velhos conceitos. Embora devamos ressaltar que não há respostas conclusivas, eles pontuaram bem o que chamaram de "*posição diferencial*", encontrada nos coletivos em relação a outros fenômenos como os movimentos sociais, partidos políticos, associações e ONGs.

> Desta forma, compreendemos que a percepção da novidade dos coletivos deve ser localizada na e a partir da construção discursiva de uma posição diferencial em relação a outras formas organizacionais de estruturas sociais coletivas contemporâneas presentes em nossa sociedade, tais como os partidos políticos, sindicatos, ONGs, organizações de movimentos sociais, associações profissionais, dentre outras. (Marques e Marx, 2020: 11)

Essa posição diferencial coloca os atores de coletivos na construção de suas sociabilidades que os diferenciam dos que eles mesmos chamam de movimentos tradicionais. Outro fator de diferenciação entre os coletivos e os fenômenos como os movimentos sociais é a ideia de que não existe uma posição clara identitária no interior de cada coletivo. Os ativistas têm a liberdade de lutar por inúmeras bandeiras e ações pontuais. Para além disso, possuem questões menos hierarquizadas, não há uma base sólida entre os ativistas, o que abre caminho para um único ativista pertencer a mais de um coletivo, fazendo de sua autonomia e efemeridade algo rotineiro em suas ações. Mas, o que tem sido discutido e que nos é de extrema importância e é encontrado neste artigo produzido por esses autores, são as ideias de lideranças e hierarquias.

Os argumentos de Marques e Marx (2020) são os de que as ideias de liderança e hierarquia no interior dos coletivos aparecem através de outras prerrogativas comparadas às velhas noções encontradas em movimentos sociais e de outros fenômenos. Nos coletivos, liderança e hierarquia se relacionam com sujeitos que possuem "destaques" entre os ativistas, ou até mesmo, "sujeitos proeminentes", os que tomam para si as atitudes e ações a serem realizadas, sem ferir a autonomia dos demais. Essas pesquisas têm demonstrado que não se trata da ideia tradicional de liderança, a que toma para si a organização, distribuição e execução única de tarefas, mas, uma ideia de referência, circunstancial, uma "*hierarquia de guia*", como nos disse um entrevistado componente de um coletivo de fotografia no Rio de Janeiro (Marques e Marx; 2020).

> Nessa ressignificação, a liderança deixa de ser algo delegado ou obtido por meio de processos institucionais ou sedimentado em atributos pessoais, como o carisma. Se questionarmos os ativistas sobre os sentidos de liderança relacionados às formas organizacionais históricas (partidos, movimentos sociais, ONGs etc.), ou se procurarmos observar sua presença nas práticas organizacionais e políticas cotidianas dos coletivos, certamente constataremos que essas organizações simplesmente não se pautam em princípios de lideranças. Os sentidos que temos percebido nos coletivos são mais de "referência", de pessoas que estão há mais tempo atuando no campo, e uma liderança de caráter mais circunstancial. (Marques e Marx; 2020: 23)

Ao analisarmos a ideia de liderança sobre outros prismas que não só os já discutidos por célebres cientistas em diferentes áreas, abrimos caminhos para o entendimento do que fazem desses ativistas de coletivos em postos de hierarquias, lideranças, funções ou recusa dessas, o merecimento a tal posto nesta nova ressignificação do conceito (Marques e Marx, 2020). E, é a partir destas discussões sobre a ideia de lideranças e hierarquias no interior dos coletivos, que pretendemos retornar aos estudos de Pierre Clastres, com os povos originários na América do Sul na década de 1960, para que possamos estabelecer conexões com as seis entrevistas que mencionamos no início deste capítulo e seus níveis de estruturações.

O pensamento de Pierre Clastres e os movimentos contracentralizadores nas sociedades ameríndias

Pierre Clastres foi um grande pensador francês das sociedades contra o Estado. Seu famoso livro *A sociedade contra o Estado*, de 1974, tornou-se referência e uma crítica da antropologia evolucionista e etnocêntrica que existia na Europa desta época. Teve também uma grande interlocução de discussões com seu célebre mestre, Claude Lévi-Strauss, a quem dedica elogios, críticas e um debate profundo em seus livros e artigos científicos (Lanna, 2005, 2013; Sztutman, 2013; Clastres, 2013).

A sociedade contra o Estado é mais uma dessas grandes obras-primas das ciências sociais, especificamente da antropologia, que nos fez e faz ir além da velha noção weberiana do Estado como detentor do monopólio legítimo da força. Neste livro, a noção de primitivo que por muitos antropólogos foi motivo de diferenciação entre evoluídos (europeus) e os em processo de evolução (povos ameríndios), é reconfigurada como exaltação das culturas dos povos tradicionais, que possuem suas próprias metodologias e maneiras de se viver. Ao contrapor a velha noção de primitivos, Clastres (2013) vai buscar o que leva essas sociedades a serem diferentes e ou a terem contramedidas à noção de Estado.

Para o autor, o termo primitivo é visto de maneira positiva e com isto busca entender como as relações de poder e as hierarquias são divididas em uma sociedade contra o Estado. As pesquisas feitas em três momentos distintos, sendo a primeira com os índios guayakis entre 1963 e 1964, a segunda junto com os guaranis entre 1965/1966 e, por fim, uma passagem nas tribos chulupi, no Chaco paraguaio entre 1966 e 1968, deram consistências ao que Clastres considera noção de chefe para essas populações.

O chefe de um determinado povo tradicional não o é porque ele quer, mas, o coletivo o colocou neste status. Ele é um guia nos momentos de guerra, serve para apaziguar algum conflito não resolvido dentro da tribo, quase sempre não dita as regras, não toma decisões baseadas em seus preceitos pessoais, mas, no que o coletivo decide. Ele é um orientador nos momentos difíceis, um orador, o que presenteia seus subordinados a fim de conquistá-los e ter devidas regalias como, por exemplo, a poligamia. Em momentos de guerra, ou de penúrias como secas e escassez de alimentos, ele é obrigado a resolver esses entraves. Espera-se do chefe um desempenho a sua altura, que ele resolva esses problemas e, com isso, terá alguns prestígios em sua liderança. Há um claro jogo de chantagens do grupo para com seu chefe, e o contrário também, pois, ele não cumprindo seu dever, logo é abandonado e o grupo procura um outro chefe que exerça seu papel como é esperado. E quando cumpre, tem regalias diferenciadas dos demais componentes.

> (...) Durante a expedição guerreira, o chefe dispõe de um poder considerável, às vezes mesmo absoluto, sobre o conjunto dos guerreiros. Mas, com a volta da paz, o chefe de guerra perde toda a sua potência. O modelo do poder coercitivo não é então aceito senão em ocasiões excepcionais, quando o grupo se vê diante de uma ameaça externa... (Clastres, 2013: 49)

Esses momentos excepcionais mencionados por Clastres (2013) são uma clara aceitação dos elementos centralizadores da figura do chefe, mas, logo depois, o coletivo toma para si as rédeas das relações de poder, e, por isso, depois destes momentos singulares, o poder do chefe é destituído e o coletivo o detém novamente; se insistir, o chefe é deixado de lado. Isto nos remete ao retorno dos elementos contracentralizadores nas mãos do coletivo. Ao pesquisarmos os coletivos no Rio de Janeiro, nos deparamos com situações semelhantes a essas. Ao propormos que um ativista de coletivo fotográfico descrevesse seu coletivo, obtivemos a seguinte resposta:

> A descrição é aqui no Facebook (somos um coletivo fotográfico com professores e alunos da Uerj para refletir os movimentos sociais no Rio de Janeiro), aí é isso, (risos). Cara, se você precisar de alguma resposta oficial, assim, a gente não tem nada organizado em si, eu sinto uma falta de organização, está cada um por si (...).

Com a reposta inusitada do ativista, questionamos se essa organização não faria mal ao que eles entendiam por horizontalidade e se isso não colocaria no interior do coletivo hierarquias, então fizemos outra pergunta: "mas, você não acha que se tivesse organização não teria hierarquia?"

Ele nos respondeu:

> Teria. (Isso é bom ou ruim?) Depende! (Por que depende?) Depende de como a hierarquia é dada, se for uma hierarquia de total subordinação eu acho ruim, mas, se for uma hierarquia de guia, eu acho legal. (Como seria uma hierarquia de guia?) É o que fala, acho que aqui é o melhor caminho, vamos tentar por aqui, porque acho que vai dar certo, então vamos dividir, você por aqui, vocês vão por ali e aí a gente descobre qual é o melhor caminho. Para ter uma

> organização mais conversada. Eu quero ir para lá, aí o guia sugere você vá para lá e você para cá, mas, eu quero ir para lá, então vai, vai. (É um guia que dá muito mais conselhos que orientação?) É isto daí mesmo. (Entrevista concedida na Uerj em 7/10/2019)

Ser uma "*hierarquia de guia*" não faz o membro do coletivo ser chefe dos demais, mas alguém que consegue enxergar o melhor caminho a ser seguido. Os ativistas possuem a liberdade de seguir ou não esse guia, pois, a ideia de autonomia é um dos princípios básicos no interior de diversos coletivos que entrevistamos em nossa pesquisa, logo, o guia, pode receber as seguintes indagações: "(...) Eu quero ir para lá, aí o guia sugere, você vai para lá e você para cá, mas, eu quero ir para lá, então vai, vai...". Esse "então vai, vai..." é o limite das forças que um guia consegue ter ou expressar neste coletivo. Na verdade, encontra-se um elemento contracentralizador que faz um ativista ter o mesmo poder de decisão que o guia.

Entretanto, nem sempre é assim, em coletivos que possuem uma hierarquia bem fundamentada e divisões claramente determinadas em seus interiores, os ativistas não possuem tanta liberdade, como constatamos em uma entrevista que fizemos com um ativista de um coletivo de fotografia no Rio. Fizemos a seguinte pergunta a esse ativista e a todos os ativistas que estamos entrevistando: "você tem muitos amigos neste coletivo ou em outros coletivos?", e ele nos respondeu da seguinte forma:

> Depende, do meu coletivo. (Do seu coletivo e de outros coletivos também). Sim, o meu coletivo não dá né, mano, a gente tem uma linha editorial e a galera tem que seguir à risca essa linha editorial que é não compartilhar links da

> grande mídia, sem antes checar a veracidade das informações, e mesmo que essas informações sejam verdadeiras e sejam a favor da esquerda, ou seja, a favor dos anarquistas, a pessoa, ele não pode compartilhar o link, ele tem que ler a matéria e construir uma narrativa em cima daquilo e logicamente citar a fonte, mas, não necessariamente colocar o link lá, porra, só compartilhou o link do *G1*, do *O Dia*, da *Folha de S.Paulo*, *Estadão*, enfim, ele tem que ler a matéria e se ele quer construir uma matéria, que ele construa uma outra narrativa, uma nova narrativa dentro daquilo que ele está lendo, dentro daquilo que ele está propondo compartilhar, entendeu? E logicamente citar a fonte, né... (Entrevista remota concedida em 25/9/2021, por meio do aplicativo Zoom)

A ideia de não poder compartilhar o link puramente por compartilhar cria obrigações aos membros do coletivo, em outras palavras, não se pode ter a liberdade de exercer seus desejos pessoais quando se trata de um coletivo com diretrizes e estruturações bem fundamentadas. Ao descrever a seguinte situação –"a gente tem uma linha editorial e a galera tem que seguir à risca essa linha editorial..."–, o ativista ressalta a importância de seguir à risca a linha; em outro momento da entrevista, ele menciona a possibilidade de sanções que esse ativista pode receber se desrespeitar esse princípio, o que pode até mesmo resultar em exclusão do coletivo, "(...) e aqueles que não andam dentro da nossa ideologia ou que saiam um pouco da nossa ideologia, são totalmente excluídos do coletivo...".

Nesta passagem, podemos ver claramente a complexidade dentro do universo dos coletivos. As indagações contidas nas pesquisas feitas por Paim (2009), em sua tese, de que os coletivos possuem uma horizontalidade e uma não hierarquia, é bastante problemática se comparadas as respostas desse ativista que entrevistamos. Voltaremos em parágrafos seguintes a essa mesma entrevista e a outras para entendermos melhor como as estruturações dentro dos coletivos funcionam. Agora, voltamos às pesquisas de Pierre Clastres e aos elementos contracentralizadores que o grupo exerce sobre o chefe.

Como vimos nos estudos de Pierre Clastres, o chefe possui algumas regalias, que o coloca em vários momentos em posição de destaque em relação aos demais componentes da sua tribo. Podemos questionar se as regalias que o chefe recebe não o faz privilegiado em relação aos demais? Para alguns estudiosos da obra de Clastres, essa noção pode ser vista no mínimo, de duas maneiras. Para Marcos Lanna, a posição do chefe é bastante problemática se olharmos somente pelo lado do privilégio, pois, ao mesmo tempo que o chefe recebe privilégios, principalmente a possibilidade de ter várias mulheres, por outro lado, suas filhas posteriormente devem se casar com outros membros da tribo. Neste sentido, o chefe retorna a um poder limitado de ter que compartilhar sua hereditariedade com outros (Lanna, 2005, 2013).

Nesta relação de obrigações e privilégios, Pierre Clastres, menciona um texto de 1948, do pesquisador Robert Lowie, que salienta três traços importantes de um chefe nas tribos indígenas por ele estudadas. Segundo Pierre Clastres, para Lowie (1948):

> 1) Chefe é um "fazedor de paz"; ele é a instância moderadora do grupo, tal como é atestado pela divisão frequente do poder em civil e militar.

> 2) Ele deve ser generoso com seus bens, e não se pode permitir, sem ser desacreditado, repelir os incessantes pedidos de seus "administrados".
> 3) Somente um bom orador pode ter acesso à chefia. (Clastres, 2013: 48)

Ao acrescentar um quarto elemento de características e privilégios que um chefe deve ter, ou seja, a poligamia, Pierre Clastres complexifica duas formas de se pensar. Uma primeira é a de que a ideia de reciprocidade muito estudada e ratificada por Claude Lévi-Strauss como elemento primordial nas sociedades tradicionais, para Clastres é menos importante que as relações do poder político e da guerra. É neste momento de guerra que o chefe sobressai em relação ao coletivo; neste caso, sua forma de conduzir seu povo lhe dá a possibilidade de ser um chefe bem-sucedido. Por outro lado, ao acrescentar a poligamia e a obrigação de que suas filhas se casarão com outros membros da tribo, retorna ao coletivo o poder de negociação com o chefe. Nestas trocas, a ideia de jogos de poder está constantemente sendo posta em prática.

A obra de Pierre Clastres nos faz pensar na importância de analisarmos como são complexas as relações entre chefe e grupo, as negociações e, principalmente, como as hierarquias e funções não pertencem a somente sociedades ditas "civilizadas". Nas sociedades estudadas por esse celebre antropólogo, o sentido do político, a violência e a guerra são elementos constantes na vida cotidiana desses povos. O que remete a analisarmos que ser chefe é estar preso aos elementos contra e centralizadores, a suas aberturas para obtenção de privilégios e principalmente aos jogos de negociações que são constantes. Resta-nos saber se existem elementos contracentralizadores nas três estruturas diferentes de coletivos que vamos analisar nos parágrafos seguintes.

Horizontalidade e verticalidade enquanto forças motrizes em três diferentes graus de estruturações de coletivos no Rio de Janeiro

Quando os coletivos começaram a ser estudados em profundidade nas ciências sociais lá no início dos anos 2000, especificamente no cenário brasileiro, as primeiras características que saltavam aos olhos dos pesquisadores eram: movimentos organizados horizontalmente, sem hierarquias, lideranças no interior do grupo e principalmente uma recusa incessante à ideia de verticalidade nas ações. Foi assim que as primeiras teses e dissertações, além de artigos científicos viam esse fenômeno (Rosas, 2005; Albuquerque, 2006; Mesquita, 2008; Paim, 2004; 2009). Entretanto, com o desenvolvimento e a proliferação de novas pesquisas científicas sobre esse tema, principalmente pós-2010, essa velha noção de horizontalidade sem hierarquias, funções e lideranças no interior dos coletivos foram sendo postas em debate e principalmente criticadas (Perez, 2017, 2019; Gohn, 2019; Costa; 2020; Marques e Marx; 2020).

As análises que faremos com seis ativistas de três tipos de estruturações diferentes de coletivos, sendo duas entrevistas pertencentes aos coletivos com estruturas fortemente estruturadas, duas com estruturas semiestruturadas e outras duas que pertencem a coletivos sem pretensões a estruturações, nos ajudarão a entender melhor como os ativistas de coletivos têm lidado com noções de verticalidade, horizontalidade e lideranças como forças motrizes no interior de seus respectivos coletivos. Ao passo que as maneiras de lidar com essas situações nos ajudarão compreender se existem e funcionam os elementos contracentralizadores nas falas dos ativistas.

Por consequência, já mencionamos que as seis entrevistas em análise neste capítulo fazem parte de uma pesquisa feita na PUC-Rio, coordenada pelo professor Fernando Lima Neto, do Departamento de Ciências Sociais, intitulada "Sociedade civil e participação no Brasil contemporâneo: o fenômeno dos coletivos". Ao todo, são 50 ativistas de diversos coletivos que entrevistamos em profundidade. No geral, cada entrevista conta com 27 perguntas aprofundadas, sendo elas divididas em nove sobre a biografia do ativista, outras nove relacionadas às estruturações de funcionamento do coletivo e outras nove sobre percepções de política e democracia no mundo. Dessas 50, extraímos seis entrevistas em que discutiremos os tipos de estruturações ou recusa dessas nos parágrafos seguintes.

Para delinearmos as principais palavras ditas pelos ativistas nas seis entrevistas que selecionamos, utilizamos um software chamado Iramuteq. Este software foi importante para conhecermos as principais falas e visões que os entrevistados tinham quando eram feitas as 27 perguntas. Numa análise macro, colocaremos uma nuvem de palavras obtida através deste software, que nos ajudará a fazer uma análise quantitativa, para que depois possamos fazer uma análise mais subjetiva dos principais elementos contracentralizadores ditos pelos ativistas. Abaixo, segue a nuvem de palavras obtida pelo Iramuteq.

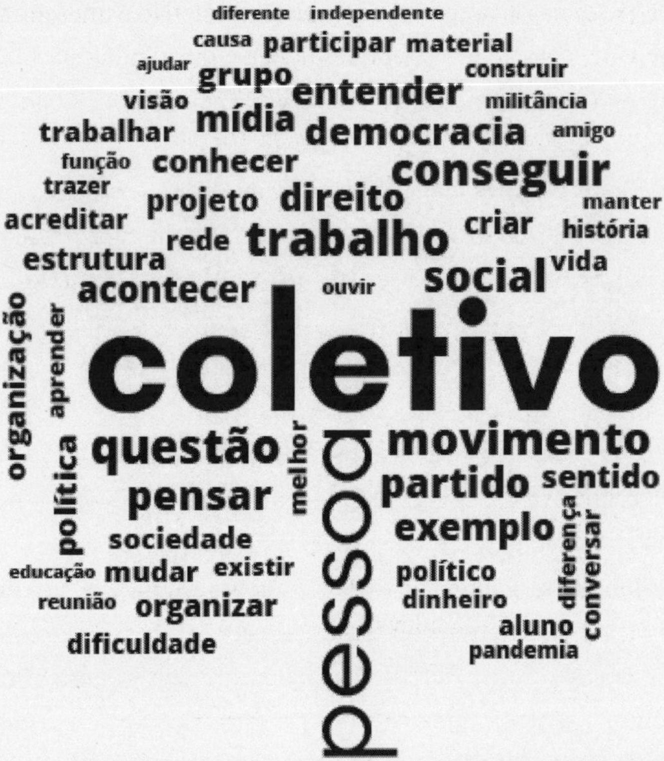

Fonte: Pesquisa sobre "Sociedade civil e participação no Brasil contemporâneo: o fenômeno dos coletivos".

Através deste aplicativo, foram analisadas as principais palavras e ou frases ditas ao longo das entrevistas feitas pelos ativistas que podem se reportadas da seguinte maneira: "coletivo" (*f* = 441) vezes ditas pelos entrevistados, seguido pela palavra "pessoa" (*f* = 284), "trabalho" (*f* = 91), "pensar" (*f* = 81), "democracia" (*f* = 68), ditas respectivamente. Essas foram as cinco principais palavras ditas pelos ativistas. Destas, podemos aferir a importância da ideia de coletivo que perpassa nas falas, pois, para muitos, o coletivo é um sentido de vida, companheirismo, militância e que contém pessoas que estão ali em todos os momentos de sua participação, como afirma uma ativista de um coletivo de fotografia sem pretensões a estruturações:

> Bom assim, eu acho que frases pequenas assim, companheirismo né, com certeza com as pessoas que estão ali com você, pô, militância com certeza, porque o nosso coletivo tem essa marca, como a gente é um coletivo de fotografia a comunicação popular a gente abarca um pouco isso... (Entrevista feita pelo aplicativo Zoom, em 28/4/2020)

Outras palavras como pessoas, trabalho, pensar a democracia, entre tantas outras, fazem das falas dos ativistas algo que se constrói em conjunto diariamente. A ideia de trabalhar em conjunto os leva aos desafios de compreender os níveis de estruturações ou não, existentes em seus respectivos coletivos. Essa mesma ativista da fala anterior, que pertence a um coletivo sem pretensões a estruturações e hierarquias, quando perguntada por nós, pesquisadores: "Quais são as principais experiências e aprendizados que você ganhou no coletivo?", sem mais delonga, ela nos respondeu da seguinte maneira:

> É, acho que a estrutura que é diferente assim de outras organizações, e a gente tem até que avaliar porque tem pessoas que usam o nome coletivo de maneira assim, errada né, inapropriada né, porque uma das grandes coisas que aprendi com os coletivos é não ter muito uma liderança e sempre levar para um todo as decisões que vão ser tomadas no coletivo e isso é importante para o coletivo. Desde orientações do trabalho, desde decisões...

A ideia de um aprendizado e de não ter muito uma "liderança" leva a ativista a admitir que existe uma noção equivocada de coletivo dita por muitos sobre estruturações. Para ela, levar as principais decisões para um todo é construir coletivamente suas próprias sociabilidades. Entretanto, mesmo admitindo em outra passagem que não há hierarquias e nem funções delimitadas dentro do coletivo, aqui, admite-se que não "ter muito uma liderança" não significa que não há uma, mas que a todo momento eles tentam inibir o aparecimento de um mando mais consistente que fere a horizontalidade deles. Os coletivos sem pretensões a estruturações tentam a todo momento deixar em suas falas a ideia de que estruturar o coletivo é tirar a autonomia, horizontalidade e independência dos componentes, centralizar em uma figura, é fazer deste uma espécie de espelho, o que resultaria em não horizontalidade, como nos disse um outro ativista deste tipo de coletivo, quando fizemos a seguinte pergunta a ele: "Quais são os desafios próximos, para o futuro da democracia no Brasil?"

> O desafio, eu acho que é a gente conseguir fazer essa... esses grupos mais horizontalizados, esses grupos em prol da horizontalização, da democracia mais direta conseguirem ter mais peso né, não dependerem... não deixar que esses grupos, essas ações sejam canalizadas, apropriadas por interesses que queiram justamente apontar para outros sentidos. Por exemplo, muitos dos coletivos, muitos dos grupos mais horizontalizados, depois de 2013 pra cá, perderam essa horizontalidade. Mas, o ideal mesmo é essa questão de participação na horizontalidade, independência, por aí mesmo. (Entrevista feita em um shopping no Rio de Janeiro em 28/10/2019)

O desafio de fazer grupos mais horizontalizados remete à dificuldade das constantes centralidades que diversos coletivos possuem. Não deixar que outros grupos canalizem essa horizontalidade, revela a ideia de uma democracia mais direta, com participação popular. A todo momento, o ativista cita elementos contracentralizadores, como "Por exemplo, muitos dos coletivos, muitos dos grupos mais horizontalizados depois de 2013 pra cá, perderam essa horizontalidade". Essa crítica é devida ao fato, segundo esse ativista, de muitos dos coletivos de 2013, com as seguidas revoltas ocorridas nas ruas do Brasil, perderem as ideias horizontais que tais protestos tinham. Fizemos essa mesma pergunta a uma ativista de um coletivo negro e de mulheres semiestruturado e obtivemos a seguinte resposta:

> Eu acho que pra mim democracia é (intervalo na fala), a voz da maioria, mas, a maioria de verdade, assim, a maioria mesmo, não é a maioria social, mas é uma visão classista, a voz da maioria que é o que eu penso muito quando estou dentro do coletivo, que é o que eu já falei, quando eu penso de um jeito, mas, todo o resto do coletivo ou a maioria pensa de outro, e foi democraticamente decidido que vai ser dessa outra maneira. (Entrevista remota feita pelo aplicativo Zoom em 15/6/2020)

Pensar numa democracia realmente com a voz da maioria é pensar numa democracia como a que ocorre dentro do próprio coletivo. Segundo essa ativista, "(...) quando eu penso de um jeito, mas todo o resto do coletivo ou a maioria pensa de outro, foi democraticamente decidido que vai ser dessa outra maneira". Esta é a forma como ela encara uma democracia, que, segundo ela, torna as coisas democraticamente decididas. Essas inúmeras perguntas que fizemos aos ativistas de diferentes estruturações eram respondidas de acordo com o que eles entendiam ser o funcionamento de seus coletivos.

Os principais argumentos sobre democracia, construção de uma ideia de coletivo mais horizontal, maneiras diferentes de trabalhar em conjunto eram direcionados à tentativa de retirar uma hierarquia mais localizada, centrada numa única pessoa. Às vezes, até mesmo os coletivos sem pretensões a estruturações, encontravam dificuldades por não terem essas formas de conduções dentro do coletivo. Eles até tentaram fazer uma, mas os próprios componentes do coletivo rejeitaram essa forma de convivência, como nos afirma uma das ativistas que entrevistamos de um coletivo de fotografia sem pretensões a estruturações.

> A gente já tentou fazer isso, mas não deu certo. Funções a gente nunca criou assim não, todo mundo é fotógrafo, todo mundo pode gravar vídeo, faz o que quiser, em relação aos trabalhos a gente sabe o que tem. Tem as redes sociais, as mídias, não são só as fotos, os sites. É, não existe função, a gente já tentou, tudo é muito descentralizado, cara, por exemplo, a senha das redes sociais todo mundo tem, toma aqui, vai lá e digita, tam nã, nã, nã e coloca a senha e vai lá e entra no Instagram, pra mim é assim mesmo, fez sua foto, você vai lá escolhe e você mesmo posta sua foto.

A fala desta ativista nos remete ao desafio de analisar coletivos diferentemente de outros fenômenos como movimentos sociais, ONGs, partidos políticos. Em um primeiro momento, seu coletivo até tentou dar funções a certas formas de se fazer as coisas, mas logo não deu certo. Quando ela diz "tudo é muito descentralizado, cara, por exemplo, a senha das redes sociais todo mundo tem, toma aqui, vai lá e digita...", passa uma ideia de que a descentralização é um dos fatores primordiais dentro do coletivo, todos terem a senha e irem lá e publicarem seus trabalhos é um nível de confiança bastante elevado, o que nos remete, a princípio, à ideia de que cada um tem o mesmo poder de decisão dentro do coletivo. Temos aí um claro elemento contracentralizador, ou seja, todos com o mesmo poder de decisão. Encontramos também esses mesmos elementos contracentralizadores até nos coletivos fortemente estruturados. Fizemos a seguinte pergunta: “Existem funções dentro do coletivo?”– a um ativista de um coletivo de poesia, com funções e estruturas bem determinadas e obtivemos as seguintes respostas:

> Sim, com certeza! (Quais são? Entrevistador), eu acho que no... falando especificamente desses dois que eu faço parte, falando especificamente do Mando Poética e do Miralogia. No Mando Poética eu acho que a gente ficou perdido em um momento em relação a isso, todo mundo ali queria escrever, queria levar seu trabalho, queria estar sempre presente, se pudesse, a gente teve um pouco de dificuldade de separar funções, porque se tratando de um coletivo de arte e música, a gente precisaria de uma pessoa que ficasse mais na relação de música, produção, parte mais executiva ali e não sei o quê...
> O contato acabava sendo sempre quem pudesse assim, quem sobrava ali, fazia. É, então, para questão da própria organização isso é importante, para não ter que sobrar pra ninguém, acho que cada um pode fazer um pouco, independente de não gostar, e se você se dispensar a fazer mais alguma coisa que você gosta e tem facilidade, isso já ajuda, já mostra que você está disposto, isso pode estimular outra pessoa também... (Entrevista remota por meio do aplicativo Zoom em 26/6/2020)

A fala anterior de um ativista de coletivo poético fortemente estruturado nos remete a algumas análises interessantes. A primeira é a de que nas nossas entrevistas, os coletivos de artes, sejam eles de poesia, fotografia ou qualquer outro tipo, a noção de trabalho acontece muito fortemente no interior de suas sociabilidades. Para nosso entrevistado, separar funções foi uma das maneiras mais eficientes de organizar os dois coletivos de que ele faz parte. Entretanto, a todo momento, podemos notar elementos contracentralizadores quando ele nos diz: "(...) acho que cada um pode fazer um pouco, independente de não gostar, e se você se dispuser a fazer mais alguma coisa que você gosta e tem facilidade, isso já ajuda, já mostra que você está disposto, isso pode estimular outra pessoa também...". Isso é uma das muitas formas de deixar livre cada ativista dos dois coletivos de que ele faz parte.

A noção de cada um poder fazer alguma coisa faz dos ativistas, livres, em qualquer função e posição dentro do coletivo. Diferentemente de uma outra entrevista que fizemos com um ativista de coletivo de fotografia fortemente estruturado, que nos mencionou a existência de etapas que cada componente tem, até chegar a um cargo mais alto dentro do coletivo. Como bem ele nos disse:

> Sim! Há, só tem duas né, que é a do administrativo, que é o administrador e o editor. O editor pode nomear um novo editor, o administrador, perdão, o editor ele vai permanecer como editor, não podendo colocar quem ele quiser no coletivo e só passar pelos administradores... (Entrevista remota concedida em 25/9/2021, por meio do aplicativo Zoom)

Em todas essas falas que mencionamos, percebemos as forças que as ideias de função, hierarquias, independência e autonomia possuem nos interiores das seis entrevistas que trouxemos aqui em debate. Todos os três tipos de estruturações têm a necessidade de administrar uma convivência que, por ora, se faz mais horizontal que vertical, porém, há uma clara ideia de que a qualquer momento, as noções de verticalidades e hierarquias podem aparecer numa orientação, num mando no caso dos coletivos fortemente estruturados, ou até mesmo numa *hierarquia de guia*, como nos disse um ativista de coletivo de fotografia semiestruturado. Os coletivos com pretensões a não ter hierarquias e nem funções convivem com a dificuldade de fazer suas ações mais coordenadas e de terem sucesso em seus feitos.

Delinearemos, nos parágrafos finais, nossa compreensão sobre os níveis de estruturações, a recusa ou não desses e principalmente os elementos que entendemos como contra-centralizadores que já havia nas sociedades ameríndias estudadas por Pierre Clastres e que os coletivos, de uma forma diferente, encontram também elementos para lidar com esses tipos de funções e hierarquias que podem aparecer no interior dos seus respectivos espaços.

Considerações finais

Este capítulo teve como objetivo principal investigar como as categorias de liderança e hierarquia eram vistas no interior de dois tipos diferentes de coletivos. De um lado, coletivos de mulheres e coletivos negros, ambos enfatizando o combate à discriminação e a luta pelos direitos das minorias. Por outro lado, coletivos artísticos, em específico, os coletivos de fotografia e de poesia, em que as performances se constituem elementos importantes nas aplicações de suas ações nos ambientes em que atuam.

Nossas primeiras impressões eram as de que seria possível encontrar, nesses dois tipos de coletivos, três maneiras deferentes de compreender suas estruturas internas. As primeiras compreensões seriam as estruturas fortemente organizadas. Nesses ambientes, as hierarquias poderiam ser vistas bem delineadas, as funções muito bem divididas e seus participantes teriam regras bem expressas a serem seguidas. Numa segunda maneira de se ver no interior dos coletivos, haveria as estruturas semiestruturadas, e aqui, a ideia de funções e hierarquias não apareceria com muita frequência, precisando, assim, analisar os pormenores, as sutilezas das falas dos ativistas entrevistados e as formas como eles lidavam com seus compromissos no interior dos coletivos de que fazem parte.

Por fim, acreditávamos que era também possível encontrar em nossas entrevistas empíricas, os tipos de coletivos com pretensões não terem estruturações. Nesses ambientes, as ideias de horizontalidade e de todos possuírem as mesmas possibilidades de fazer uma determinada ação, sobressaíam com muito mais força do que as tentativas de hierarquias e lideranças.

Procuramos aproximar o que foi vislumbrado nas entrevistas mencionadas com as pesquisas que o antropólogo francês Pierre Clastres fez na década de 1960 com povos ameríndios da América do Sul, que resultaram em um dos seus mais importantes livros, intitulado *A sociedade contra o Estado*, de 1974. As falas dos ativistas possuem proximidades com diversas maneiras e expressões que Clastres (2013) denominava por "*elementos contracentralizadores*". Nesses, privilegiam-se a horizontalidade e o fazer coletivo, em detrimento das verticalidades. Entretanto, sem deixar de existir hierarquias, lideranças e traços de privilégios.

Em linhas gerais, as três formas de estruturações que encontramos no universo dos ativistas de coletivos podem ser explicadas por algumas considerações interessantes.

Percebemos que os coletivos fortemente estruturados, com funções, hierarquias e lideranças bem determinadas, entendem esses conceitos à moda antiga. Existem etapas a serem seguidas e se uma vez o ativista não as seguir, recebe coerções e à ou até mesmo, como nos disse uma ativista deste tipo de coletivo: "(...) E aqueles que não andam dentro da nossa ideologia ou que saiam um pouco da nossa ideologia, são totalmente excluídos do coletivo..." Há neste universo de coletivos um entendimento da importância das lideranças, do saber lidar com a situação e de hierarquias a serem seguidas. Não se pode colocar qualquer coisa, ou individualidades em suas linhas editoriais; há regras claras e devem ser seguidas à risca, cumprindo, assim, as etapas em que um ativista almeja a chegar a níveis mais altos dentro do próprio coletivo.

Por outro lado, nos coletivos com estruturas semiestruturadas, essas velhas noções de hierarquias e funções perdem a centralidade nas divisões de tarefas. As possibilidades de mando e lideranças para cada componente já não se encontram bem sinalizadas. Percebemos, através das leituras das entrevistas, que esse tipo de estruturação se aproxima das pesquisas que Pierre Clastres fez com os povos ameríndios, em que existe um senso coletivo muito maior que a pretensão a ser líder, ou a ocupar uma função de destaque.

Se, nos estudos de Pierre Clastres, o chefe é mais um negociador, um orientador, nos coletivos semiestruturados, também é possível encontrar essas denominações, como nos disse um ativista de um coletivo com estruturas semiestruturadas em que as lideranças funcionam muito mais como uma "*hierarquia de guia*", aquela que dá mais conselhos e orientações que um mando propriamente dito.

Nestes coletivos, os elementos contracentralizadores já aparecem fortemente nas orientações gerais. Tais como:

cada um pode exercer suas individualidades dentro do coletivo, embora respeitando um senso coletivo que é o bem maior nas orientações. Outro elemento contracentralizador é a ideia de que existem funções, mas essas funções são vistas por outras óticas que não as do privilégio. É a ideia de que quem estar neste posto é porque possui um conhecimento de causa maior, quem já tem experiência considerável e pode orientar os mais novos, mas, nunca ditar as regras, sendo facultativo, aos demais componentes, seguir ou não esse conselho. Pesquisas como as de Marques e Marx (2020) e Costa (2020) também seguem esses tipos de interpretações em seus trabalhos mais recentes.

Por fim, os coletivos sem pretensões a estruturações nos pareceram ser os que mais destoam das ideias tradicionais de hierarquias, funções, lideranças e mandos, tanto as que foram pesquisadas por Pierre Clastres na década de 1960, quanto nos diversos fenômenos sociais encontrados nas sociedades em geral, como os movimentos sociais, as ONGs, os partidos políticos, as associações, os clubes etc. Os coletivos sem pretensões a estruturações remetem a uma proximidade muito grande com que Claudia Paim encontrou em suas pesquisas de mestrado e doutorado no início dos anos 2000. São grupos com ideias muito mais horizontalizadas, recusas incessantes a hierarquias e mandos e, principalmente, boa parte das decisões são tomadas depois de uma discussão democrática dentro do coletivo.

As divisões dentro desse tipo de coletivo acontecem muito mais por vontade própria do ativista, ele analisa em que parte gostaria de ficar no coletivo, não podendo fazer dela, uma função a ser seguida estritamente pelos outros componentes. Como nos disse uma ativista deste tipo de coletivo: "Não existem funções, existem pessoas que por domínio da técnica, conseguem mais facilmente, por exemplo, acessar o site, publicar um pôster e aí tem pessoas que conseguem publicar isso com mais facilidade." Ele tem a liberdade de dar conta do que se propôs a fazer, mas, uma vez não conseguindo, pode pedir ajuda a outro componente do coletivo. Todas as decisões são tomadas de forma coletiva, e, principalmente, as que envolvem conflitos de ideias, são levadas às assembleias com participação de todos ou da maioria.

Por conseguinte, essas seis entrevistas nos trouxeram considerações interessantes sobre o universo dos coletivos. A primeira é a de que nossas impressões foram confirmadas com as leituras aprofundadas. É possível encontrar no mínimo três formas de estruturações dentro dos diversos coletivos existentes na sociedade. Há uma segunda análise interessante e que nos demandará seguir pesquisando a fundo esse universo. Em linhas gerais, ainda não podemos dizer que já não existem mais tipos de coletivos com ideias semelhantes aos que a pesquisadora Claudia Paim encontrou em sua tese de doutorado em 2009. Os coletivos sem pretensões a estruturações que entrevistamos tentam a todo momento tomar suas decisões de maneira horizontal, sem hierarquias e funções, mesmo que isso acarrete uma dificuldade muito grande de lidar com as adversidades do dia a dia.

Entretanto, ao chegarmos às linhas finais deste capítulo, algumas perguntas não respondidas nos abrem possibilidades de adentrar neste universo de estruturações encontradas nos interiores dos diversos coletivos que temos entrevistados. A nós, surgem questionamentos do tipo: Como essas lideranças são escolhidas em relação aos outros ativistas do coletivo? Quanto tempo de duração leva cada função? O que fazem com o aparecimento de questões mais estruturais os coletivos sem pretensões à estruturação? Pois bem, nos parecem perguntas muito complexas a serem respondidas em palavras finais deste capítulo, mas, importantes para serem debatidas em trabalhos futuros.

Em conclusão, podemos afirmar que a maioria dos coletivos que entrevistamos e principalmente os que a literatura tem debatido já não são idênticos aos que foram bases de interpretações lá no início deste milênio, embora ainda possamos encontrar resquícios deles. Por isso, se ainda há para nós muitas dúvidas de entendimento desse universo, podemos afirmar também que esse campo de pesquisa e debate só tende a crescer e surgirão novos elementos tanto empíricos, quanto teóricos a serem pesquisados e debatidos pela sociedade em geral. Por ora, nos cabe admitir que os coletivos fazem parte desta nova agenda de debates no século XXI é obrigação dos pesquisadores interessados neste tema, e os pesquisarem a fundo, no intuito de compreenderem esses universos complexos, mas, ao mesmo tempo, instigantes e carentes de análises cientificas.

Referências

ALBUQUERQUE, Fernanda de Carvalho. *Troca, soma de esforços, atitude crítica e proposição: Uma reflexão sobre os coletivos artísticos no Brasil (1995 a 2005).* Dissertação de Mestrado. Programa de Pós-Graduação em Artes Visuais da Universidade Federal do Rio Grande do Sul. Porto Alegre, 2006.

BARBOSA, Larissa Ferreira Regis. *AMC: Afcção mediada por computador em coletivos performáticos desterritorializados.* Dissertação de Mestrado. Programa de Pós-Graduação em Arte da Universidade de Brasília. Brasília, 2010.

CAMILO, Adriana Almeida. Um estudo dialógico sobre narrativas identitárias de mulheres jovens no contexto de coletivos lésbico-bissexuais feministas. Dissertação de Mestrado. Programa de Pós-Graduação no Instituto de Psicologia da Universidade de Brasília. Brasília, 2010.

CLASTRES, Pierre. *A sociedade contra o Estado*. São Paulo: Cosac Naify, 2013.

COSTA, Wagner Maia da. Dos movimentos sociais aos coletivos no século XXI: as horizontalidades dentro das verticalidades? *44º Encontro Anual da Anpocs*. SPG30 – Movimentos Sociais no Brasil Contemporâneo: contramovimentos, democracia e cultura. São Paulo, 2020.

DUARTE, André; SANTOS, Rodrigo Ponce. A cidade como espaço de intervenção dos coletivos: resistências e novas formas de vida urbana. *Ecopolítica*, 4, set.-dez., São Paulo, 2012.

GOHN, Maria da Glória. *Participação e Democracia no Brasil: da década de 1960 aos impactos pós-junho de 2013*. Petrópolis: Vozes, 2019.

LANNA, Marcos. As sociedades contra o Estado existem? Reciprocidade e poder em Pierre Clastres. *Revista Manna*, 2005.

_____. De Claude Lévi-Strauss a Pierre Clastres: da troca à "filosofia da chefia" e desta à Política como código estrutural. *Perspectiva*, UFSCAR, pp. 17-33, São Paulo, jan./jun.,2013.

LIMA NETO, Fernando. Os sentidos de participação na formação de coletivos. *42º Encontro Anual da Anpocs*, GT 24 (Pluralismo, identidade e controvérsias sociopolíticas), Caxambu (MG), out., 2018.

MAIA, Gretha Leite. A juventude e os coletivos: como se articulam novas formas de expressão política. *Revista Eletrônica do Curso de Direito,* vol. 8, n.º 1, UFSM, 2013.

MARQUES, Marcelo de Souza; MARX, Vanessa. Os coletivos em cena: algumas contribuições para o debate, (Dossiê "Os coletivos em cena: experiências práticas e campo de análise"). *Simbiótica*, vol. 7, n.º 3, Vitória (ES), jul.-dez., 2020.

MESQUITA, Marcos Ribeiro. Cultura e política: a experiência dos coletivos de cultura no movimento estudantil. *Revista Crítica de Ciências Sociais,* 81. Memória e atualidade dos movimentos estudantis. Centro de Estudos da Universidade de Coimbra, Portugal, 2008.

PAIM, Claudia. *Iniciativas coletivas: modos de fazer na América Latina contemporânea*. Tese de Doutorado. Programa de Pós-Graduação em Artes Visuais. Instituto de Artes da Universidade Federal do Rio Grande do Sul. Porto Alegre, 2009.

_____. *Espaços de Arte, Espaços da Arte: Perguntas e respostas de iniciativas coletivas de artistas em Porto Alegre.* Dissertação de Mestrado. Programa de Pós-Graduação em Artes Visuais. Instituto de Artes Visuais da Universidade Federal do Rio Grande do Sul. Porto Alegre, 2004.

PEREIRA, Tatiane Fernandes Maia. *Coletivos urbanos, percepções e comportamento ambiental: um estudo de caso em Viçosa. MG.* Dissertação de Mestrado. Programa de Pós-Graduação em Arquitetura e Urbanismo. Universidade Federal de Viçosa, 2018.

PEREZ, Cristina Oliveira; SOUSA, Bruno Mello. Velhos, novos, novíssimos movimentos sociais? As pautas e práticas dos coletivos. *41º Encontro anual da Anpocs*, GT 11 (Entre as ruas e os Gabinetes: institucionalização e contestação nos movimentos sociais), Caxambu (MG), 2017.

PEREZ, Cristina Oliveira; SILVA FILHO, Alberto Luís Araújo. Coletivos: um balanço da literatura sobre as novas formas de mobilização da sociedade civil. *Latitude*, vol. 1, n.º 11, Teresina (PI), 2017.

_____. O surgimento e atuação dos coletivos que estudam clivagens sociais. *III Encontro Internacional Participação, Democracia e Políticas Públicas*, Universidade Federal do Piauí, UFES, Vitória (ES), 2017.

QUEIROGA, Eduardo. *Coletivo fotográfico contemporâneo e prática colaborativa na pós-fotografia.* Dissertação de Mestrado. Programa de Pós-Graduação da Universidade Federal de Pernambuco. Recife, 2012.

ROSAS, Ricardo. Notas sobre o coletivismo artístico no Brasil. *Revista Rua*, Campinas, 2006.

SANTOS, Marcelo de Franceschi dos. *Fotojornalismo do coletivo Fotográfico SP Invisível e a humanização de pessoas em situação de rua.* Dissertação de Mestrado. Programa de Pós-Graduação em Jornalismo do Departamento de Jornalismo, Centro de Comunicação e Expressão da Universidade Federal de Santa Catarina. Florianópolis, 2018.

SZTUTMAN, Renato. *Metamorfose do Contra-Estado.* São Paulo: USP, 2013.

Sobre os autores

André Sobrinho é graduado em ciências sociais pela Universidade Federal do Rio Grande do Norte (UFRN), mestre em educação pela Universidade Federal Fluminense (UFF) e doutorando em Ciências Sociais na PUC-Rio. Tecnologista em saúde pública na Fundação Oswaldo Cruz, desenvolve pesquisas e projetos nos temas: juventude, movimentos sociais e saúde coletiva. Coordena a plataforma colaborativa *Agenda Jovem Fiocruz.*

Angela Randolpho Paiva é doutora em sociologia (Iuperj), mestre em sociologia (Iuperj), mestre em educação (University of Connecticut), pesquisadora visitante na Stanford University, com pós-doutorado na Unicamp. Professora associada do Programa de Pós-Graduação em Ciências Sociais da PUC-Rio. É coordenadora central de cooperação internacional da PUC-Rio. Realiza pesquisas sobre direitos humanos, movimentos sociais e educação e desigualdade.

Caio Becsi Valiengo é doutor em ciências humanas e sociais pela UFABC e mestre em administração pública e governo pela FGV.

Claudio Penteado é doutor em ciências sociais pela Pontifícia Universidade Católica de São Paulo (PUC-SP) e professor da Universidade Federal do ABC (UFABC) e do Programa de Pós-Graduação em Ciências Humanas e Sociais da UFABC. Pesquisador do Laboratório de Tecnologias Livres (LabLivre/UFABC), Núcleo DATAS/UFABC e do Núcleo de Estudos em Arte, Mídia e Política (NEAMP/PUC-SP).

Felipe Bellido Quarti Cruz é cientista político, com especialização em políticas públicas (Clacso) e mestrado em ciências sociais (UFRRJ). Atualmente é doutorando do PPGCIS-PUC-Rio, coordenador da Educafro Rio e *Fellow* do Instituto Identidades do Brasil (ID_BR).

Fernando Lima Neto é doutor em sociologia pela Universidade Federal do Rio de Janeiro (UFRJ) e pela École des Hautes Études en Sciences Sociales (EHESS), em regime de cotutela internacional de tese. Atualmente, coordena o Programa de Pós-Graduação em Ciências Sociais da PUC-Rio e é bolsista no programa Jovem Cientista do Nosso Estado (Faperj). Suas áreas de pesquisa e publicação são teoria sociológica e sociologia política.

Flavia de Faria é pesquisadora de pós-doutoramento e professora de sociologia na Université Paris Cité (França). Doutora em sociologia pela École des Hautes Études en Sciences Sociales (EHESS) e doutora em antropologia pela Universidade de São Paulo (USP). Membro associada do Laboratório de Antropologia Política da EHESS e do CNRS e membro colaboradora do Grupo de Estudos de Antropologia da Cidade (GEAC) do Programa de Pós-Graduação de Antropologia Social da USP. Pesquisadora convidada no grupo de pesquisa Social Movements in the Global Age (SMAG) da Université Catholique de Louvain (Bélgica).

Gabriel Banaggia é mestre e doutor em antropologia pelo Museu Nacional/Universidade Federal do Rio de Janeiro, instituição onde também fez pós-doutorado. Realizou pesquisa de pós-doutorado no Programa de Pós-Graduação em Ciências Sociais da PUC-Rio por cinco anos. É especialista em estudos de ciência e tecnologia, políticas públicas, e antropologia das populações afro-brasileiras. Autor do livro *As forças do jarê* (Garamond, 2015).

Luisa Souto é mestre e doutora em ciências sociais pela PUC-Rio e doutora em ciências políticas e sociais pela Université Catholique de Louvain (UCLouvain). Faz parte dos grupos de pesquisa GEDRED (Grupo de Estudos Direito, Reconhecimento e Desigualdade/PUC-Rio) e SMAG (Social Movements in the Global Age/UCLouvain). Atua e pesquisa na área de sociologia com foco nos estudos de movimentos sociais, questão urbana, moradia, lutas por direitos e protagonismo feminino.

Marcelo de Souza Marques é pesquisador de pós-soutoramento no Programa de Pós-Graduação em Ciências Sociais da Universidade Federal do Espírito Santo (UFES), contando com bolsa da Fundação de Amparo à Pesquisa do Estado do Espírito Santo (Fapes). Doutor em sociologia pela Universidade Federal do Rio Grande do Sul (UFRGS). Integra os Grupos de Pesquisas CNPq Núcleo Participação e Democracia (NUPAD-UFES) e o Grupo de Pesquisa Associativismo, Contestação e Engajamento (GPACE-UFRGS).

Maria da Glória Gohn é doutora em ciência política pela Universidade de São Paulo e possui pós-doutorado em sociologia pela New School University, Nova York, EUA. Professora titular da Faculdade de Educação da Unicamp e professora visitante sênior da UFABC. PQ CNPq 1A. Foi professora visitante das Universidades de Córdoba e Complutense de Madri. Bolsista da Fundação Rockfeller, em Belágio/Itália, e da Unesco. Cocoordenadora CP Movimentos Sociais da SBS. Foi vice-presidente do RC 47 (Social Movements) da

ISA – International Sociological Association. Atua nos temas: movimentos sociais, coletivos, participação social, educação não formal, associativismo, cidadania e políticas públicas. Publicou 22 livros e inúmeros artigos.

Marilia Jahnel de Oliveira é mestra em ciências humanas e sociais pela UFABC, possui especialização em gestão e políticas culturais, pelo Itaú Cultural/Universidade de Girona, e é graduada em ciências sociais pela USP. É editora e trabalhou na prefeitura de São Paulo nas áreas de cultura, direitos humanos e direito à cidade.

Marina Haddad Tovolli é economista pela Universidade de São Paulo (USP), mestre em ciência política pela Universität Mannheim, Alemanha, e doutoranda em ciências sociais pela PUC-Rio.

Olívia Perez é doutora em ciência política pela Universidade de São Paulo (USP – 2010). Tem estágio pós-doutoral no Programa de Investigación en Ciencias Sociales, Niñez y Juventud (Clacso, Univ. Manizales/Cinde – 2021). É professora adjunta na Universidade Federal do Piauí (UFPI) vinculada aos cursos de bacharelado e mestrado em ciência política e ao Programa de Pós-Graduação em Políticas Públicas. Coordena o Programa de Pós-Graduação em Ciência Política (UFPI). Bolsista produtividade do CNPQ.

Patrícia Mattos é professora associada do Departamento de Ciências Sociais (DECIS) e do Programa de Pós-Graduação em História, da Universidade Federal de São João del-Rei (UFSJ). Doutora em sociologia pela Universidade de Brasília (UnB), com bolsa sanduíche Capes/DAAD, na Universidade de Flensburg, na Alemanha. Possui pós-doutorado na Fachhochschule Bielefeld, na Alemanha, com bolsa da Fundação Alexander von Humboldt, e na PUC-Rio. Tem experiência na área de sociologia, com ênfase em teoria sociológica, sociologia das desigualdades sociais e estudos de gênero.

Taísa Sanches é pesquisadora de pós-doutorado e professora colaboradora no Instituto de Pesquisa e Planejamento Urbano e Regional da Universidade Federal do Rio de Janeiro (IPPUR-UFRJ), com bolsa Faperj nota 10. É mestre e doutora em ciências sociais pela PUC-Rio, tendo realizado período sanduíche na Middlesex University em Londres (2017). Sua tese esteve entre as finalistas ao Prêmio Anpocs de melhores teses em 2020.

Theófilo Rodrigues é doutor em ciências sociais pela PUC-Rio e mestre em ciência política pela Universidade Federal Fluminense (UFF). Atualmente é pesquisador de pós-doutorado no Programa de Pós-Graduação em Ciências Sociais da Universidade do Estado do Rio de Janeiro (Uerj) com bolsa Faperj nota 10. Autor do livro *Partidos, classes e sociedade civil no Brasil contemporâneo* (Appris, 2021).

Wagner Maia é mestre em sociologia urbana pelo Iesp-Uerj e doutorando em ciências sociais pela PUC-Rio. Atualmente é professor docente I, na Secretaria Estadual de Educação, (SEEDUC) do Estado do Rio de Janeiro, além de fotógrafo do coletivo Fotoguerrilha.

Yans Dipati é doutor em sociologia (PUC-Rio), mestre em sociologia pela Universidade Gregoriana, Roma. Faz pesquisas na área da teoria de reconhecimento e interseccionalidade.

Este livro foi composto em Adobe Garamond Pro 11/14 para texto,
9/11 para notas e Frankfurt Gothic Bold 18/18 para títulos. Miolo
impresso em papel Pólen Natural 80g/m2 e capa em Cartão
Supremo 250g/m2, em maio de 2023.